文艺作品演播教程

Broadcasting of Literary and Art Works

罗 莉 / 著

图书在版编目(CIP)数据

文艺作品演播教程/罗莉著.—北京：北京大学出版社，2007.8
(中国播音学系列教材)
ISBN 978-7-301-12269-3

Ⅰ.文… Ⅱ.罗… Ⅲ.播音-语言艺术-高等学校-教材 Ⅳ.G222.2

中国版本图书馆 CIP 数据核字(2007)第 080630 号

书　　　名	文艺作品演播教程 WENYI ZUOPIN YANBO JIAOCHENG
著作责任者	罗　莉　著
责 任 编 辑	卢旖旎　周丽锦
标 准 书 号	ISBN 978-7-301-12269-3
出 版 发 行	北京大学出版社
地　　　址	北京市海淀区成府路 205 号　100871
网　　　址	http://www.pup.cn
新 浪 微 博	@北京大学出版社　@未名社科-北大图书
微信公众号	北京大学出版社　北大出版社社科图书
电 子 邮 箱	编辑部 ss@pup.cn　总编室 zpup@pup.cn
电　　　话	邮购部 010-62752015　发行部 010-62750672 编辑部 010-62765016
印 刷 者	北京圣夫亚美印刷有限公司
经 销 者	新华书店 730 毫米×980 毫米　16 开本　15 印张　270 千字 2007 年 8 月第 1 版　2024 年 5 月第 21 次印刷
定　　　价	42.00 元

未经许可，不得以任何方式复制或抄袭本书之部分或全部内容。
版权所有，侵权必究
举报电话：010-62752024　电子邮箱：fd@pup.cn
图书如有印装质量问题，请与出版部联系，电话：010-62756370

前　言

"文艺作品演播"是中国传媒大学播音主持艺术学院播音主持艺术专业本科生的专业必修课。这门课对于开拓播音专业学生的业务视野，丰富业务领域，培养学生的观察力、理解力、感受力、领悟力、鉴赏力，从而提高语言表现力，整体提升学生的语言功力有着十分重要的意义，深受广大学生的欢迎。1996年《文艺作品演播》一书的出版，为这门课程在教学上的进一步理论化、系统化奠定了坚实的基础。

近年来，广播电视教育事业的快速发展，对播音主持艺术专业的教学和教材建设都提出了更新更高的要求。为此，我们在原来的基础之上重新对《文艺作品演播》进行了加工修订，增加了新的理论内容和训练材料以适应现实的需要和精品教材建设的要求。

我们力图使教材体现以下特点：

1. 理论性与实践性相结合。本教材包括了散文、诗歌、寓言、童话、小说、广播剧、影视剧配音等诸多有声语言样式的表达，既有共性要求，又有个性特点。因此我们特别注意不同语言样式的理论区分和阐述，在每一章开始都要详细论述和说明其定义、种类和特征，又在每一章的结束布置思考题目，巩固理论的掌握。同时，我们特别着眼于有声语言训练的可操作性，对每一种有声语言表达样式都给出了详尽的个案分析，从分析理解作品、调动内心情感、外部表达技巧等方面都作了充分的讲解说明，并且对所选训练材料都给出了训练提示，使教学有所遵循，也便于学习者的课上训练和课下练习。

2. 典型性与针对性相结合。本教材选择了不同演播样式的例稿，具有典型性。同时又特别注意所选材料的针对性，力争涵盖不同的类型，针对学生容易出现的问题进行有目的的训练。

3. 创新性与稳定性相结合。本教材内容既保留了多年来"文艺作品演播"课教学训练的经典内容，又注意吸收、选取近年专业教学、科研的新成果和广播、电视文艺作品演播实践中的新材料，力图在保持教学与训练的系统性、一贯性和稳定性的同时，努力做到创新性和具有时代感。

我们还愿提出如下建议：

文艺作品演播教程

1. 理论学习很重要。"文艺作品演播"是一门实践性很强的课程,很多学习者都能认识到这一点从而坚持实践,但是往往忽视了理论的学习。艺术创作的相关理论对于创作者的综合分析能力、认识水平、整体驾驭能力的提高具有十分重要的意义,而这种提高本身就是创作实践能力增强的一种表现。因此我们强调理论学习的重要性,强调不仅要学习本教材的理论部分,而且要联系其他关于艺术创作的理论综合学习。

2. 实践中要敢于创新。本教材中的个案分析与训练提示只是为训练提供一个基本方向,并不能代替学习者自己的思考。我们鼓励训练者独立思考、用心体验、大胆实践、勇于创新,这对于创作能力的提高是十分有利的。

3. 教学中要因材施教。教师在使用本教材时也应积极思考、善于总结。对于本教材既要有所遵循,又不应过分依赖,要因人、因材、因时、因势制宜。

4. 本教材应与《文艺作品演播作品选》结合学习、训练。为了帮助学习者掌握文艺作品演播的技能,得到系统、全面的训练,我们特地编写了《文艺作品演播作品选》,书中包括各类文艺作品的演播提示与处理。将两本教材结合使用,可以取得更好的学习效果。

由于经验有限,书中所写内容和所选训练材料难免挂一漏万,不当之处在所难免,欢迎批评指正,以利我们不断提高。

目录

▶ 前　言 / 1

▶ 第一章　文艺作品演播理论概述 / 001
　　第一节　对文艺作品演播的认识 / 001
　　第二节　文艺作品演播与广播电视播音
　　　　　　主持的异同 / 004
　　第三节　学习文艺作品演播的意义 / 007

▶ 第二章　文艺作品演播的准备 / 008
　　第一节　划分层次 / 008
　　第二节　理清背景 / 008
　　第三节　摸准意图 / 010
　　第四节　掌握风格 / 010
　　第五节　化为人物 / 011
　　第六节　扫除障碍 / 012

▶ 第三章　散文表达
　　　　　——真情实感的心声 / 014

第一节　散文概述 / 014

第二节　散文表达要旨 / 016

第三节　散文表达提示 / 019

第四节　散文表达个案分析 / 022

第四章　诗歌朗诵
——节奏的律动 / 029

第一节　诗歌概述 / 029

第二节　格律诗的朗诵要旨 / 030

第三节　格律诗朗诵个案分析 / 033

第四节　自由诗的朗诵要旨 / 035

第五节　集体、配乐朗诵 / 043

第六节　自由诗的朗诵提示 / 047

第七节　自由诗朗诵个案分析 / 051

第五章　寓言、童话表达
——夸张的艺术 / 066

第一节　寓言、童话概述 / 066

第二节　寓言、童话表达要旨 / 067

第三节　寓言、童话表达提示 / 074

第四节　寓言、童话表达个案分析 / 076

第六章　小说演播
——一人演一台戏 / 083

第一节　小说概述 / 083

第二节　小说演播要旨 / 084

第三节　小说演播提示 / 093

第四节　小说演播个案分析 / 095

第七章　广播剧演播
　　　　——想象的艺术 / 113
　第一节　广播剧概述 / 113
　第二节　广播剧演播概说 / 114
　第三节　人物语言演播要旨 / 119
　第四节　广播剧演播提示 / 128
　第五节　广播剧演播个案分析 / 135

第八章　影视配音
　　　　——创造性模拟 / 169
　第一节　影视配音概述 / 169
　第二节　配音工作概说 / 172
　第三节　影视配音要旨 / 177
　第四节　影视配音提示 / 189
　第五节　配音创造个案分析 / 194

后　记 / 232

第一章　文艺作品演播理论概述

第一节　对文艺作品演播的认识

文艺作品演播是一项艺术语言表达工作,它既不同于一般的表演,也不同于一般的播音主持。无论演员、播音员、主持人,抑或非艺术语言工作者,只要其具有一定的文化、艺术知识,了解语言表达创作规律并具有相应的表达技巧,都可以从事这一创作实践。

一、文艺作品演播的概念

何谓文艺作品演播?文艺作品演播,指利用艺术语言表达的各种手段将文艺作品的文字语言变为有声语言,使之艺术地体现或再现出来,通过广播电视发射达于受众的创造活动。在本书中,指为散文、诗歌、寓言、童话、小说、广播剧的朗诵、演播以及影视故事片中人物语言的配音,简称"影视配音"。

文艺作品演播的范围仅限于文艺作品,不包括播音主持领域中文艺节目的串联、主持、电视纪录片解说以及舞台和影视表演。

如果从表演的角度看,文艺作品演播只相当于表演专业训练的台词课内容(表演专业的训练课,除台词课以外,还包括表演、形体、声乐课等)。虽然文艺作品演播只体现在语言方面,但表演、形体等相关表现要素都需参与创作,将其对表达者身心的影响注入语言,形成一种整体感觉。所以,文艺作品演播应当具备表演所需的所有素质,才能保证演播的成功。

文艺作品演播,重在演播室话筒前的表达创作,它所关注的重点是语言,是语言的表现力与感染力。语言是表达作品和展现人物的一个重要窗口,因而,文艺作品演播对语言的要求极高。这是由于在舞台、屏幕上的表演,演员可以借助于表情、形体、舞美等手段来帮助表现,而文艺作品演播只能利用声音这一个手段来体现,难度可想而知。因此,文艺作品演播需要演播者具有丰富的语言表达技巧和较强的语言表现力。

二、文艺作品演播的特征

1. 形象感更强

我们所说的形象感,不仅是指演播者在语言表达创作过程中,创作主体自己头脑中有形象的存在与活动,而且指通过演播者的表达使受众头脑中产生相应或相近的形象感。形象不仅指人物,也有景物;不但指视觉形象,也有听觉形象。这是文艺作品演播特征中形象感的完整内涵。

播音主持属于艺术语言范畴,表达中也需要形象感,但文艺作品演播的形象感要强于一般的播音主持,形象对于文艺作品演播具有特殊意义。

形象,是文艺作品创作和表现的重要手段和内容,文艺作品是通过塑造各种艺术形象激发人相应的情感来打动人、启发人和教育人的,形象思维是其创作的主要手段。因此,文艺作品演播就应体现出具体、生动的形象,发挥其作用。欲想体现出具体、生动的形象,演播者的脑海中就必须有它们的存在和活动,用来支撑其表达。文艺作品演播正是因为有了想象、联想等心理活动参与,唤起了具体、生动的形象,才能不断地刺激演播者产生相应情感,使其表达发自内心,做到言之有物、言之有意、言之有形、言之有情。

播音主持与文艺作品演播二者的工作性质、创作依据、创作任务不尽相同。在一般的播音主持中,形象感往往不及文艺作品演播那样具体,有时,仅是一种有趋向的模糊感觉即可。而文艺作品演播若失去具体的形象便无法开口表达,因为文艺作品的创作特点决定了表达的内容都是具体形象和特定情境,没有具体的形象感作为充实的内心依托,便无法准确表达作品内容并获得饱满的表达情绪。因此,形象感是文艺作品演播的特征之一。

2. 情感性更强

情感是艺术的内在生命。文艺作品以形象表现观点、说明问题,却以情感作为媒介去打动人,作者大都带着深深的情感去创作。如果说形象感是文艺作品演播的基础与依托,那么,情感性则是其内核与灵魂,也是文艺作品演播的特征之二。

文艺作品演播,由于工作性质、创作依据、创作特点的原因,不得不极为看中情感在表达中的作用。它不重以理服人,更关注以情感人,因为情感是征服人、打动人的最大力量,因而,情感输入是这项工作的重要条件。

文艺作品演播者的情感大都处于激情状态,情感浓烈、饱满,唯此才可较好地体现作品的具体内涵及作者的创作激情,使之更好地打动人、感染人、启迪人。文艺作品演播不同于播音主持工作,后者重在所播内容的清楚、规范、准确、自然、有感,情感不需太浓烈、细腻,尤其是新闻性内容。

当然,情感性强,不只表现为"激情"这一种表达样式,细腻、深情等各种方式都存在,但就情感的突出性和表现的丰富性而言,文艺作品演播独占鳌头。

3. 更具生动性

文艺作品演播与生动性紧密相连。文艺作品是以具体的形象和浓烈、细腻、丰富的情感去打动人、教育人的。因而,要想很好地表现这些形象与情感,就需要生动的表现形式。

生动,就是逼真、形象、活灵活现,就是艺术性更强,技巧性更高,表现形式更丰富,对比反差更强烈。在文艺作品演播中,无论是讲一件事、介绍一个人、描情、状物,抑或是演播一个人物,不生动便不会吸引人、感动人。

虽然播音主持工作也需要表达的生动,但必定有限。因为,播音主持工作除去艺术性外,还有新闻性,因而,它的表达形式不需要太生动,以免喧宾夺主。而文艺作品演播与生动性密不可分,可以说,生动性是文艺作品演播的特征之三。

生动的基础是更贴近所表现的内容与形式。我们所说的"生动",不仅是指语言表达中声音形式的"音势"幅度大、表达形式节奏多变,还应包括与所表达内容相适应的语言造型(不同年龄、性格的人的基本语言声音形态)、动势语言(如走、跑、跳等不同形体状态中的说话感觉),以及体现人物不同情状、变化的心理感觉。总之,我们所说的"生动",应是形神兼备的,它虽表现于形,却以神为支撑。

4. 独具装饰性

所谓"装饰性",在这里指"无语言表情声音",即人的哭笑声、不同情状的气息声以及咳嗽声等种种由人的生理、心理所致形成的具有一定意义和情感色彩的声音。"无语言表情声音"具有一定的独立性,若与语言相伴,可以更形象、更生动地表现人物的特定情态和生理面貌。因此,"无语言表情声音"即"装饰性"是文艺作品演播的特征之四。

在广播电视播音主持的表达中,由于工作性质、创作特性所致,通常不允许使用"装饰性"手段参与创作,以免混淆工作性质和破坏所播内容的严肃性。而在文艺作品演播中,"装饰性"却是独有而又非常重要的。在广播剧演播或影视配音中,"无语言表情声音"有着更为重要的作用。有时,根据不同的规定情境,演播者只要发出含有意味的声音或不同的气息声,受众便会根据自己的生活经验得知剧(片)中人物的心理与生理情状。

"无语言表情声音"在文艺作品演播中独具魅力,它具有很强的表情性和表义性,适当地运用它,会为我们的演播增色不少,甚至可以说是不可或缺的。没有它的参与,想演播好文艺作品是不可想象的。

总之,文艺作品演播,既有其自身的创作属性,也有话筒前一般语言表达所遵循的基本规律。

第二节 文艺作品演播与广播电视播音主持的异同

文艺作品演播与广播电视播音主持大都依据作者的作品、稿件进行表达创作(影视配音还要参考片子进行创作,播音主持有时依据提纲和腹稿进行创作),二者也都属于艺术语言表达范畴。但在具体创作中,二者还是有所不同。从作品的分析与理解、表达手段与表现形式、工作任务与作用意义来看,二者都存在着某些差异。对于学习文艺作品演播或从事广播电视播音主持工作的人来说,明确区分与把握二者的异同,对做好自己的工作十分必要。

一、任务与创作目的

文艺作品演播与广播电视播音主持虽然同属于艺术语言范畴,但二者的任务不尽相同。文艺作品演播的任务是借助丰富的语言表达技巧,以形象为媒介,从情感上打动人、感染人,给人以美的享受,它注重以情感人,从而间接地启迪人、教育人。而广播电视播音主持的任务,则大多是以直接、正面的宣传来引导人、教育人,它重在理性,追求时效性和宣传、指导作用。文艺作品演播属于文艺性工作,广播电视播音主持主要属于新闻性工作(也有文艺性参与),二者之间存在界限,它们必然要遵循各自领域的创作原则与创作规律。

文艺作品演播与广播电视播音主持二者的创作属性和创作任务不尽相同,但创作目的却是相同的,都是要以一定的倾向去引导、教育受众,实现对人们世界观、价值观的引领、指导作用。只是二者的表现方式存在直接与潜在之分,即播音主持是用直接的方式来表现,而文艺作品演播则是将其潜藏在对情节的设置及人物的塑造中加以体现的。

二、分析与理解

1. 把握主题

文艺作品的主题,往往不易一目了然。因为文艺作品的主题大多蕴含在作品的内容、情节之中或潜藏在对人物的塑造里,不像广播电视播音主持那样显而易见。因而,在分析、理解文艺作品时,应当细致考察,反复思考,精心提炼。

2. 掌握背景

播音稿件大多只有写作背景与播出背景,通常二者基本一致。广播电视播音主持工作比较注重时效性,因此,一般稿件写出后马上播出。若写作背景与播出背景不一致,以播出背景为准。文艺作品的背景,一般要比广播电视播音主持稿件复杂。文艺作品演播的演播者需要掌握与作品有关的几个背景,才能准确理解、把握作品及人物。并且,文艺作品的写作背景、内容背景与播出背景等常常不一致,在播出时,多以作品的内容背景为准进行表达处理。

3. 形成基调

文艺作品演播基调的把握也比广播电视播音主持复杂。原因在于:首先,文艺作品所表现的内容、时代、环境、人物、情感比较复杂,不易看清。其次,在文艺作品中,除了有全篇作品基调以外,大多还有作品中的人物基调。而人物基调,有时会随作品内容、情节的发展和人物的成长变化而发生相应变化。因而,既要把握作品的"全篇基调",也要把握作品中的"人物基调"。

4. 划分层次

文艺作品演播中,对作品层次的划分形式要多于广播电视播音主持稿件。因为,文艺作品的体裁多样。例如,诗歌是以"行"的形式出现,广播剧与影视配音的剧本又是以"人物对话""人物独白"的形式出现。因而,文艺作品演播划分层次也就形式多样,但都以作品内容为层次划分基础。

三、手段与形式

1. 身份与身份感

身份与身份感不是同一概念。身份客观存在;身份感则是人的主观感受,因而可变。在播音主持中,有时是以第三者的身份和身份感进行表达,有时,则为第一者的身份或身份感,但其实际身份并没有变。而文艺作品演播,则绝大多数需要以第一者的身份与身份感出现,有时还须转换为几种不同的身份与身份感方可胜任演播任务。

2. 对象与交流方式

交流,要有对象,并需通过双向传递实现。在广播电视播音主持中,播音者大多是与自己想象中的对象进行"交流",即"想象交流"(根据需要,也有与合作者的"直接交流")。而文艺作品演播中的交流,除了有"想象交流"以外,更多的是与对手的"直接交流"。除此之外,广播电视播音主持创作中的对象相对比较单一和稳定,而文艺作品演播中的对象往往多样、不稳定。因为,文艺作品演播中根据需要,往往要面对不同的对手,变换几个对象,形成不同的人物关系。所以,文艺作品演播中的对象感与交流方式,要比广播电视播音主持的情况复杂得多。

3. 内心视象

文艺作品演播的特征决定了在其整个创作过程中都离不开具体、丰富的内心视象;相比而言,广播电视播音主持在这方面就稍弱一些,有时甚至以逻辑思维为主去表达,不需要较具体的内心视象即可完成好任务,如新闻、评论类节目。

4. 语言节奏

语言节奏,在文艺作品演播中有着至关重要的作用,它是情感变化的晴雨表和温度计。在文艺作品演播中,作品情节的发展,场上气氛的变换,不同人物的性格、心境、情感等的变化,都要通过有形、多变的语言节奏反映出来。而在广播电视播音主持中,由于稿件内容、稿件形式及工作性质的原因,语言节奏往往不如在文艺作品演播中那样变化多端和表达幅度大。

5. 表现形式

文艺作品演播的表现形式,可以十分夸张,语言对比强烈,处理细腻,可以运用"无语言表情声音";而广播电视播音主持则不可以运用这些手段和方式来表现。原因在于:二者的工作性质不同、创作方式不同、担负的任务不同、发挥的作用不同。

6. 话筒的运用

文艺作品演播与广播电视播音主持对话筒的使用情况不一样。播音主持是宣传工作,文艺作品演播是艺术工作,它们的表达作用不尽相同。前者的表达以准确、清楚为主,每次节目话筒距离基本不变。后者的表达要有艺术表现力,话筒距离需要多变。如表现人物的内心活动需离话筒近一些,用声小一些、虚一些;表现人在远处说话或生气时的语言则需离话筒远一些或侧对话筒,声音也要大些。这些处理,可以使我们的语言形成声面、距离感、情状感,具有"立体感",产生一定的艺术感染力。从这个角度讲,对话筒的运用也是艺术语言创造的一部分。

第三节 学习文艺作品演播的意义

一、丰富表达技能

从对文艺作品演播与广播电视播音主持异同的简单分析中,我们不难看出,文艺作品演播的创作依据要比广播电视播音主持更为复杂和难以把握,而且表达技巧更丰富,表现形式更多样。学习文艺作品演播,对于从事广播电视播音主持的人来讲,可以丰富表达技能,增强语言的感染力和表现力,有助于提高自己的表达能力。

二、实现一专多能

从某种角度讲,从事广播电视播音主持工作的人,既是新闻工作者,也是艺术语言工作者,因此,应当在干好本职工作的同时,拓宽视野,扩大自己的创作领域,适当参加一些文艺作品演播工作,成为艺术语言创作的多面手。这也对自己的本职工作具有积极的促进作用,二者互补,相得益彰,形成良性循环,实现一专多能。

思考题

1. 文艺作品演播的定义是什么?
2. 文艺作品演播的特征有哪些?
3. 文艺作品演播与广播电视播音主持的异同表现在哪些方面?
4. 学习文艺作品演播的意义是什么?
5. 话筒的运用对文艺作品演播创造有哪些特殊意义?

第二章　文艺作品演播的准备

对文艺作品演播来说，准备是前提。文艺作品有不同种类，有其自身特点，演播前把握作品的层次划分、背景、目的、基调、风格非常重要。一篇作品准备得对路、充分，才能为表达打下良好的基础，否则，会影响表达的准确与完美。

第一节　划分层次

由于体裁形式的多样性，文艺作品的层次划分呈现出不同形式：散文、小说、寓言、童话等是"散文体"，以语段为单位；诗歌是以"行"的形式出现，形成"诗行""诗节"；而广播剧、影视配音的剧本，又是以人物"对白"和"独白"的形式出现，除去转场以外，每段剧的台词基本是不分段落的。因而，无论文艺作品种类如何，也无论其体裁、写法如何，都应以语意抱团、意思紧密、相对独立为划分层次的原则和依据。它体现出演播者对所播作品的结构脉络、情节发展、人物心理、情感变化的把握。

对文艺作品进行层次划分时，无论是只有几行的诗歌或具有大量台词的广播剧、影视剧（片），都应以逻辑关系、内容推进、情节发展、人物变化为线索，合理、有机地划分层次。这样才不致在表达时，既无区分、转换，也无停顿、主次，混沌一片地一句接一句地一味说下去，表达者自己心中无数，听者更听不清楚，不得要领。

在文艺作品演播前进行层次划分，应对所播作品有总体把握和细致揣摩。不但要了解作品的各种背景，摸准作者的创作意图，还要按照作品的体裁特征划清层次，找准表达的落脚点并选择适当的表现手段，更好地体现作品的形式和内涵。

第二节　理清背景

演播文艺作品，对背景的掌握很重要，它是理解和把握文艺作品的基础，是了解作者创作意图与表现作品的重要条件。文艺作品演播需要了解、

第二章 文艺作品演播的准备

掌握的背景是多方面的,比较复杂,它包括以下几个方面:

1. 作品的内容背景

文艺作品的"内容背景",指文艺作品中"人物活动,事件发生、发展的时间、地点和条件,如自然的、历史的、社会的"①。参考作品的内容背景,有助于理解作品内容,并影响演播风格的形成,如古典与现代、中国与外国。

2. 作品的人物背景

作品的"人物背景",指在以塑造人物为主的作品中,人物的整体风貌和来龙去脉。作品的人物背景,可以提供理解、演播人物的线索,为更好地塑造作品中的人物打下良好的基础。如小说《青春之歌》中的女主人公林道静和《牛虻》中的男主人公牛虻走上革命道路的历程。

3. 作品的写作背景

作品的"写作背景",指作品写作的时代背景(自然的、历史的、社会的环境)。了解作品的写作背景,有助于把握作品的真正内涵与演播基调。如诗歌《周总理办公室的灯光》是在"文化大革命"刚结束,全国人民深切缅怀革命先辈、声讨"四人帮"时写的;《人民万岁》是在纪念毛泽东诞辰,全国人民呼吁"惩治腐败""关心民众"时写的。

4. 作者创作的心理背景

作者创作的"心理背景",指作者创作一篇(部)作品时的心态,它可以直接提供给我们作者创作此作品时的情感源流,利于我们准确地理解作品,调动起我们的演播情绪。如诗歌《小草在歌唱》是作者雷抒雁在对"文化大革命"中敢于坚持真理却献出了生命的女共产党员张志新烈士的赞叹、对"四人帮"一伙倒行逆施的愤怒以及自己内心的惭愧相交织的心态中写出的。

5. 作品的播出背景

作品的"播出背景",指文艺作品演播于什么时代、氛围之中。同一作品,由于演播的时代、氛围不同,演播中有时就要将作品的演播基调做些调整,以适应播出背景的需要。如诗歌《周总理办公室的灯光》创作于"文化大革命"刚结束时,当时朗诵它,主要是声讨"四人帮"迫害革命老一辈的倒行逆施,而现在我们再来朗诵这个作品,目的在于歌颂像周恩来总理那样一心为民、不辞辛劳的好领导,鞭挞那些搞腐败、不把人民冷暖放在心上的腐败干部。

以上几个背景,在文艺作品演播中运用的情况不甚相同,有的几个背景

---

① 《辞海》"文学分册",上海辞书出版社1979年版,第14页。

都要有,有的只运用其中的两三个,这要根据文艺作品的不同内容、不同形式、不同作用而定。一般而言,作品的内容背景、写作背景、播出背景相一致时,参考播出背景,可以增强演播的时代感,发挥其应有的作用。

我们为什么要兼顾这么多方面的背景来演播文艺作品,回答很明了,就是为了相互补充参照,摸准作者的创作意图,明确我们的演播目的、演播氛围,有益于我们对文艺作品的理解、把握和表达。至于各种背景的获得,我们可以从与作品有关的各种评论文章、作品文集,或作者生平、创作经历等各种相关资料中去寻找。

第三节 摸准意图

所谓"意图",应理解为作者的创作立意与创作目的。文艺作品的创作立意大多潜藏在作品的内容、情节和对人物的塑造里,这就需要我们参照各种背景,了解作者的创作态度,反复阅读、体味作品,找出作者的创作立意和所要达到的目的。在文艺作品演播中,把握作者的创作意图,便可使我们的表达有主旨、有目的、准确而有重点。

文艺作品的意图,可以从作品本身的叙述、议论、抒情、描绘的倾向中以及人物语言内容中去寻找。摸准创作意图很重要,它是文艺作品演播的灵魂。实际上,摸准创作意图应有两个层次的把握:一是表层,即作品表层、单个意向(如作品的情节、内容或诗句之意);二是深层,即作品的内涵主旨、整体意向。文艺作品尤为注重意境的营造,缺乏对作者创作意图深层次的把握和体味,就无从体现作品意境,因为,意境是整体性、深层次的产物。如诗歌《致橡树》表面看来是一首"爱情诗",实际上它是一首知识女性的"言志诗"。

第四节 掌握风格

有人说:追求决定创作,理想制约风格。这话很有道理。风格,是作者在创作中所表现出来的艺术特色和艺术个性,毫无疑问,它来源于作者的创作思想、艺术追求。另一方面,风格不仅取决于作者的创作个性,而且要受到时代精神、社会风尚、民族传统等外界因素的影响。掌握风格、融进基调是文艺作品演播的重要一环,也是体现演播者创作思想、艺术功力的所在。文艺作品大多有其独特的味道和韵致,可以引起受众不同的美感,表现为不同风格。风格,制约着作者的创作,往往体现在作者处理题材、表现主题、选取体裁、塑造形象、运用表现手法和语言等方面。不同的作者会根据自身创作风格的倾向及艺术功力创作出不同的作品。

在文艺作品演播中,需要把握三个风格:作者风格、作品风格、演播风格。

作者风格集中体现作者的创作特点、创作倾向。它可以体现在作者的一系列作品当中,也可以体现在他的某一作品中。

作品风格仅指一篇作品的风格。掌握作品风格,一般除了着眼于作品本身,还应参考作者的其他作品,寻到其创作风格,有益于表达。诚然,有时作者根据创作需要,在一篇作品中可能会表现出不同于以往的创作风格,因而,在文艺作品演播中,应以作品风格为主。

演播风格指由演播者自身素养和表达优势所形成的表达特点。在文艺作品演播中,通常,演播风格要受制于作品风格,二者要有机结合。

简言之,在文艺作品演播中,对风格的驾驭与处理,应参考以上三个方面,但以"作品风格"为主。同时,应当了解风格只有融进表达语言的基调中方为人知。在文艺作品演播中,风格与基调有机融合,得以显现,有时,风格的不同,也会影响到演播基调的形成,但不能将二者混为一谈。如发现问题,应具体分析,适当调整。

第五节　化为人物

人物语言,是文艺作品演播中的重要内容。文艺作品中的人物,大多是以第一人称"我"的面目出现。他们都应当也必须有自己的身份、身份感、思想、情感、思维方式,有自己的年龄、阅历、性格、外貌、文化、素养、职业、兴趣爱好、审美情趣、语言习惯等,同时,还应注意对人物所处的情境氛围、人物关系等方面的把握。对这些因素的了解和把握直接影响到演播的准确贴切与否和是否对味。

在文艺作品演播中,所谓人物,他们或许是广播剧、影视故事片中的一个角色,或是小说中的一个人物。要想把握和演播好作品中的人物,首先应当给他们做"人物小传",对他们做完整、细致的分析与把握。可以从人物自己的言行中、作品所介绍的情况中,或通过他人之口间接提供的内容和线索中来了解、把握具体人物。要对特定人物的内心与外貌、历史与现状、思想情感与人物关系等各方面情况都了如指掌,才能准确地、恰如其分地表现他们。此外,还可从现实生活、自己的经历和所见所闻中借鉴一些相关内容来补充和丰富对人物的理解与把握。

本书作者认为在文艺作品演播中,人物的外延还应扩大,包括小说中的"讲述者"、广播剧中的"解说者"、影视故事片中的"旁白者",无论他们是以第一人称,还是以第三人称出现,都是一个具体人物,是作者根据作品需要而设计的。他们可能是作者本人,也可能是作者虚构的人物,因而,他们也应在"人物"的范围之内,也应具有人物的所有内涵、形式及具体性。对"这些人物",演播时不能笼而统之地做一般化处理,抹杀其个性,那样势必影响到作者创作的整体效应,体现不出作者运用这种创作处理的独具匠心。演播者在演播前的准备中,也应对"这些人物"进行全方位的分析、把握。唯此,才可避免无主体感的语言处理。也只有这样对作品中的"所有人物"都做全面、细致地分析了解,方可称把握了人物,为人物演绎贴合打下了良好基础。

第六节 扫除障碍

演播一篇(部)文艺作品,准备工作除了要分析、理解、感受、设计和表达以外,还有一项工作不容忽视,那就是扫除语言文字上的障碍,即字音的准确,术语、概念的清楚。做好这项工作,可以保证我们的演播质量。

人们在自己阅读作品时,如有一些语言文字上的障碍尚无大碍,但若作为演播者不正确地演播,便不能容忍,因为,这不仅不能给予受众正确的信息,甚至还会闹出笑话,从而影响作品的整体表达效果。同时,这也暴露出演播者的素养不足或对工作的不负责任。

弄懂搞清文艺作品中的术语、概念、有关知识等,是不容忽视的,因为它往往关系到演播者对作品内容的准确理解和适当的表达处理。从表面上看,它似乎属于对作品理解、把握的表层内容,实际考察却绝非如此。有时,弄懂、弄透它们正是通向深层理解的大门。

因而,在文艺作品演播的准备阶段,当我们遇到拿不准的字或不甚了解的术语、概念、人名、地名等障碍时,应当参考有关资料、向内行请教或查字典将其搞清楚,万万不可自作聪明凭感觉猜想。否则,往往会闹出笑话,也是对工作不负责任的一种表现。如艾青的诗《大堰河,我的保姆》中的"大堰河"不是一条河的名字,它是诗人童年时一个保姆的名字。这首诗不是歌颂一条河,而是怀念一个人、歌颂一名普通劳动者的。不了解这些,就不知道为何抒情、怎样抒情,难有朗诵的准确。

以上是文艺作品演播准备的几方面概述,不同种类文艺作品演播的准备,将在具体文体的演播讲解中进一步展开。

1. 文艺作品演播如何划分层次?
2. 文艺作品演播如何把握背景?
3. 文艺作品演播如何把握作品意图?
4. 文艺作品演播如何理解和把握风格?
5. 文艺作品演播如何理解和化为人物?
6. 文艺作品演播如何扫除文字和理解障碍?

第三章　散文表达
——真情实感的心声

散文,看似平淡,却蕴涵着深挚的情感与人生体味。散文表达看似容易,实则有一定难度,它要在不显山不露水之中,让人听出其内涵意味,表达者若没有对散文的一定认识与表达功力难以做到。

第一节　散文概述

要想播好一篇作品,首先应了解作品的类别、创作规律和该作品的创作特点。

散文表达是文艺作品演播诸文体中最接近播音主持表达方式的,它表达的内容也多是真实的,表达方式也是以叙述为主,但二者终究存在差异。我们有必要对其从写作到表达做较为全面的了解与探讨。

一、散文的概念

散文的概念有广义与狭义之分:广义散文一般指除韵文以外的文章和文学作品;狭义散文是指与诗歌、小说、戏剧文学并列的一类文学体裁。

还有一种分法,是将四大文体之一的散文又区分成报告文学、传记文学、杂文、散文等。我们这里所研究、涉及的正是这种意义上的散文。

二、散文的种类

散文的种类,按其内容、形式的不同,一般可分为杂感、小品、随笔、游记、素描、速写等,总体上可分为三大类:记叙性散文、抒情性散文、议论性散文。

记叙性散文,主要是记人、叙事、写景。表现方式主要是叙述、描写。

抒情性散文,主要是咏物、抒情,强调抒发作者的主观感受。表现方式除了叙述、描写外,重点在抒情。

议论性散文,侧重说明事理、发表议论、表明观点和态度。表现方式主要是议论。散文的议论往往与抒情和形象相结合,不同于一般文章的议论。

三、散文的特征

1. 形散神聚

在散文诸特征中,"形散神聚"是其重要的特征。散文中经常出现互不相关的几个生活片段或表现几个场景,表面看来显得零散,但仔细探究,却能理出其潜在的联系,析出其神韵,而作者的"情"与"识"便是这一神韵的基础。

2. 以小见大

散文的篇幅一般都比较短,它往往通过某些生活片段,社会局部或细小、平凡的事与物、人与情(不一定有完整的故事情节和人物形象)来表现作者的思想感情、人生体验,通过凡人小事,间接揭示其社会意义。

3. 真事真情

散文所表现的,基本是真事真情,这一点从近年的创作中更可得到共识。散文不同于小说,它虽也有情节、人物、环境,但它不是虚构的,一般都是真实存在的。因而,个体感悟、真事真情是散文的另一重要特征(对散文的"真事"特征有不同看法,可以商榷,本书暂不涉及此内容)。

4. 形式多样

散文的内容丰富,题材广泛,表现形式也自由灵活。无论是重大、微小的题材,还是自然界、人类社会中的各个领域、各个方面都可以作为散文的表现对象。可以说,散文的表现对象是无所不包,无所不在。

同时,散文的表现形式也极为自由、多样。它或着重叙述一件事、描写一处景、介绍一种物、表现一个人;或着重抒发自己的一种情致心境;或着重阐发自己的一个观点、一种认知。

散文根据所表现的内容、题材不同,可以有人物或无人物,可以有情节或无情节,可以相对完整或不完整,可以引经据典、文辞优美或白描、直叙,文笔质朴、自然。

5. 具有文采

散文的文辞一般比较精致、讲究、凝练、优美且具有文采,富于音乐性和形象感。在这一点上,有的散文很接近诗,虽是散文,却有些句子能大致押韵,读起来朗朗上口。尤其是一些抒情性、记叙性散文常有对偶、排比等整齐句式出现,文辞优美、音韵和谐,以致有人将散文称为美文。

第二节　散文表达要旨

散文表达要旨主要有以下几个方面：

一、摸准神韵

凡具有一定意义的社会生活与自然现象，都是散文表现的内容、题材与对象。表面看来，散文创作取材广泛、行文自由、笔触灵活，观之人、情、事、物似信手拈来、随心所欲、即兴而发，实则却魂潜其中、有意为之。可以说，每一篇散文都不同程度地围绕着某个具体立意，都有一个神。因而，我们在朗诵一篇散文之前，首先应当理清其线索，把握其神韵，将此注入自己的表达之中，使受众从你的表达中不知不觉地受到感染与启发，领悟到一些有意义的内容和人生哲理，或者至少与作品产生一种微妙的情感共鸣。比如散文《我与"少女的祈祷"》的作者是著名艺术哲学家赵鑫珊，他从对一首钢琴曲的喜爱出发，展开追寻的触角，使我们了解到这首曲子的作者、她的短暂人生、曲子对于作者人生的意义、"深深感受"与"刻骨体验"的心理背景。这篇散文，具有知识性、情感性、真实性，使我们读后，形成了对作者深深的了解并产生了心灵的共鸣。不止于此，这篇散文还让我们充分领略了艺术作为精神生活对于复杂、平凡人生的引领与支撑；对艺术的欣赏与对哲学的思考会让我们的人生步入更高的境界。

我们应当看到，文艺作品与一般宣传稿、政治文章不同，它往往以表现人为主，表现人的生活、人的精神情感世界，并不排除个体差异，即便是重大政治、社会意义的立意，也蕴涵在作品中人的具体生活和情感世界中，不直露于外。所以，散文的线索是比较重要的，尤其是当代散文，以真人真事为创作基础，在具体创作中，所取素材的人、事、景、物的原貌不易改变，但选取何种素材创作者则可采取主动。作品中的线索往往是通向神韵的必经之路，它直接引导我们通过被选取的素材析出神韵。虽然这种神韵有时并不见得很高，但终究是作者在不同的人生体味中获得的有益东西。作者可以通过作品使别人了解自己，也可让自己的感悟与体味对他人有所启迪，实现良好的人际沟通与情感交流。

一篇作品有时只从文字表层看，不触及作品结构的内在联系，便理不清线索，也抓不准神韵，从而影响表达的准确、得体。比如在散文《白色方糖》中，作者写了三个互不相关的生活片段，却告诉我们：人，需要博爱，也需要

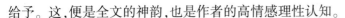

给予。这,便是全文的神韵,也是作者的高情感理性认知。

对散文的理解,我们也不要片面地认为,凡作品的立意都应当高,要与重大的社会意义挂上钩,因而,任意去拔高作品的立意。要知道,这于真正理解、把握一篇散文的主旨是有害的,因为这样便无法抓住其具体立意。

散文神韵的体现,有的是"卒章点志",集中显现在作品结尾的一两句话中,成为"点睛之笔、点题之句";有的则存在于作品的某一处;也有的在作品中并没有揭示立意的明显句子,而是将其融于所表现的人、情、事、物中由读者自己去体悟、品味。比如在散文《我与"少女的祈祷"》中就难找到凝练的"点睛之笔"或"点题之句";而散文《白色方糖》就在作品结尾处出现了这样的"点睛之笔"或"点题之句":"世上每一个人都需要爱,需要温情,需要帮助。别人给予我爱,我当把这爱,也给予别人。"

总之,我们在表达一篇散文之前,应对以上各个方面都做到心中有数。

二、表达细腻

散文的表达,从总体上讲应内在、真切、自然、细腻。散文的创作特征,决定其语言形式既不像诗歌那样变化多端、节奏鲜明;也不像寓言、童话那样有所夸张;更不像戏剧语言那样性格化。原因很简单,散文表现的大多是作者从生活中撷取的有意义、有意味、触发他们感悟的内容和素材,他们将此抒发出来,应让人感到不是为教育别人,也无意渲染什么,只是自己内心真情实感的自然流露。散文是作者强烈地感觉到自己的存在,迫切地想倾诉自己的内心感受,宣泄自己真实多样情绪的产物,他想与别人对话和交流,表达自己对人生和世界的各种感受与体验。散文多采用第一人称来表现,所以,表达的大都是第一人称"我"的心态与情感,一切都是自己的所见、所闻、所悟、所感。将这一切娓娓道来,只能用内在、真切、自然的声音和语调,情深意挚地表达,方使人听来真切、自然、舒服。

散文的语言,不像诗歌那样语句、内容跳跃性很大,表现的事物总体上也并不完整,但被选取的素材局部却往往表现得较细致,作品的神韵蕴涵其中。因而,我们在散文的朗诵处理中,应当注意表达细腻。散文表达细腻、点染得体的要求,完全与文艺作品的创作特性相适应,更贴合散文的创作个性。散文表达具体、细腻,可为体现作品神韵打下基础,这是因为有些散文没有明显的点睛之句,而要靠读者看完(或受众听完)整个作品,从作品的素材选取、线索发展或内容的具体描绘中体悟出作者的立意,获得此篇作品的神韵。这包括两个方面:一是感觉上的具体、细腻;二是语言处理上的细腻、精致。

　　感觉上的细腻，指各种感官与情感的细微体验。对作品中的形象、情景与心境等都感觉得具体、细致，才能表达得细腻入情。比如，对散文《白色方糖》中所表现的三个"人与人之间互相关爱"的场景和《父亲的汇款单》中父亲送儿子上大学时"送站"的情景以及《塔下清荷》中对"荷花、荷叶不同形态"的描绘等，表达中都要具象、细腻，这样才能吸引人、打动人，从而使听众对作品的主题、立意有更具体的感受。

　　当然，表达细腻，仅有具体、细致的感觉还不够，这只是基础，它还必须体现在语言表达上。一般来说，散文表达的用声不宜太强、太高、太实，语速不宜太快，处理不宜太粗，因为它是来自作者心底的声音，所以，有时散文表达像与人交谈，有时又似自己独语自悟。因而，相比一般播音而言，散文的表达以语缓气舒为主，语言舒展，声音轻柔，气息绵长，用声松弛。这种表达，可使内心抒发、景物描绘、事情叙述表现得从容、淋漓尽致。当然，遇到议论性散文或个别情感激越的地方，根据需要也应提高语言的声音，加强气息和口腔控制的力度，增强语言表现力。然而，依散文的创作特征，用声不强、气息松弛、语言轻柔、语速较慢的状态应是散文表达的基本状态。

　　只有感觉与表达内外结合，才能使表达细腻得以实现。

三、点染得体

　　散文创作有时在作品内容有了一定进展，人物的情感积蓄到一定程度时会出现"点睛之句"，它是水到渠成的产物。但虽有较明显的点睛之句，也不应忽视对全篇具体内容的细腻表达和铺垫作用。不能仅靠着力突显点睛之句来达到体现作品立意的目的，如用不适当地提高声音、加强力度、放慢语速等强调方式来体现，只会适得其反，不但不能很好地体现作品的立意神韵，反而会造成空中楼阁、无源之水、无本之木的结果。你本想用这些强刺激手段给听者留下深刻印象，却不但达不到目的，反而使人听来生厌、反感、不舒服。当然，也不能毫不经意地将点睛之句轻轻带过，体现不出其应有的作用。

　　正确的做法，是在散文表达处理时，在表达具体内容时，心中积累起应有的情感以及由此生成的认识、态度，自然而然、顺势而上地将其带入到点睛之句的表达中，语言、用声不必过于悬殊，而重在内心感觉到位，形成外化点睛之句的有力支撑，这样的表达使人听来有机、自然、顺畅，又具有一定的深度和内涵。反之，如在语言表层硬拔声音和力度，势必显得生硬、浅白，既破坏了表达整体的和谐,也不利于体现作品神韵。通常,散文的点睛之笔多为情感浓烈处、认识升华处,因而,表达上会情深意切,语言处理上也会有所体现,表现方式可以扬起,也可以沉下。在具体处理上,用声可以提高,也可加强;语势可以扬起,也可落下;咬字可以较紧,也可较松。但这几方面一定是与前边的感觉、情绪、语言、声音有机融合,不致落差太大,方显适当得体。

第三节 散文表达提示

一、表达语言轻柔化

散文表达轻柔化,是相对广播电视播音主持(尤其是新闻性播音)而言。有些从事播音主持工作的人播不好散文,原因之一是分不清二者的工作性质、任务、身份和作用,在用声方面相对较高、较强,音量较大。播音主持(尤其是新闻性播音)是宣传工作,大多是以第三者身份出现。而散文表达是文艺性工作,作品多以第一者身份"我"的面目出现,这个"我",又大多是作者本人,这样的行文角度,给人亲切、自然、真实之感。由于二者的工作性质、工作任务、身份角度不同,在表达上必然有所不同,因此,不能把播音主持与散文表达以同样的方式处理。

如前所述,散文的写作角度、写作方法都决定其表达特征,散文的表达不应是强烈多变、大起大伏,而应似地泉涌出、小溪流淌、好友谈心、自感自悟。具体用声和表达应为:声低、语轻、内在、真挚,表达轻柔化,语言舒展,音量不大,语缓气舒。不应声高、语快、声硬、气紧,因为这样的表达容易让人感到不是发自人心底的声音和感觉,而是在有意宣传、教育人,缺乏真实感与自然感,与作品内容、表现方法、表达角度也不合。当然,轻柔化并不等于虚声虚气、嗲声嗲气、捏嗓挤喉,可依表达内容的需要相对变化,但幅度不能过大。

应当看到,散文表达与诗歌朗诵的用声、表达处理方式也有所区别。诗歌朗诵激情较多,要体现诗歌的节律及音韵美,因而,用声通常高于、强于、快于、多变于散文表达。散文表达的语言比诗歌朗诵的语言更为自然、平缓。

总之,散文表达应既区别于广播电视播音,又不同于诗歌朗诵,更不同于影视作品中的人物语言。

二、人物语言写意化

根据不同内容需要,散文中有时也会出现人物。那么,人物语言应如何表达才适当得体呢？总体上讲,散文中出现的人物语言,不应模仿、扮演,而应当写意化,即显现人物的精神风貌,适当兼顾其性格、性别、年龄及人物关系。不宜刻意追求声似、形似,以免陷入小说、戏剧中人物完全性格化的语言。

散文中的人物不像小说人物语言量多、集中、全面,也不像戏剧那样以人物语言、人物行为来表现内容。散文中的人物语言多具有重要性,除了以描写人物为主的内容外,一般散文中的人物语言很少,即便是以表现人物为主的散文,也以叙述人物行为、人物经历的语言为多。总体而言,散文以叙述语言为主,创作特点决定其表达特点。所以,散文中出现的人物语言只能求其神,写意化,不应浓彩重抹,否则,会破坏散文表达整体和谐与自身特点。

值得提及的是,散文表达中人物语言写意化,并不是要求其与叙述语言无区别。在具体表达中,也可适当运用声音的高与低、厚与薄、明与暗,咬字的前与后、长与圆,语速的快与慢,语气的运用等手段来与叙述语言有所区分,让人听得出是某个人物在说话,只是要求有"度"的把握,不可过于求形似,应求神大于形。

三、文辞美、音韵美

散文表达,应当体现出文辞美、音韵美,这是因为散文创作本身具有这一特征。散文美的基础是文字功力,文字本身的光泽充分表现出语言魅力。如句式整齐的对偶句、排比句,情感深挚的抒情句,历历在目的描绘句等,这些在表达中都要充分体现出来。

在播对偶句时,应注意语节的整齐、对偶的感觉,不要播散。

比如,散文《秋色赋》中的两句：

秋天,比春天更富有灿烂绚丽的色彩。
秋天,比春天更富有欣欣向荣的景象。

在播排比句时,应注意句式整齐、内容递进、情绪推进、音韵和谐、朗朗上口,表现出较强的节奏感。

又如,散文《依依惜别的深情》中的几句：

呵,亲爱的可敬的朝鲜人民,在纷飞的战火中,你是那样刚强!敌人把你的城镇变成了废墟,你没有哭;敌人把你的家园烧成了灰,你没有哭;敌人把你绑在大树上,烧你、烤你,你没有哭。你真是一把拉不断的硬弓,一座烧不毁的金刚!

在播抒情句时,应依景而发,缘事而发,借情而发,声暖语柔,情浓意切,袒露心声。

在播描绘句时,应以语调、音长、音色等声音材料做画笔,细致地描绘,显现语词文采中的色、形、质、味等特征,同时体现文辞的音韵美。

散文表达的抒情、描绘,从声音形式上讲,多应节奏舒缓,气长字连,声调完满,重点处夸张,语调柔和,音色淳美。此外,能押韵的要押上韵,兼顾句子的整齐与错落有致。

为做到文辞优美、音韵和谐,作者在创作时是费了一番苦心的,既要表意、表情,又要文辞美、音韵美。因此,我们在表达时,也要很好地将其体现出来。有人说,好的散文表达,应当像朗诵一首散文诗,这是就散文创作也同样具有诗的意境与音韵美而言的。为此,我们可以说,没有体现文辞美、音韵美的表达,就不是好的散文表达。

四、语言形式多样化

散文表达,往往需要运用叙述、议论、抒情、描绘几种语言样式共同发挥作用。

叙述,应清楚、诱人、有情,不能干巴巴、欠感觉。语言要舒展、自然,不能句子抖不开,也不能语速快。

议论,应依形而发,带情而议,不宜声高语硬。

抒情,应真挚、内在、有感而发,不矫揉造作、嗲声嗲气和无内容地拖腔拉调。当然,抒情有不同方式,有内在深挚的,也有激越酣畅的。

描绘,应具体细致,注意形象生动。切忌用一种腔调描绘各种人、物、景、情。应依不同对象、不同情感、不同需要而有所变化。

散文的创作,几乎每篇都少不了以上几种语言样式,只是在不同内容、种类、风格的散文中,这几种语言样式的使用情况不尽相同,在处理每篇散文时都应合理使用、有机结合。不可一篇散文只用叙述这一种语言样式表达,也不可不分种类、内容都用一种抒情味来表达。在表达中,该叙则叙、该议则议、当抒则抒、当描则描,不要追求一种所谓的"散文味"。

好的散文表达,应当是一篇作品的基调、风格、语体感和语言样式的正确选择与有机融合,演播者应让自己沉浸于所表达的内容与情感之中,有情与识的渗透,感性与理性的交融,思维的积极运动,节奏的适当变化,显露语言本身的美感,似心语,又像交谈。

第四节 散文表达个案分析

父亲的汇款单
——谨以此文献给我亲爱的父亲

蒙 山

① 大学四年读完了。四年下来,我保留了父亲给我的全部信件,也保留了父亲寄给我的全部汇款单上那张小小的纸片。

② 那张小纸片是汇款人留言用的,每次父亲把款汇来,我都要写上收款的日期以及金额,把它精心保存起来。四年来,那小小的纸片随着岁月的流逝,一张,两张……渐渐地变厚起来,最终成了一小打,汇款的数额也是与日俱增,由最初的每月二十元、三十元,直到毕业前的五十元。

③ 四年前,我成了一名大学生,一个山区穷县五名考入北京读大学的学生中的一名。在接到录取通知书的那些日子,我常常彻夜难眠,因为幸福。

④ 我忘不了,父亲当时喜悦的神态,父亲从电话中得知我考取大学的消息,便兴冲冲地从三十里外的乡下(那是他工作的地点)赶回县城的家,晚饭他比平时多喝了两杯。

⑤ 我忘不了,在县城汽车站与家人分别的情景。父亲最终还是不放心,他挤上车,把我送到了距县城近三百里远的火车站,他是想送我上火车啊!候车室里,父亲第一次像母亲那样叮嘱起和他一般高的儿子,我看着父亲,不停地点着头,默不作声。

⑥ 火车是半夜一点多钟路过的,上了火车还没找到座位,火车便徐徐开动了。父亲在站台上往前走了几步,向在车厢里的我挥手告别,他微笑着,却不说一句话。此刻,看着即将离别的父亲,我的眼眶里涌满了泪水,怕别人看见,便强忍着不让它流下来。父亲变得模糊了,但不仅仅因为站台上那

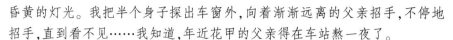

昏黄的灯光。我把半个身子探出车窗外,向着渐渐远离的父亲招手,不停地招手,直到看不见……我知道,年近花甲的父亲得在车站熬一夜了。

⑦ 那个夜晚,我第一次感受到了父亲那掩藏在心底里的深沉的不用言语表达的爱。

⑧ 此后,在大学读书期间,每个月的下旬,我总是能收到父亲寄来的一封信。信中除了告诉我家中的近况,叮嘱我好好学习以外,还告诉他在千里之外的儿子,钱已经汇出来了,信中说:收到他的信后给他回封信,好让他放心。没过两天,学校收发室的小黑板上就会出现我的名字,我知道,父亲的汇款已经到了。

⑨ 拿着汇款单,看着上面遒劲有力的字迹,我仿佛又看见了父亲那张棱角分明、皱纹渐增的脸,那渐白的双鬓,也深深体会到了父亲那深藏在目光之中的期待。每当我想到全家五口人每月就靠父亲一百一十元的工资生活的时候,看着汇款单上三十元的金额,手中的汇款单和我的心情一样,无比的沉重……

⑩ 日复一日,年复一年,父亲的汇款单伴随着我走完了大学四年的生活道路。

⑪ 现在,我毕业了,已不再依靠父亲了,但我不会忘记,我是依靠父亲的汇款和国家的助学金,读完四年大学的。

这是一篇情感真挚、运用白描手法书写的记叙性散文。作品重点记叙了作者的父亲"夜站送行""四年汇款"等情景与事情,从这一个个细节描写中,我们看到了一位朴实的父亲形象,同时,也感觉到作者的心路历程,触摸到他对父亲感情的升华和深切的人生体验。散文风格质朴(具有朱自清的散文《背影》的意味),内涵丰富,能深深地打动人,并给人以启示。

这篇散文的主题是歌颂伟大的亲情之爱。散文的写作背景、播出背景都是同时代,作者创作的心理背景是充满感悟与深情的。

这篇散文的表达身份感,应是二十几岁的男青年,性格内向,语言朴实,用声不高,语速适中,表达外稳内丰。

这篇散文共分11个自然段,可以划分为四个层次:

第一层　引子:1—2自然段

第二层　送站:3—7自然段

第三层　汇款:8—10自然段

第四层　感悟:11自然段

这篇作品的基调应是深情、凝重的,不能处理成悲凉、低沉的,因为它是歌颂性的主题,表达的主线是对父亲的"情"。当然,其中也有较轻快的亮色,如"考上大学""父亲回家",表达时,应有所体现和转换。

这篇作品的风格是朴实、恬淡的,文辞朴素,语言自然,思维连贯,情感内在。表达时,语言不宜激越、高亢,语速不宜太快,音色不宜太亮,应带情回忆、讲述。

这篇作品是以"头尾呼应""中间倒叙"的方式写成,因而,表达时随着内容与情绪的变化,要有时空转换、节奏变化。在细节描写处,更要表达细腻,语言中要充满情感性、动作感、形象感,如"与父亲挥泪告别"和"内心感悟"处等。

在表达时,要有"内心视象",抓住"动词""形容词"(如"不停地点头""挥手告别""把半个身子探出车窗外"等),同语言相伴,要有各种相应的感官感觉(如视觉、听觉、触觉、运动觉等)参与创作,有边说边做之感。这样的表达,才具体、细腻、可感、生动,不致平淡、平板。

在表现"时空转换"时,语速可加快或放慢,随不同情绪,显现不同时境。如"四年前,我成了一名大学生……"(此时是高兴的心情,所以语速可加快一些);"日复一日,年复一年……"(此时是深切的感悟,所以语速可放慢一些)。

在表达中,还应将自己的身份感变为作者本人,这样,才能与作者的内心融为一体,与之同感、同悟。此篇散文的"点睛之句"在篇尾,但也要承接前面语言中内在、自然、朴实、动情的诉说感,只是稍加激情、放慢处理即可。注意,整篇散文的表达,语缓气舒但不飘,语言含情但不虚,体现动作、形象感但不跳,具有内在力度但不拙。

此外,在表达时,还应注意叙述、议论、抒情、描绘的适当转换与处理:

如"那小小的纸片随着岁月的流逝,一张、两张……渐渐地变厚起来"(描绘);

如"火车是半夜一点多钟路过的,上了火车还没找到座位,火车便徐徐开动了"(叙述);

如"那个夜晚,我第一次感受到了父亲那掩藏在心底里的深沉的不用言语表达的爱"(抒情);

如"……但我不会忘记,我是依靠父亲的汇款和国家的助学金,读完四年大学的"(议论)。

也许以上例句并不典型,但它告诉我们散文表达不应只有一种语言感觉,只用一种语言形式。否则,不能很好地体现作品,也会使表达单一化。

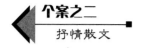

塔下清荷

吴宗蕙

① 又是芙蓉盛开的季节。

② 我自幼喜爱荷花,记得在童年时代,每当盛夏时节,我总是随小伙伴们嬉戏在荷塘边。在朝霞初露的清晨,我还常常独自一人拿着卷《唐诗》跑向荷池,一边好奇地凝望着洁净花瓣上的一层极薄极薄、绒毛般的水珠和池远处飘动着的一缕缕轻烟,一边默默背诵诗句:"云想衣裳花想容,春风拂槛露华浓。……"背着,背着,眼睛朦胧了。

③ 荷,不仅"出淤泥而不染,濯清涟而不妖",它还倔强傲岸、屹然挺立在炮火硝烟之中,给苦难的大地增添希望的色彩,给淳朴的心灵以滋养、激励和抚慰。

④ 随着时光的流逝、年岁的增长,最使我深深爱恋、永远难忘的,则是北海的荷池,那环塔而生、与巍巍白塔相映衬的一片片清荷。50年代初的仲夏,我告别如诗如画的江南,怀着一个刚刚踏入新生活的尚未成年的天真少女的激情和幻想,不远千里,来到久已向往的北京。庄严宏阔的天安门广场使我崇敬,辉煌富丽的金色宫殿令我震惊。而最使我心动神怡的,却是北海公园那端庄素洁的白塔和在碧波浩渺的水面上自然丛生着的疏疏落落的清荷。

⑤ 恰巧,我工作的处所紧靠着北海,仅一桥之隔,多么幸运,我能与塔为友,与荷为邻!夏日清晨,遥望绿树环抱、红墙映衬的巍然矗立的白塔,它始而在轻柔的薄雾中,继而在彩色的霞光里,那么端庄,那么凝重,那么文静,那么温柔,又那么凛然不可侵犯!它既有磅礴的气势,又具高洁的气质,在人们心中激起一种庄严圣洁的感情。

⑥ 傍晚,我常和我的朋友们来到北海。沿着水边漫步,夕阳给落红点点、翠盖摇摇的荷池抹上了一层美丽的色彩,使它显得圣洁而神秘。我们披着残阳的余光,吸着娇荷的幽香,观赏逐渐为暮色所笼罩的塔影,谈工作、谈学习、谈文学、谈音乐、谈人生、谈理想,轻声哼着我们所喜爱的歌曲,心中充溢着幸福和柔情。那一簇簇荷叶以及与它相依而存、相扶而长的柄柄荷茎、

朵朵菡蕾,其互遮风雨、互相扶持的情态,就是当时融洽无间、亲密互助的同志关系的象征。

⑦ 三十年来,无论我调到哪里,是工作,还是学习,无论离北海多么远,只要白塔仍在,绿水长流,有荷可观,我就都要来观赏它,亲近它,对它怀思缕缕,一往情深!

⑧ 北海劫后开放的第一个仲夏,我曾多少次迎着朝晖,披着暮色,从西郊赶来,漫步在堆云积翠桥上,徘徊于池畔幽径,流连忘返,不忍离去,像是不愿告辞久别重逢的故人。这种眷眷之情,直到今天,不仅毫无减色,反而更为浓烈了。

⑨ 今夏,在一个雨后初晴的早晨,空气清新潮润,我踏着曙色去寻求旧梦,再访塔下之荷。

⑩ 六时许进园。园内游人寥寥可数,静极了。我缓缓走近池边,一股淡淡的香气轻轻袭来,沁人心脾。俯视池内,只见娇花朵朵,翠叶飘飘,宛如稀疏的晨星洒落在微波轻飏的湖面上,比之当年的荷池,别有一番令人心旷神怡的景象。看,那一枝枝亭亭玉立、仪态万方的荷花,一扫羞涩,展露丰姿,忘情地开放了。它们有的傲然探出碧海,舒展着粉白镶红的花瓣,一任蜜蜂穿行在金黄色的花蕊间,显示自己超群出众的美丽;有的与绿叶齐眉,含情浅笑,展红傲绿,争奇斗艳;有的尚含苞待放,躲在茂密的翠盖丛中,怯怯地睨视着游人,而那如盖、如伞、如毯、如裙的荷叶,或仰首,或低眉,或俯身,或傲立,簇簇满池,组成一泓碧海,守护着娇花。那一片片清爽、鲜嫩的叶面上,残留着雨水冲刷的痕迹,滚动着晶莹的水珠,它是如此雅致、清丽、洁净,又如此超尘脱俗!它不正象征着我们经历劫难后的神州大地将会更加秀色夺人、俊逸多姿么?!

⑪ 我沿着池畔的绿棚缓步而行,沉湎于云烟一般的遐想里。

⑫ 走着,想着,不知不觉,我转到堆云积翠桥北荷池西侧的一角。突然,我的眼睛一亮,原来在满池粉荷之中,竟藏着这么一座玉色的宫殿。这里,在翠叶簇拥中,娉娉婷婷伸出一枝枝如棉似雪的白荷,它们鄙视污泥,鄙弃华贵,以朴素的姿容,显示出自身的高洁。我静静地站立在绿棚旁,眼前浮现出种种幻觉,思绪飘忽得很远、很远。想起国难当头时大义凛然、拍案而起的闻一多;怀着一腔爱国忧民之情徘徊于月下荷塘的朱自清……这朵朵白荷,不正是他们高洁情怀和不屈精神的写照吗?!

⑬ 朝阳微露,彩霞渐隐,游人逐渐增多了。

⑭ 我恋恋不舍地离开这荷池的一角,踱到桥南,凭栏北眺。这时,薄雾

全消,远处那皎洁的白塔被如洗的碧空映衬得更加壮丽,塔身环绕着那郁郁苍松,隙间露出斑斑红墙和金色的亭顶;近处是依依垂柳,满池翡翠,绰绰群花;西侧则是洁白玲珑的玉石长桥和微波浩渺的水面。它们构成了一幅层次分明、色彩斑斓的水彩画,清晰、明朗、秀美,又朝气勃勃。这幅画,给我们的生活增添了多少明丽的色彩和浓郁的诗意!

⑮啊,秀丽的北海,那绵绵密密的相依、相映、相扶的塔下之荷,你载着我不尽的情思,记录着我生命的旅程,你是我的诗,我的梦,我的憧憬!

这是一篇以"荷"为感怀对象和线索的抒情性散文,它通过作者与"荷"的聚与散,使我们窥到作者的人生轨迹和心路历程并折射出国家命运。散文以抒情为主,通过作者对"荷"的赏与爱,从中展示出作者的人生追求。作品以"赏景"为材料,实则"言志"。这篇散文文辞优美,意境高雅,有情、有意、有形,具有"美文"的特点。

这篇散文的写作背景和作者创作的心理背景是一致的,而播出背景则可根据时代不同而有所不同。如在"文化大革命"刚结束时播这篇散文,应当侧重于控诉"四人帮",赞"荷"的风貌依旧,喻"人"的精神不变。如现在播这篇散文,则可以根据时代特点,侧重体现学习荷"高洁精神"这一主旨。

这篇散文的表达身份感,应当是一名成熟的中老年知识女性。从作品提供的内容线索与作者的行文笔触中可体会到这点。

这篇散文共有 15 个自然段,可分为三个层次:

第一层　爱荷(童年):1—3 自然段

第二层　伴荷(青年):4—7 自然段

第三层　寻荷(中年):8—15 自然段

这篇散文的基调,应为深切、感怀的;风格是典雅、恬淡的;表达似与好友谈心,情感内在。这篇作品的表达适用中音音色,咬字完满,处理细腻、有意味,语速偏慢,情深意满。表达中,时而自然叙述,时而细致描绘,时而深切议论,时而依景抒情。

此作品中有不少描绘的场面,在描绘时,可将音势适当拉长,调值完满,音色圆实,语言声音似一支彩笔,勾勒出色、形、味俱全的一幅幅生动的画面场景,使人如临其境,产生情景交融的效果。表达中,不仅要让人听出形象,还要让人听出远近高低等不同方位、景物的不同质感以及表达者主体的不同情状。

在具体表达中,说"荷花"与"荷叶"不能相同,因质地不同;说"俯身"与"仰首""低眉"不能一个语调,因感觉、形态不同;说"走着、想着"与说"凭栏远眺"不能一个节律,因动、静不同。总之,语词文采中的色、形、质、味等特征,都要用我们细腻的表达来描画,同时体现文辞的音韵美。需要注意的是,语言的叙述、抒情、描绘、议论不能用一个音长、一种音色、一个力度,要边感觉边说,融入各种感官印象。总之,朗诵这篇散文不但应主线、主旨清楚,还要细腻地表达,使情、识、形交融渗透,让听者在欣赏荷花美景的同时,品出其味,达到认识上的升华。

此篇散文除了叙述以外,在"赏荷"与"赞荷"之中存在大量抒情、描绘的句子,这是抒情性散文的特点之一,表达时应当对语言有所设计,使之错落有致。

思考题

1. 散文的种类有哪些?
2. 散文的特征是什么?
3. 散文的理解、感受如何把握?
4. 散文的表达要点有哪些?
5. 散文与播音主持及诗歌、小说的表达有何不同?

第四章　诗歌朗诵
——节奏的律动

诗歌朗诵,在文艺作品演播中占有重要而独特的地位。重要,是说它的情感和表达大多变化幅度大,具有丰富的技巧性,这对于学习艺术语言表达技巧,无疑是非常重要的;独特,是说它的创作和表达形式较独特。

第一节　诗歌概述

一、诗歌的概念

诗歌,是一种具有韵律,句子分行排列,词语高度精练,能创作主、客观和谐统一意境的独特的文学体裁。

二、诗歌的种类

按有无完整的故事情节划分,诗歌可分为"叙事诗"和"抒情诗"。叙事诗有比较完整的故事情节和人物形象;抒情诗则通过直接抒发诗人的思想感情来反映社会生活,没有完整的故事情节和人物形象。

按有无格律划分,诗歌可分为"格律诗"与"自由诗"。格律诗的形式有一定规格,音律有一定规律,可以有变化,但需按一定的规律变化。中国古典格律诗有五言、七言绝句和律诗。自由诗的语言不讲究格律,诗的段数、行数、字数也没有固定的规律,但有节奏并押大致相近的韵。

此外,还有兼备诗歌和散文特点的"散文诗"。它有诗的意境,但又不像诗歌一样分行,也不押韵。

三、诗歌的特征

1. 集括性

"诗歌不像小说和戏剧那样,对作品中所反映的社会生活做全面、细致和具体的描绘,而是通过某个最富有特殊意义的生活片段来表达、抒发诗人的思想感情。"① 因此,诗歌对社会生活的反映是高度集中和概括的。

2. 跳跃性

诗歌反映社会生活高度集中和概括,又因篇幅有限,分行排列,因此语言必然是精练的,甚至每个字都要反复推敲,使之表现思想感情和描绘形象能够最充分、最经济。集中、概括性的内容与精练化的语言,以及创作运思的快速转换,就构成了诗歌跳跃性的特征。诗人通过强烈的情感与丰富的想象将其独特的感受创造为艺术形象和艺术境界,浓缩在诗里面。

3. 音乐性

诗歌语言还具有音乐性,具体表现在它的节奏和韵律上。诗歌的感情大开起伏强烈,这决定了其有一定的节律。有节奏又押韵,音调和谐、动听,就构成诗歌音乐性的内涵,它形成一种律动的美感,能唤起受众的相应情绪与美感。

第二节 格律诗的朗诵要旨

一、了解规则

格律诗,指中国古典五言、七言绝句和律诗。"格"是格式,"律"是声律,声律包括平仄和押韵。格律诗对字数、句数、平仄、押韵和对仗都有严格的要求。根据诗的字数和句数的不同,格律诗又可分为律诗、排律和绝句。

律诗有五言、七言之分。五言律诗每首八句,每句五个字,共四十个字。

排律也叫"长律",至少有十句,也有长达一二百句的,多是五言,七言很少。

绝句又叫"截句",是截取律诗的一半之意。绝句也分五言、七言。五言绝句每首四句,每句五个字,共二十个字;七言绝句每首四句,每句七个字,共二十八个字。

律诗和排律必须讲究平仄、押韵与对仗,绝句必须讲究平仄和押韵,可不讲对仗。

平仄是根据古代汉语的声调来确定的。律诗的平仄格式是固定的,形成几种格式。

平在古代汉语中指"平声",在现代汉语中则指"阴平"和"阳平"。

---

① 吴立昌等编著:《文艺小百科》,学林出版社1982年版,第54页。

仄在古代汉语中指"上声""去声"和"入声",而在现代汉语中指"上声"和"去声"。

诗歌的平仄交错,可使声调多样化,使人听之和谐悦耳,富于节奏感。

对仗就是在一联的出句和对句(每两句相配称为"一联",一联的前一句叫作"出句",后一句叫作"对句")中,把同类性质的词依次并列起来,如名词对名词、动词对动词、形容词对形容词、副词对副词等。对仗的种类有很多种。

押韵指把相同韵母的字放在同一位置上(一般都放在"对句"的句尾处)。押韵不只是律诗不可缺少的条件之一,也是一般诗歌所应具备的共同特点。

总之,格律诗讲究平仄,注重对仗,注意押韵,有自己的声律美和形式美。

二、划好语节

凡格律诗都有一定的句数和每句的字数,它是用明显的格律来包容凝聚思想感情。因而,我们在朗诵前,应参照诗句的具体语义及每行字数划分一定规格的语节来表现它。

语节与音乐中的节拍相似。每一语节中的字数多,字的疏密度就小;反之,每一语节中的字数少,其疏密度就大。这也形成了语流速度的不同。中国古典诗歌的节奏比较规整,节拍感很强,它们都体现在语节上,而语节的存在正是格律诗的重要条件。不同的格律诗有着不同的语节划分。因此,划好语节就成为朗诵格律诗的第一步。

顿数指诗句中停顿的地方的多少。格律诗的节奏主要在于平仄格律,而平仄的安排又是与"顿"相结合的。在顿与顿之间,就形成了一定的语节,这在实际运用中有一定规律可循。

五言诗是每句两顿,每顿两个字或一个字,并且主要是第三个字或第五个字可以一个字成为一顿。

七言诗比五言诗增加一顿,为每句三顿,主要是第五个字或第七个字可以一个字成为一顿。

三、押住韵脚

韵脚指诗句末尾韵母相同的字。马雅可夫斯基曾说:"没有韵脚,诗就会散架子。韵脚使你回到上一行去,叫你记住它,使得形成一个意思的各行诗维持在一块儿。"在中国古典诗词中,押韵极为重要,没有韵脚难称格律诗。"韵"是诗歌语言音乐性的重要条件。押韵可以使诗歌具有优美和谐的形式,可使受众更好地欣赏它。同时,韵脚的呼应,还可以形成一定的语言节奏。因此,在朗诵格律诗时,一定要重视韵脚,押住韵脚,不可"藏韵"或者"跑韵"。"显韵"的方法是将韵脚的音韵读得夸张一些予以突现。

四、音韵夸张

由于格律诗的每个字或词都含有相当的容量,诗人炼字很精,因此,在朗诵时,音韵一般都应发得完满甚至夸张些,以充分体现其内涵与情致,营造出一种诗境。尤其在"诗眼"和"韵脚"处,应再夸张些以便点染于声。

简言之,格律诗的朗诵语流不可太快,唯此,方可产生较强的韵律感、品味感与吟诵感,可有力地点指"诗眼",可细细品味诗的情趣、理趣、谐趣与妙趣,使听者有体味的过程并产生共鸣。反之,语流过快,朗诵者的体味过程、抒发态势与听者的接收、消化过程都会受到阻碍,于诗歌的朗诵、欣赏都不利。

五、规中求变

格律诗的朗诵有其明显的特点即合辙押韵,并有一定节律。若朗诵起来四平八稳一个劲,便难以抒发诗人澎湃的激情或细腻的情致。因此,我们在朗诵时,可根据诗的意境与情感运动态势,在不破坏语节、顿数及显韵的前提下,注意调整语流速度与表达的抑扬,使之发生变化,以改变朗诵节奏呆板的状况。

格律诗的特征在于其形式规整,这便给朗诵好格律诗带来一定难度。在这种规律之中欲将诗的不同情思与意境充分表达出来极其不易。既要注意规律,又要表现个性;既要顾及形式,更要注意内容。为了兼顾内外两方面,朗诵者就不能在这种种规律限制面前丧失表达处理的主动性,尤其可在语速、语调、语势、音高、音强等方面加以调整。不可存在一种误解,以为朗诵格律诗都有固定的格式与调子,朗诵者对此无能为力,并由此使得朗诵格律诗呈一种模式,求形大于求神。实际上,越有一定之规越死板,就越需要朗诵者做些适当处理,以显现诗的鲜活个性,不使人听而生厌。当然,这种处理变化不得超出格律诗的创作原则和基本规范。

总之,朗诵好格律诗,应当遵循其创作规律,关注其韵律、语节、顿数等并予以体现。同时,对每首诗可根据其具体内容、情感要求,在不违反规范的前提下做适当处理,不可求形大于求神。

要朗诵好格律诗,还要对中国古典诗词的创作规律及表达技能有所了解,朗诵者具备了较高文化水平和艺术修养,方可理解之、驾驭之、表现之。

第三节 格律诗朗诵个案分析

五言绝句《春晓》

(唐) 孟浩然

唐朝著名诗人孟浩然,是以隐居终其一生的。诗人洁身自好,把感情倾注于自然景物之中,他的创作平淡自然,却情致不凡。《春晓》这首小诗,表现了诗人担心风雨使花儿飘零,却对此无奈的心境。诗人有种惜春和爱怜之情,所叹的是春光易逝,风雨无情。

这首诗的特点是运用"遥条辙"的韵,一韵到底。仅第三句末尾的字音脱韵,这是格律诗创作所允许的。其他三句每一句的尾字韵母都是"遥条辙"。在朗诵时,为了突现其韵脚使之"显韵",可将"晓""鸟""少"三个字读得"上声"音调完满,"韵母"拉得较开,用气托住,此字的声音时值要明显长于句中其他字音。如此处理便可达到夸张、突现的效果。这首诗韵脚的定位呼应,又形成其节奏,读来有种音形回环之美。

这首诗共四句,每句五个字,每行诗有三个"语节",两个顿。具体可做如下处理:

春眠\不觉\晓(xiǎo), 处处\闻\啼鸟(niǎo)。
夜来\风雨\声(shēng), 花落\知\多少(shǎo)。

七言绝句《早发白帝城》

(唐) 李 白

李白是人们所熟知的唐代大诗人,他想象丰富,是积极浪漫主义的大师,被人称为"诗仙"。

《早发白帝城》据说是李白晚年被流放夜郎的途中遇赦时所作。这首诗道出了诗人遇赦后在归途中愉快、急切的心情,文笔轻快,读来使人产生身临其境之感,有一种开朗豪放之胸怀,勇往直前之形象。

这首诗共四句,每句七个字,按一般规律可以分为四个语节、三个顿。具体处理如下:

朝辞\白帝\彩云\间,千里\江陵\一日\还。
两岸\猿声\啼\不住,轻舟\已过\万重\山。

还有一种语节、顿数的划分法:

朝辞\白帝\彩云间,千里\江陵\一日还。
两岸\猿声\啼不住,轻舟\已过\万\重\山。

以上两种分法,究竟哪一种更合适,可根据具体情况而定。如果用于古典诗词赏析,可采用第一种划分,因它能较好地体现中国古典诗歌的格律特征。如果用于古典诗词朗诵,则用第二种划分较好,因它能较完整、清晰地体现诗意,朗诵起来也不显死板。尤其是诗句最后三个字关系紧密时,应形成"三字脚"("启功"语),即句末三个字要与前边的四个字分开。"三字脚"可处理为"一、二式""二、一式"或"一、一、一式"。

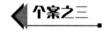

五言律诗《春望》

(唐) 杜 甫

杜甫是我国唐代著名的现实主义诗人,被称为"诗圣"。诗人的作品中多有泪水,浸透着他真挚深沉的忧国忧民之心。

《春望》就是这样一首感人之作。"安史之乱"以后,杜甫被抓至长安过着不自由的生活。诗中抒发了作者当时满目所见的苍凉和自己心中所感。这首诗写得概括又很细致,深刻地表达了诗人担忧国事和怀念家人的心情。

为了生动、准确地表现杜甫在战乱年代的苍凉心境,在朗诵时,我们可以根据诗情从表达角度做如下处理:

国破\山河\在,城春\草木\深。|中速、均抑
感时\花\溅泪,恨别\鸟\惊心。|
烽火\连\三月,家书\抵\万金。|稍快、稍扬
白头\搔\更短,浑欲\不胜\簪。|抑、慢、更抑、更慢

将此诗做以上处理,以求表现诗人内心细腻的变化和情感的动荡。前四句,用下行语势、中速,体现诗人视野所及荒凉的客观外界与主观的苍凉心境;下面两句,用上行语势、稍快语速,以突现诗人盼接家书的急切、激动之情;最后两句,则仍回到下行语势,并伴以滞重的语速,来揭示诗人面对现实的沮丧和沉郁的情状。如果仅以相同语速、固定语势和语调来朗诵此诗,则很难充分、贴切地表现此诗的内涵和细腻情感。当然,每个朗诵者都可有自己独特的感受与处理,终究"诗无定解"。

朗诵格律诗,了解其创作规律之后,不能只注意遵循这些形式要求,而应在了解诗歌背景和充分理解、感受诗歌内涵的基础上,大胆运用语言表达内外部技巧,利用音色、音高、音长、音强等创作材料,发挥语言表达"二度创造"的主动性,对诗歌进行处理阐释。这样的朗诵才是好的格律诗朗诵,也是现代格律诗朗诵所需要的。

除了上述格律诗外,我们还经常接触到"古风""歌行"以及"宋词""元曲"等,对它们的朗诵,一方面可参照"格律诗"的处理方式,另一方面也应根据作品的不同形式和语言特点,对其进行语节划分,注意节律、顿数,以体现作品的不同内容与表现形式。

第四节　自由诗的朗诵要旨

一、了解规律

自由诗,也可以称为"自由体诗",与"格律诗"相对,其表现形式完全打破了格律诗在诗体上的种种限制。自由诗的字数、句数完全依诗的内容、抒情的需要而长短不一、参差错落,表现出"句无定字""篇无定句"的特点。

自由诗的主要句式结构为四行一节,"行无定字"。也有的是两行一节或三行、五行、六行一节,有时根据表现的内容、情感的需要,还可三行、四行、五行、六行一节交叉使用。这种富于变化的句式和结构,更适于表现现代人丰富复杂的思想感情以及当今快速变化的社会生活。但无论怎样变化,都要有诗的形式。"没有诗的形式,也就没有诗,而变成别的艺术品种了。"①

自由诗依其表现内容和创作手法大体可分为:抒情诗、叙事诗、哲理诗、

---

① 谢文利、曹长青:《诗的技巧》,中国青年出版社1984年版,第296页。

朦胧诗和爱情诗等。

二、深入心灵

一般而言，要表达好一篇作品，首先要理解它、热爱它，才能产生真情实感并激发起自己表达作品的强烈欲望和激情。诗歌朗诵更是如此。

从创作角度讲，诗歌是抒情艺术，不是再现艺术。因而，无论是抒情、叙事、状物、喻理等，都源于并带有诗人强烈的主观感受、浓郁的主观色彩及鲜明的个性。诗歌不同于戏剧、小说，不是靠内容、情节和人物外化作者的认识、感悟与体验，主要靠诗人个体情感的直接抒发，有感而发，直抒胸臆，构成个体宣泄形态物。一首好诗不会是作者的无病呻吟，它是诗人感悟、情动最深的外化物，注入了诗人创作的引动源及思维、情感的运动流。因而，我们要朗诵好一首诗，首先要进入"诗人的心灵"，弄清诗人的创作冲动点，理清其创作的"情源"与"情流"。

所谓"情源"是指作者由什么引起的创作冲动。如艾青的政治抒情诗《光的赞歌》，据说是诗人在擦台灯时不小心被电了一下，他感到了"电"的威力，由此引发他创作这首诗的冲动。所谓"情流"是指诗人的创作思路、情感的流向途径，是它，引发出一个个意象、连缀起一个个思维跳跃点，抓住了它便可理清诗人的创作思脉。

在对诗歌朗诵的前期准备中，我们通过对一首诗相关的各种背景的了解，可以弄清诗中所指，产生对此诗的初步理解，再融入自己的认知与体验，就会对此诗形成一种接近感和喜爱之情。通过对一首诗的理解与准备，取得诗人的"创作因子"，又深植于"自己的心灵"，形成同构、共识，也就自然而然生发出自己的真情实感和想要宣泄的激情。最终，通过自己准确、真挚、充满激情的表达便可进入"听者的心灵"，与之产生共鸣。在这里，诗歌本身作为交流媒体沟通着作者、朗诵者、听者三方的心灵。

那么，如何进入作者的心灵呢？这可以从两个途径入手：

（1）从作品本身探寻：如作品的内容、形式、结构与情感表现方式等有关方面。

（2）从与作者、作品有关的材料中获得：如作者的生平、创作思想、创作背景、有关的介绍、评论文章、作者文集等。有条件者，还可以直接请教作者本人或知情者。

那么，如何进入朗诵者的心灵呢？这也可以从两方面入手：

（1）从理性上找共鸣：启动与诗作内容、立意相关的个人积累和认知，与之相对应,求得共识。

（2）从感性上抓刺激：调动与诗作内容相关的形象记忆和情绪记忆,与之相对应,求得刺激。

在诗歌朗诵创作中,了解了作者,理解了作品,深入到作者的心灵,抓住了诗魂与诗貌,并不意味着朗诵者自己就能发自内心自然而然地产生表达的真情实感与激情。因为,作者的所思、所感要变为朗诵者自己的心理和情思是有段距离、有个过程的。要深入朗诵者自己的心灵,不能不是其主动渗透交融的结果。要知道,在朗诵的理解、感受与表达的整个过程中,始终是感性与理性交融、逻辑思维与形象思维的交合状态,你中有我,我中有你,只是二者之间因诗的种类和创作的不同,有时,会某种稍多,但绝不是某一种在单独发挥作用。在诗歌的创作和朗诵中,正是二者的交合作用才引发出创作和表达的冲动与激情,也才能使我们的朗诵既有理性的诱导,又不失感性的鲜活感。

那么,如何进入听者的心灵呢？这也要从两个方面入手：

（1）给听者准确的诗作内涵,如准确的立意、意象与意境。

（2）给听者强烈的情感诱导,如适当、浓郁与震撼的诗情。

有人说："作为一种艺术形式的朗诵,却不只是表达,它同时意味着对作品进行解释。仅仅是表达,仅仅是没有曲解,那还不够,它必须给听众更多的东西,是他们用眼睛阅读文字时所得不到的东西,使听众跟随着朗诵者,更快地、更直接地进入作家所提供的情境与意境、作家敞开的内心世界。这就是说,朗诵者不能只是把文字搬到口头,把无声的语言化为有声的语言,而且需要对作品的艺术内容有自己的体验、自己的理解。"[①] 这段话较明确地点出了朗诵的要旨,即朗诵者是对作品的解释者。

三、思脉清晰

在诗歌朗诵理解、表达的具体心路中,思脉的清晰、贯通是极为重要的。对于诗歌的理解往往要难于对散文、小说、戏剧等其他体裁作品的理解,原因在于诗歌创作的特征与诗歌创作的思维方式。

诗歌是极富想象力的艺术,而想象具有感知、情感、理解三要素。"想象基于感知而又改造感知,移情使感知变形,理解化感知为象征。诗的形象思维和小说、戏剧不同,就在于诗人循着想象的逻辑,而不是感知的逻辑来进

---

① 陈爱仪、雷抒雁：《朗诵艺术谈》,中国青年出版社1988年版,第4页。

行构思。因此,诗的世界和日常的世界往往很不一样。唯其'不一样',它才有诗的特别味道。"①

除了诗歌创作中的"改造""变形""象征"以外,诗歌创作的精练性、跳跃性也会使诗人完整的思维分割成一个个凝结点,显现于文字上,呈单线性的逻辑思维与复合型的形象思维构成诗的意象与情思,注入诗句中,导致诗句并非序列清晰,充其量它们仅仅是一颗颗未经串起的珠子,连接它们的线,便是诗人的思路。在诗歌创作中,诗创的运思尤其是形象思维的特征决定"它透明而含凝,引导读者透过感觉而去体验情思……它不是直说,而是暗示。……可以无视日常感觉的持续连贯性,以跳跃来'撕裂'感觉。究其原因,为诗不以传达感知为目的,而以抒发情思为使命。不拘泥于感觉,诗的构思也就比较跳脱空灵"②。诗思不易掌握,诗义更难把握。诗创的独特手段,如象征、暗示、比喻等,尤其是比喻的相关性与多义性往往使读者陷入迷宫。

诗歌是人心灵物态化的反映和个体内心世界的折射。诗人欲通过诗作将自己深切的人生体验传达给别人,以引起他人情感上的共鸣和经验的交流。同时,诗人往往要将自己所要表达的情思、体验意象化。可以说,意象是诗的语言,它不同于一般陈述性语言,即句法结构缺乏清楚的语言关系和明晰的语意,造成语意上的模糊,而正是这语意上的模糊又反过来将一个个意象突现出来,使意象与意象之间微妙的关系形成一种丰富多样的体验。意象的相关性、多义性造成语意的模糊与不确定性。意象的叠加整体则又形成一种表现意味与特质,它们可不受理性逻辑的框约,却表现出生动丰富和趋向一致的体验。这正符合诗的表现特质:不在于客观的再现,而重在主观的表现,着意于情绪、体验的外化。由此可见,意象的跳跃、语意的模糊与整体的无序,就是理解、驾驭一首诗的难点所在。

我们若对诗人的生平、创作心态及创作背景等诸方面有所了解,无疑是获得了一把打开迷宫大门的钥匙。同时,还要结合诗作,对诗中的每一个意象都得悉所指及内涵。破译了诗的意象,方使其无序变为有序。破译诗的意象有一定难度,思脉的趋向至关重要,它随意象而顺流、反流或迂回,抓住了它,便可统领不同的意象,凸现诗的要旨。反之,难免朦胧一片、散乱无章。对重点意象的突现,也只有在思脉整体的映衬下,方可更准确。

---

① 章亚昕、耿建华:《中国现代朦胧诗赏析》,花城出版社1988年版,第82页。
② 同上书,第58页。

总而言之,朗诵者在朗诵时思脉清晰、思维活跃,便可将表面上缺乏有序联系的、跳跃性的诗句有机融合于表达整体,这时,朗诵中他的停顿就不是空白,而是思维延续、转换的一环;他的情绪色彩变化幅度虽大,却有足够的内心支撑。尤其是朗诵一些哲理诗、朦胧诗,更需要这种思脉的清晰、贯通。心有所旨,才能语有所现,思脉对全诗意象群的联结,是完成诗的意象组接,但却不是表面化的,它所体现的是朗诵者对诗作的整体理解与体味,是从一系列关系疏与密的意象群中析出它们之间的关系、目的、意义。可以说,思脉,是表现诗作的思维潜流;目的,是其流向的聚集点。诗的目的是由一个个、一组组诗的意象来体现的,诗的意象又是为其目的而设置的。因此,作为朗诵者应在析出诗中每一个意象之后,在目的的统领下,形成联结它们的思脉,应既有对重点意象的点指、显露,又不失意象联结的贯通、顺畅。思脉的清晰、贯通无疑给形象的生成、拓展与运动划出了方向与范围。

应当看到,在朗诵表达时,思脉所联结的绝不只是意象的本体,更多的是它所代表、隐喻的那些实体,因而,与之相联的形象画面也是思维联结的内容。究其实质,诗歌的文字、意象可以看作多为引出实义的媒介,在具体朗诵过程中,朗诵者又需形象画面的刺激与依托,以启动表达的感觉与激情。诗歌的创作特质必然带来朗诵表达对思脉生成与形象依托的高度依赖与重视。

四、形象依托

朗诵是从感性入手,进而启动理性的闸门,从感性入手接近诗,又以感性为基础感受和表现诗。当然,这其中不能没有理性的渗透与引导,抽掉它,便只有血肉而无灵魂可言。因而,朗诵应力求感性与理性的双重效益。具体讲,诗是最具主观情感的,诗句又具有精练、跳跃性强的特点。因而,我们在朗诵准备时,不要先从理性入手,追究此诗的主题、目的、立意何在等,这样很难进入诗情或诗境中去。应先从感性入手,借用诗句文字的媒介诱发作用,渗入自己的想象、联想内容,揣摩、体味诗中的情与义。

对一首诗的把握要经历一个复杂的过程。在这个过程中,形象、画面云集且丰富、活跃,情感与之相伴而运动,形成一定趋向和轨迹,由感性刺激形成理性认识,再回到感性上来,便感之愈深,情之愈烈、愈真,进而掀起表达、宣泄的激情。唯有这样生成的朗诵激情,才是表达的灵魂之所在。对于诗歌来说,没有激情,便无创作的冲动,便无表达的动力与支撑。激情不是凭空而来,它是由相关的诸因素和几个阶段构成:形象画面的生成、活动、刺激;主体的想象、联想、体味、整合;理性的朦胧到清晰;理性与感性的交合等。

在思脉的运行中,必须有形象画面的依托。在朗诵中,思脉是骨骼,形象是血肉,缺一不可。只有血肉没有骨骼便失去支撑,只有骨骼缺少血肉则难以成形。当然,凡有经验的朗诵者都还知道这样一个事实:有时,只有诗中意象本体中的画面不足以启动、支撑朗诵的感觉及意象间的过渡、填充,还需要联想生成一些与之相关的形象画面并加进自己的经历体验、感官积累等来发挥作用。由此形成有时是激情汹涌的宣泄,有时是轻柔细腻的抒发,有时是感悟很深的倾诉,有时又是睿智幽默的嘲讽的表达。可以说,在诗歌朗诵的整个过程中,朗诵者的脑海中一刻也不能没有形象画面,同时,思维也始终积极地运动着。唯此,方可牵动思脉前行与形象画面的活跃来发挥作用。

值得一提的是,朗诵的理解、准备阶段与表达时脑海中的形象画面情况不尽相同。前者丰富、多样,后者精练、典型。原因是,在分析理解的准备阶段,朗诵者可以在诗歌文字的引发下,多想与之相关的内容,破译难懂的意象,析出最准确的意义,这时,脑海中的形象画面自然很丰富。而在朗诵时,朗诵者对所表达的整体意义、具体意象以及它们的序列已成竹在胸,便可剔除一些与诗的内容关系不甚紧密的形象画面,使之少而精并具有典型性,启动性较强,能有力地支撑朗诵的感觉,分别起到发起、支撑、过渡、转换的作用,不致因过多地想象画面而使表达缺乏连贯,影响朗诵的完整性。

五、注重节奏

节奏,是诗歌创作和朗诵的生命。在表达中,节奏的内涵具有对比性、多变性。它的创作材料是声音的高与低、快与慢、强与弱、明与暗、刚与柔、断与连等一系列元素。这是节奏的物理属性,运用它们,便可有力地显露诗的情思与朗诵者的心理面貌。

有人说,节奏是"运动过程的有序化的律动"。要想朗诵好一首诗,必须注重节奏给其注入生命,使之具有活力,有起伏、有变化。诗歌最忌"平",创作如此,朗诵亦如此。诗歌朗诵依仗"节奏"这一最有力的表现手段来显现"诗形"与"诗神",因此,节奏在诗歌朗诵中占有绝对核心的重要地位。

在一般的语言表达中,节奏是由表达者内心的思想情感运动、变化而生成和外化的。而在诗歌朗诵中,它却具有两重意义:

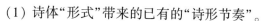
第四章 诗歌朗诵

(1) 诗体"形式"带来的已有的"诗形节奏"。
(2) 诗文内容引起的朗诵者内心思想感情运动形成的"诗质节奏"。

前者是说,诗歌大致都有一定的语节、诗行、诗节。语节的单位最小,其次是诗行,诗节的单位最大,它是由几个诗行形成的段落,相当于文章的一个自然段。尤其是格律诗,由于有严格的规律制约,它们往往语节相同,语节中的字数相同或相似,韵脚押韵,顿数相同或相似,节拍一致,这便可形成诗歌的"诗形节奏"(如《春晓》和《早发白帝城》)。但细究起来,这种节奏充其量仅是一首诗的"固定节拍",它与诗的内容、朗诵者的思想感情运动并不直接挂钩,所以,我们可以称这种节奏为"诗形节奏",它是诗歌这种文体所特有的。即便是字数、行数、诗节不一又不押韵的自由诗也有着相似的语节、顿数或相同词语的定位呼应,形成回环往复,也需把握(如《我是中国人》)。否则,便无诗味了。如前所述,诗的形式特征是"诗味"的重要条件。

"诗形节奏"可以说是固有的,它不需要朗诵者创造,只需寻到、把握即可。然而,对朗诵节奏的认识不能止步于此。尤其对自由诗,特别要注意表现其通过诗歌内容所引发的内在思想情感运动与变化而生成的"诗质节奏"(诗歌的情感内质)。也就是说,所谓诗歌朗诵的节奏,是由"诗形节奏"和"诗质节奏"两部分结合而成。这样,既可显其形,又可表其质。好的诗歌朗诵,应当兼顾这两方面,将其有机、完美地融合于一体,否则,朗诵要么缺诗味,要么少内涵。

节奏是针对表达整体而言,在语言表达中,节奏一般分为轻快型、舒缓型、高亢型、凝重型、紧张型、低沉型。它们可以表现不同的情绪。从理论角度而言,我们应当明了,说节奏变化,实际上是指"节奏型"的变化或不同节奏型句子的渗透,并非抹杀一首诗的"主节奏"(主节奏是与作品全篇的基调相对应、相联系的)。通常,把握了一篇作品,就会形成正确的表达节奏。节奏既然是就全篇而言,那么朗诵前,就应对诗的节奏有所设计,处理依据自然是诗的内容、形式及朗诵者内心情感的运动变化。

一般来说,自由诗的节奏处理"诗形节奏"应服从于"诗质节奏",但更多时候是二者的有机结合。

有时,诗歌朗诵的节奏,不仅来源于诗作,它也融有朗诵者的个性因素。比如同一首诗,在允许的情况下,不同性格、气质的人,可以处理成不同节奏的朗诵;有时,具有不同理解、感受的人,也可以将其处理成不同节奏的朗诵。这说明,朗诵的节奏不是固定不变的,在不同条件下可以有相应的变化。

诗歌朗诵不同于一般播音,不少初学者或播音员、主持人,习惯四平八稳地朗诵,导致他们的朗诵与播一般文章感觉差不多,这只能叫"播诗",而不是"朗诵"。他们没有也不会利用节奏的特质来外化自己的理解与感受,宣泄自己的情绪,这就缺少对受众的感染力,也不符合朗诵的语体。为此,抓住节奏的对比、变化是克服朗诵"节奏平"的根本。当然,也要杜绝为了变化而变化的无目的的乱变,否则,这样的朗诵听起来很热闹,却不得要领,于诗歌表达不利,这是不顾内容、单纯表现技巧的不可取做法。认识明确之后,朗诵者还应在气息、声音、筋肉(呼吸肌与咬字肌)控制等诸方面加以锻炼,增强自己的能力,以适应诗歌节奏对比、变化幅度大的特点,使之具有表现力和感染力。否则,朗诵者将心有余而力不足。

六、运用技巧

语言表达技巧除了"节奏"以外,还有语气、停顿与重音,它们都对诗歌朗诵发挥着重要作用。

总体而言,诗歌朗诵对技巧的运用与一般播音的表达原则基本相同,但有时夸张一些,以适应诗歌创作的特征。

语气是语言表达形与神的结合体,它最集中地体现朗诵者对所表达内容的理解与体味。由于诗歌创作存在跳跃性、精练性、含蓄性及诗歌的多义性、模糊性等因素,使得语气在此具有极强的指向和阐释作用。诗句的语义不连贯和不确定,更需要朗诵者利用语气为其定位、使其明确,使之产生有机联系,使听者明了。如《我希望你以军人的身份再生》第一诗节的开头一句"我佩服你"中的"佩"字,为了表现出作者的反意,就应在"佩"字上形成"嘲讽"的语气,用上扬弯曲的语势来体现。否则,就表现不出真正的意味。

停顿是朗诵中强调重点和增强感染力的有力手段。在诗歌朗诵中,经常在层层推进的语流中突然停下,尤其在不太合语法规范的地方停顿、连接或延长停顿的时间,可以获得较强的艺术表现力与感染力。

如《小草在歌唱》一诗的结尾处理:

母亲呵,你的女儿回来了,
她是水,钢刀砍不伤;
孩子呵,你的妈妈回来了,
她是光,黑暗难遮挡;

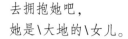

去拥抱她吧，
她是\大地的\女儿。

在这里，为了表现人们对张志新烈士的崇敬、希望她永生，将几句诗一气呵成，但在"她是"后面突然停住，再深情缓慢地说出"大地的\女儿"。此处的感情停顿，一来，可以引起听者的注意，二来，可以充分表达诗情。但从语法角度看，既不该连上"她是"，也不该在此处停顿。

重音在诗歌朗诵的处理中也有独到的表现，尤其在政治抒情诗中，为了凸显重点，往往将担当重音的字或词用夸张的办法突现出来：或将音势提高幅度较大；或将音节拉开较长；或夸张加重音节，在语速、音强、音高上猛然加强对比幅度，造成听者感官的强力刺激，以触及其心灵产生震撼效果。

如《我希望你以军人的身份再生》第二诗节中的开头"我不佩服你"的"不"字，在此为了突现对侵略者的指责、痛恨之意，作为重音，就要夸大显现，用猛然提高、拉长、加重的综合方式来增强对比的幅度。

第五节　集体、配乐朗诵

一、集体朗诵

诗歌朗诵，除去个人朗诵以外，还有集体朗诵、配乐朗诵。目的有以下三点：

（1）使诗歌朗诵表达处理方式更丰富；
（2）使诗歌朗诵更有气势；
（3）使诗歌朗诵更具表现力。

集体朗诵，可分为多人、集体两种形式。集体朗诵，可有个人领诵、多人领诵。究竟一首诗是一人朗诵好，还是集体（多人）朗诵好，首先要看诗歌的内容与写法，它们是选择何种朗诵形式的基础。但也不排除同一首诗既可以个人朗诵，也可以多人朗诵的情况，这要具体分析。

例如，《我希望你以军人的身份再生》这首诗就不适合多人或集体朗诵，因为它的创作角度是个体军人；《四月的黄昏》这首诗适合双人朗诵，而且是男女二人，因为它表现的是一对恋人的内心世界；《风流歌》这首诗则较适宜双人或集体（多人）朗诵，因为它表现的是一代人的心声；《光的赞歌》这首诗从表面看无特殊人称要求，然而，诗的内容气势宏大，语言节奏感强，因此，很适合集体(多人)朗诵,以体现诗作的内涵与气度。

那么,一首集体(多人)朗诵的诗应当如何分配朗诵词呢?分配原则如下:

(1) 按朗诵者的声音条件;
(2) 按朗诵者的性格特点;
(3) 按朗诵者对诗的领悟、感受力;
(4) 按朗诵者的表达技能;
(5) 如在舞台上还要看形象。

集体(多人)朗诵的分配原则还包括:

(1) 看诗句内容、节奏力度适合何种性别朗诵;
(2) 看诗句内容的重要程度决定是领诵,还是合诵;
(3) 看朗诵参加者人数多少,相对平衡朗诵词;
(4) 追求既合诗意,又显主次,又重变化的丰富处理。

集体(多人)朗诵,除去划分朗诵词、选择朗诵者之外,还有朗诵配合的问题。配合的条件如下:

(1) 以朗诵词意思的相对完整为朗诵配合的前提;
(2) 以朗诵的互补、叠加为朗诵配合的基础;
(3) 以朗诵情绪的推进、转换为朗诵配合的条件。

总之,集体(多人)朗诵的成功,有赖于朗诵词划分合理及朗诵者选择合适。朗诵词的分配既要意思相对完整,也要适于诗情的表现,如果加之朗诵处理的艺术性,便会成为朗诵的佳品。集体(多人)朗诵不但具有朗诵独有的音乐美,也极具震撼力,这是个人朗诵所无法比拟的。

二、配乐朗诵

将一首诗配上音乐朗诵,音乐烘托诗句的表达,使诗情、诗境得到展现,既能给人以美的享受,又能帮助人们很快进入诗的意境,使得朗诵更吸引人,更有艺术性。这就是配乐朗诵的魅力所在。从某种意义上讲,配乐也有其表现力与自身价值。它对朗诵既有烘托作用,又有揭示诗义的表现作用。但若处理、运用不好,也会带来适得其反的后果。

那么,如何做好配乐朗诵呢?

(1) 选择配乐要合适。配乐的风格、情绪、节奏,甚至配器应与朗诵的内容、意境、情感相适应。

(2) 要会接音乐。一般音乐转换应弱接,反差大的音乐转换,可在朗诵

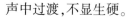

声中过渡,不显生硬。

(3) 朗诵要合上配乐。朗诵应能合上配乐的段落、重点乐句,要自然和谐,应具有等、抢、调节能力。

要想做好配乐朗诵,首先要有配乐资料的积累,平时多听,多了解音乐的性质、风格、情绪、节奏、配器等情况,以便使用时心中有数。因为绝大多数的配乐都是从现有音乐中剪裁而来,真正为一首诗专门作曲的很少。

比如,著名朗诵艺术家张家声老师就为了给他的朗诵佳作《人民万岁》配乐,专门请音乐编辑为其剪辑合适的音乐。凡是看过、听过这首诗朗诵的人都不会忘记张家声老师那高超的朗诵技能、准确的理解阐释和与音乐配合的完美精准。

当朗诵到"呼人民万岁的人"时,配乐骤然停止,空了一会儿,朗诵再轻声、缓慢地诵出:"他死了,他的思想,却可以万岁!万万岁!"这时,音乐又轰然响起,最后,再朗诵出诗的结尾"人民万岁!",给人以配乐与朗诵配合得默契完美之感。这是朗诵者成功的艺术设计,它更增强了朗诵的艺术感染力。

又如,在朗诵《四月的黄昏》这首诗的前半部时,可以选用理查德·克莱德曼的钢琴曲"爱的协奏曲"配乐,它会使得诗中爱的情感与乐曲中的感觉一致。而且,清丽、安静的钢琴曲不会干扰、淹没娓娓道来的朗诵语言。

但是这首诗的后半部,诗作表现两个年轻人内心的激动情感,朗诵情绪也应随之激动起来,此时再用"爱的协奏曲"配乐,便显得情绪跟不上了,应改用与朗诵情绪相对应的节奏力度稍强的配乐为好。这样,音乐、朗诵互衬,相互融合,共同创造出一种诗的意境。

从以上的处理中,我们可以得到以下几点启示:

(1) 配乐诗朗诵,不是乐配诗,但也不能只管朗诵,应与音乐有机配合,才能获得最佳效果。

(2) 配乐朗诵,不能只在音乐声中(尤其是激情朗诵中)用强声、大喊来显现自己的情感。在音乐声中也较好地体现朗诵处理的层次性和对比性,方可体现朗诵的艺术性。

(3) 集体配乐朗诵中的朗诵,不应每个人都用自己的全力拼声音、追效果,要明确自己的朗诵在整体处理中居于什么位置、作用如何,该低声沉下处理时绝不高声大喊,以求得朗诵整体的层次与对比。

(4) 注意在配乐朗诵中,把握朗诵本体的节奏,绝不应让不适当的音乐节拍拖平了朗诵的本体节奏。

（5）配乐朗诵一定要熟悉配乐的所有乐段，以及朗诵与之配合的位置和重点，以时时调节朗诵与音乐的配合。

《我骄傲，我是中国人》这首诗，是作家王怀让的力作，流传海内外，深受人们的喜爱。在这首诗的朗诵中，如加上配乐，定会增加诗的意味和宣传效果。于是，我们结合诗的内容，选用容易与之产生联想的《长江之歌》的音乐来配诗的前半部比较适宜。可大家都知道这是一首歌，加进诗朗诵中因有歌词容易喧宾夺主，让受众不知是听歌，还是听朗诵。然而，我们知道《长江之歌》有改编的乐曲，正好拿来用于这首诗的配乐（这当然有赖于平时的积累）。

配乐的配器也很重要。一般而言，古典诗词的配乐多以民族乐器演奏的乐曲为好，古色古香，古韵缭绕，容易把人带入遥远的时空，产生相合的意蕴（专门的乐配诗如"唐宋诗词演出"除外）；抒情性小诗的配乐，不宜用大乐队演奏的音乐，因为诗表现的内容是人内心细腻的情感，朗诵语言轻声细语，音乐声大既容易淹没朗诵语言，又不合意境。

选择配乐，还要看音乐的时空感（古、今、中、外的音乐），看其与自己朗诵的诗的时空感是否相合。

在配乐中，有时，同一首乐曲，根据需要可以为不同的诗配乐，只要是风格、情绪、节奏等吻合。例如，交响诗《雪里梅园》的音乐，不仅可为《光的赞歌》一诗配乐，还可以为《周总理办公室的灯光》一诗配乐，效果都非常好。而管弦乐曲《红旗颂》更不知为多少政治抒情诗的朗诵用作配乐。

有时，一首乐曲由于几个乐段的情绪、节奏不同，可以拆开来为不同内容、情绪的诗歌、散文配乐。如散文《依依惜别的深情》片段的朗诵，就可以用《红旗颂》乐曲中的慢板抒情乐段配乐，以适应朗诵内在深情的抒发；而政治抒情诗《光的赞歌》片段的后半部则用《红旗颂》乐曲中的主旋律歌颂性乐段配乐，更能体现诗情的激越。

配乐朗诵容易出现的问题有：

（1）将所有诗朗诵都配乐。这是因为不了解不是所有的诗朗诵都适合配乐，是否配乐要依诗的内容、形式而定。

（2）将配乐填满全诗。这是因为尚不完全了解配乐的作用。配乐应有主次感，不能让配乐牵着朗诵走，使朗诵缺乏变化。因为，一般音乐的某一乐段节奏相对稳定，对朗诵节奏有种制约。此外，在表现内在、细腻情感及非重点段落时，不配乐为好，以求得主次感与变化。

（3）配乐与朗诵的内容、风格、情绪、节奏不符。表现为所用配乐不能起到带入意境、烘托情绪的作用,反而呈现游离、脱节的相反作用。应当掌握一定的音乐知识,并预储足够的音乐资料,认真筛选适宜的配乐资料。

(4) 配乐声音过大或过小。配乐声音太大,干扰朗诵语言的有效传达;配乐声音太小,起不到烘托气氛、强化情感的作用。应掌握好配乐与朗诵声音大小的比例,形成朗诵创造的整体完美。

(5) 配乐剪裁不当,过长或过短。配乐过长,会形成朗诵节奏拖沓等音乐的局面;配乐过短,会使朗诵为赶音乐而表达不充分。这些都是让配乐占据主要地位,本末倒置了。应努力做好音乐编辑的工作。

(6) 缺乏配乐音量大小的调控。表现为配乐音量始终如一,这影响对朗诵的烘托,起不到很好的配合作用。通常,应在朗诵高潮或诗的结尾处加大配乐音量,以烘托诗情、渲染气氛;而在朗诵情感内在、声轻语细或转换音乐时,需减弱配乐的音量,以达到动态、有机、完美的配合效果。从某种意义上讲,配乐音量的大小,也具有艺术表现力。

(7) 缺乏调整技巧。表现为不会在朗诵中兼听音乐并与之配合。应当具有在朗诵中兼顾音乐、合理微调朗诵节奏的技能。在二者发生少许错位时,应适当调整语言的快慢、强弱、刚柔,不使错位扩大,形成反差,背离创作预想效果。配乐朗诵,最忌讳朗诵跟着现成音乐的节奏不紧不慢地拖着走。这种为了适应音乐节拍而弱化朗诵自身节奏的表面相合,最要不得,它会削弱精气神,缺乏应有的表现力,使人生厌。应当记住:节奏是朗诵的生命。配乐与朗诵有机配合,方可形成强烈的表现力与感染力。

第六节　自由诗的朗诵提示

一、身份定位

面对一首首内容、风格不同的诗歌,朗诵者应当取什么样的身份感去朗诵?这是许多初学者的困惑,也是朗诵处理的前提条件。没有适当的身份把握,便无合理的技巧运用和声音处理,不能不影响到朗诵的整体。所以,朗诵者在朗诵前,首先应当进行身份定位。

身份定位,可以决定用什么样的身份感和口气来表现诗的内容。一般而言,朗诵者应当以本人的身份感来表现。原因在于,朗诵与表演不同。表演是将自己变为剧中或影视片中的某一具体人物,因而,除了外貌、形体要适合那个人物外,演员的语言、性格、气质、习惯及表达特点,甚至音色也需要符合所扮演的人物,不允许以演员本人的特性去代替人物的一切;而朗诵则不然(除非是舞台化妆朗诵或人物台词朗诵,才可以人物的身份出现),绝大多数朗诵者是以自己的面目出现,以自己的身份在说话,他不必将诗歌中的语言人物化,也不必将自己变为作者。所以,诗歌朗诵不应找"伟人腔""朗诵调",应以自己真实的面目出现。

　　实际上,朗诵者有作者"代言人"的成分,但其代作者而表现的主要是他的思想、认识、情感这些内质,而不是他的声音、口气和语言形式。应当看到,朗诵者一旦将诗作理解吃透又渗入了自己的体验之后,在某种程度上就变为自己的认知、体验与审美追求了,这时,他只是将诗作当成自己朗诵创作的一个基础、一种思想情感的定向路径,取其灵魂、骨架,施以血肉、筋脉,给其以传播的生命。此时,朗诵者所表达的一切都是自我本体生发的心声。

　　应当注意,诗歌是最具个性的,因此,朗诵者对诗的选择应有所侧重,尽量找与自己声音、气质较接近的诗歌来朗诵(被分配朗诵的诗歌,一般也会依朗诵者的年龄、性别、气质、声音等条件来有所侧重地选定朗诵者)。这样,朗诵的效果会更理想,本人也能得心应手。

　　总之,身份定位,可以更好地体现诗歌言为心声、直抒胸臆的特点,也可以避免产生替别人说话、情动不深、心动不真的感觉,或产生以作者本人及他人面目出现的不适当的处理,还可以保持朗诵创作中身份感的统一。

二、区分诗类

　　诗歌朗诵若想成功,除了应有准确、深入的理解,真挚的情感以及丰富的表达技巧之外,对不同诗类及风格的把握也不容忽视。不同类别、不同风格的诗歌应有不同的表现手段与表现形式,朗诵处理要区别对待,选择最适当的方式加以体现。

　　政治抒情诗一般在表达上要充满激情,因为,这类诗歌的作用之一就是宣传鼓动。在朗诵这类诗歌时,应当声音饱满,音高、音强、音长等都比较夸张;节奏起伏变化较大,多用层层推进的表达方式来宣泄内心的激情。

　　叙事诗多有故事情节,应朗诵得自然、真挚,既有诗歌的基本节拍,也要有讲述的自然感觉;节奏可随内容、情节的变化而变化。

　　朦胧诗、哲理诗的表达,在处理上应语言稳实,声音、节奏等对比幅度一般不大,语速较慢、多停顿,以引发人们跟着朗诵思考、体悟诗的内涵。

　　爱情诗的表达,可以音色柔美、情感细腻,一般音量不大,声音也不高、不强,以利于表现诗的内在情致。

还应注意诗歌风格的把握与处理。有时,一首诗在理解上不会有多大差别,但在表达风格上却不尽相同,可带有一些朗诵者的个性特征。当然,这要考虑作者的性格、气质、创作风格,选择最贴近的处理方式。如诗歌《我希望你以军人的身份再生》既可以处理成激情的,也可以处理成嘲讽的。

三、感觉具体

诗歌的创作,具有词语精练、诗句跳跃、表现含蓄以及意象化等特点,这对于读者来说,理解有一定难度,而对于朗诵者来说难度更加了一层,即难以表达。因此,除了前边提到的朗诵应加强理解、感受、表达功力外,有效的一点是加强朗诵者的自我体验和具体感觉。这样,可以帮助朗诵者迅速、真实地进入朗诵氛围,准确、个性化地表达出诗歌的具体意象、环境与情绪,以免诗句是概括、含蓄、多义的,而朗诵者的感觉却空泛、朦胧、不具体,不能有效地引发朗诵者朗诵的具体感、真实感,从而难以激发其真情、热情与激情,也不利于将听者带入应有的诗境,准确地理解诗义。

朗诵感觉的具体,指朗诵者应对每首诗中的时间、环境、人物(作者本人也是一个主体)、心态、象征的本体与喻体的特质等都了如指掌,这样方可清晰、有效地表达。

感觉具体,应当细致到此诗、此句表现的是什么时代、时期、时间,什么地域、环境、心态。比如,是战争年代还是和平环境;是热恋之中还是失恋以后;是夏天还是冬季;是白天还是夜晚;是海边还是山中;是欢娱兴奋还是悲观沮丧;是象征刚毅还是柔软的性质;等等。这些极为具体的感觉可以形成具体、细腻的朗诵语气和用声的不同形态,会给朗诵者提供选用不同表达手段和处理技巧的主客观依据。

比如,一般夏季给人的感觉是热烈、明丽的,而冬季给人的感觉是阴冷、暗淡的。在语言处理上就不相同,前者应高亢、轻快,后者就凝重、低沉,在语言色彩和语势趋向方面都不相同。又如,白天往往给人的感觉是热闹、喧嚣的;而夜晚则给人以宁静、沉寂的感觉。因此,在用声的音量大小、声音的高低以及朗诵感觉上就不相同。再如,鲜花给人以柔美的象征,当然要用柔美的音色和情感来表现,而雄狮则给人以勇猛的象征,因而宜用坚实的音色和刚毅的情感来表现,二者用声的力度也不同。凡此种种,不一而足,但都说明了诗歌朗诵中感觉具体的重要作用。

值得注意的是,感觉中的这些具体因素与性质大多不在诗体中出现,需要朗诵者在分析、理解、感受、朗诵一首诗时,凭借生活经验与艺术修养自己品味出来。在这一过程中,视觉、听觉、触觉、运动觉等各种感官形象的出现与感觉活动始终伴随,有了这些具体的感觉支撑,才有朗诵的感觉具体。

四、不模仿他人

朗诵切忌模仿他人,这里指的是不要模仿在朗诵方面已有一定名气的名家。原因在于,别人的表达处理是他本人的性格、气质、思想、修养以及理解、体味、情感等诸方面的集中体现,他的声音,是他那个主体所独有的。你若与其相合也罢,若不合,只是一味将人家的表现形式拿来套用,或模仿他人的声音,那样,也许听起来有那么一点相像的意思,但细究起来却感到欠缺内质,有形无魂,这种朗诵称不上成功,也不可能成功。

若是从他人朗诵的外部处理、技巧的运用中反推其内心,为自己引领思考、感悟、体味作品的途径,再启动自己的内心去表达是可行的,因为这是一种学习借鉴。不言而喻,任何技艺的学习都需要有模仿、学习、融化的过程。闻其佳,方欲学,学之后,方可化为自己的技能。但那种单纯模仿朗诵形式的做法是不可取的。

五、不上调,要自然

"上调",是指不动心、不与表达内容相贴的一种固定"唱调"和"拖腔拖调"。由于诗歌具有韵律方面的特点,因而,有些人朗诵起来爱上调形成一种模式,尤其是句式相同、词语相差无几的回环句在朗诵中更容易上调,使人听而生厌。不动心地用唱调朗诵,会使人有种空泛的感觉,形不及义会严重地影响诗的表现。

在古典诗歌的朗诵中,如果我们不注意内容,只专注音韵、节律,是很容易上调的。但如果我们不但兼顾音韵、节律的特点,同时,又加强内心感觉,便会使自己的朗诵内容与形式有机结合,成为好的朗诵。自由诗的朗诵虽然也要注意语节和音韵的显现,但在心理上应当有种说话的感觉,要自然,不上调。朗诵,应以一种阐释、抒怀的心态来处理。

六、"啊"的处理

在诗歌朗诵中,还有一个显著的特点,就是感叹词"啊"(不论写成何字)用得比较多。因为诗歌是抒情的语言艺术,同时,又最具个性,因而,诗人往往用"啊"来抒发自己内心浓郁的情致。但如果朗诵者体会不到或表达功力欠缺,都不能恰如其分地处理好"啊"的各种内涵,只会以一种样式来表达,势必削减其中的表现力。

因此,我们在朗诵中如遇上"啊"这个感叹词,不要草草处置,要结合上下文揣摩准它的内涵,并且采用一定技巧将每个"啊"都处理得各具其貌,让人一听便知其意并与诗的内容融为一体,既有机,又有味,富有一定表现力。可以说,有多少个"啊",便有多少种表达的不同含义与形式存在。比如,有的"啊"表现抒怀,有的"啊"表现感悟,有的"啊"表现嘲讽,也有的"啊"表现疑问等。

第七节 自由诗朗诵个案分析

个案之一

一代人

顾 城

黑夜给了我黑色的眼睛,
我要用它寻找光明。

这是一首朦胧诗,是诗人顾城的力作,全诗仅两句。

我们以这首充满哲理的小诗为例,来看一看形象化、具体感对诗歌的理解、感受与表达所起的作用。从这首诗当中,我们可以看到"意象"在诗歌创作中的价值与核心作用。通常,朦胧诗比较难理解,我们来看看耿建华同志的分析,它会使我们对这首小诗有更准确、深刻的理解与认识。他说:"顾城的这首诗只有两句,但却在当代诗歌史上具有相当重的分量,以其高度的历史概括性和思维的哲理之光而具有很高的美学价值和强烈的艺术力量。这首诗准确地表达了一代人的感情历程,闪射着强烈的时代色彩。'黑夜给了我黑色的眼睛','黑夜'象征动乱年代,'黑色的眼睛'是既指实,又指虚。我们'龙的传人'是黄皮肤、黑眼睛、黑头发,这是实指。黑色又是阴暗、低沉、哀伤的情绪,这又有虚指的意义存在。'文化大革命'十年,在一代人心中,尤其是年轻一代人心中,投下了沉重的阴影,留下了累累创伤,造成阴郁、苦闷和哀伤。……尽管黑夜给青年一代带来了灾难,使他们沉沦和迷惘,但就是在最黑暗的时候,他们仍未失掉对光明的向往。他们不但是沉沦和迷惘的一代,更是奋起的一代、觉醒的一代,诗人的这种认识概括闪动着辩证思维的光彩。……短短两句诗,概括出一代人的心理历程,表达出对黑暗政治的否定,对光明的向往与追求。"①

在这首小诗当中,诗人以"黑夜""黑色的眼睛""光明"的意象连缀了全诗,并显现出意象的"张力"和"哲理"。这说明,诗是意象的连环。一环扣一环的意象,组成诗意的脉络,诗意也必须在意象的联结中得到表现。它的扣,就在于意象的同一性。情感离开意象难以成形,所以,诗人常常将自己的思与情定位于具体意象中。

面对这首诗,我们可以用自己的体验去连接一个个独立的意象,使之产生合理的联系,形成思脉。不能因为诗的意象跳跃、语意模糊,我们的心里也是朦胧一片。没有清晰的心理感知便不会有清晰的朗诵。这首诗的价值在于其最后一个意象"光明"的突现,陷于黑暗却不为其所囿,不失对真理、正义、理想的追求,这才是这首诗的主旨。

在具体朗诵这首诗歌时,为了增强心理依托,使感觉具体化,我们还可以想象一些与之相关的形象画面。如电影《小街》中,女主角"渝"被疯狂的红卫兵剪了头发;男主角"敏"又被疯狂的红卫兵强行戴上了女人的假发套遭毒打,直至双眼流血失明。这是那个年代没有法制、没有人性的典型写照,是"黑暗"的具象内涵。

同样,与"黑色的眼睛"的意象相伴的形象画面,也不会是大自然中人的眼睛实体,而有可能是一种触觉上的阴冷和心理上的哀伤之感,这是因为诗具有"多感性"。

"所谓'多感性',就是指诗的语言本身蕴涵着形状、声音、色彩、温度、味道等特质,能同时刺激人的各种感官,从而使心灵发生震颤,情感产生共鸣。"②因此,我们在阅读或朗诵一首诗时,不仅仅是内心视象,其他生理感官也在不同程度地发挥作用产生通感,从而使诗对我们形成全方位的感染。比如,黑的视觉可以带来冷、硬的触觉感,最终集合成一种暗淡、阴冷的心境。

在诗歌朗诵的准备和表达中,诗的意象本体和与之相关的形象画面思脉接通,因而,思脉的贯通是对诗的深层次把握和朗诵时思维积极运动的结

---

① 章亚昕、耿建华:《中国现代朦胧诗赏析》,花城出版社1988年版,第183—184页。
② 谢文利、曹长青:《诗的技巧》,中国青年出版社1984年版,第275页。

果,它制约着形象画面的序列、复合与拓展,有了形象画面的依托与多种感觉,朗诵时才会表达准确,生动可感。

朗诵这首小诗,应当基调凝重,用声稳实,语速放慢,有较深内涵,语言有力度,重点突现"光明",但却与前面的"黑"形成对比。

我希望你以军人的身份再生
——致额尔金勋爵

李晓桦

1. 我佩服你
   ——额尔金勋爵,
   你敢于发布这样的命令,
   把古老东方的京都,
   投进熊熊大火,
   在每片飞灰上写下你的姓氏,
   扬遍全世界每处角落。
   在每寸焦土里埋下你的名字,
   和野草岁岁生长。

2. 我不佩服你
   ——额尔金勋爵,
   你根本没有敌手,
   没有敌手却建立功勋的英雄,
   比拼杀中倒下的战败者还耻辱。
   焚烧一座没有抵抗的园林,
   践踏一片不会说话的土地,
   那是小孩子的手都能胜任的,
   何用军人的膂力。

3. 但你毕竟以你的"壮举",
   给你的后裔们留下,
   足以在餐桌上大嚼永远的威名。
   给你民族发黄的编年史,

订上火光闪闪的骄傲一页。

4. 我好恨,
恨我没早生一个世纪,
使我能与你对视着站立在
阴森幽暗的古堡,
晨光微露的旷野。

5. 要么,我拾起你扔下的白手套,
要么,你接住我甩过去的剑,
要么,你我各乘一匹战马,
远离遮天的帅旗,
离开如云的战阵,
决胜负于城下。

6. 我更希望,
你以军人的身份再生。
当然,我决不会用原子武器,
对你那单发的火枪,
像你用重炮摧毁冷兵器。
我希望你是
装备精良训练有素的军人,
你会满意的,
你的对手不再是勇猛而愚钝的
僧格林沁。

7. 在此,
我谨向世界提醒一句:
从我们这一代起,
中国将不再给任何国度的军人,
提供创造荣誉建立功勋的机会!

我们来浅析当代军旅诗人李晓桦这首力作的创作与处理。

这是一首获奖之作。我们初读《我希望你以军人的身份再生》这首诗,会感到全诗洋溢着男子汉的阳刚之气和强烈的军人意识。诗文引导我们联想到一幅幅相关的画面:大火吞噬着美丽的园林,圆明园残败的景象,大刀、马队、洋枪、洋炮,骄横的侵略者与倒下的勇士,新一代中国年轻军人向侵略者宣战的形象……这些画面让我们了解到诗中所表现的内容和情感。但这只是初步印象。由于此诗时空感跨度较大,诗的意向极强,诗的构思较独特(是面对额尔金勋爵向其宣战),因而,要掀起朗诵者表达的真情实感与激情,不对全诗作进一步考察,就难以深入作者和自己的心灵。

为更多地了解作者和接近他的诗作,我们找到了作者的诗集《白鸽子、蓝星星》(此诗出自这本诗集)。正是在这本诗集的序言中,同是军旅诗人的他的战友为我们介绍了作者的全貌:"他是一个一米八几具有骑士风度的年轻军人。他从七八岁就穿着改小的军装从军队大院跨进了兵营,他穿军装比穿任何其他服装都更合身,他对军队有着儿子般的依恋之情……"

了解了作者,我们会从他的诗作中读出他有极强的军人意识与国家观念。我们知道,军人与国家是分不开的,战争与军人也是不可分的。作者本人也曾就他的这首诗阐述了自己的观点:"军人这个职业实际上是很矛盾的,一方面他反对战争,另一方面却只有在战争中才能显现军人的价值。因而,从这个意义上讲,军人只和战争联系在一起。"与此同时,我们感到,晓桦的这首诗,不只是向额尔金勋爵这一个侵略者宣战,而是向历史上所有的侵略者宣战。

了解了诗人的风貌,进入到诗人的心灵,再反复阅读此诗加以体味,便可以一个当代军人的思维与情感将全诗的每个意象与画面形象穿起、吃透:那是一名当代军人向着被侵略者焚毁的圆明园的残败景象生发的愤恨与对自己祖国昨天的无奈之情;那是一名当代军人在以自己的勇气和实力向祖国的敌人宣战,他要向世人证明:"从我们这一代起,中国将不再给任何国度的军人,提供创造荣誉建立功勋的机会!"这首诗显示出中国当代军人的风貌、实力与价值。这便是全诗的意境、情源与情流。我们应当看到:这首诗所表现的心态不是当代军人的好战,而是要洗刷昔日耻辱的热望;它所表现的宣战方式不是作者个人英雄主义的膨胀,而是诗人气质特征的显现。

理解、感受、领悟了这首诗的创作初衷,还要运用一定的表达手段和技巧来加以体现,才能真正朗诵好这首诗。在这里,语气、停连、重音、节奏等都在其中发挥着很大作用,以将朗诵者的体验完美地外化给受众。

让我们来看看《我希望你以军人的身份再生》这首诗的"语气"运用情况。

第二诗节中的

　　焚烧一座没有抵抗的园林，
　　践踏一片不会说话的土地，
　　那是小孩子的手都能胜任的，
　　何用军人的膂力。
　　（"质问"的语气）

第三诗节中的

　　但你毕竟以你的壮举，
　　给你的后裔们留下，
　　足以在餐桌上大嚼永远的威名。
　　给你民族发黄的编年史，
　　订上火光闪闪的骄傲的一页。
　　（"无奈"与"愤懑"的语气）

第五诗节中的

　　要么，我拾起你扔下的白手套，
　　要么，你接住我甩过去的剑，
　　（"潇洒"的语气）

第七诗节中的

　　在此，
　　我谨向世界提醒一句：
　　（"宣誓"的语气）

朗诵具体处理：

在《我希望你以军人的身份再生》此诗中的最后两行，为了体现中国年轻一代军人的豪迈气度可以加速推进语流，直到"功勋的"三个字说出之后突然一停，然后，再稳劲地一字一顿地说出"机会"两字，以更好地表现朗诵者内心的激情，也可使此诗的结尾变得稳实、有力。

这种类似的处理，在这首诗中还有几处。如在第二节诗中，为了表现对侵略者的愤恨与蔑视之情，从"没有敌手却建立功勋的英雄"开始便可加快语速一气呵成，为了突出"军人"二字，直到"何用"二字之后突然停顿，待"军人"二字突现充分后，再稳劲地说出下面的词语。

同样，在此诗的第五节中也可如此处理。为了表现中国年轻军人宣战者的气势，前句也可逐渐加快语速一气呵成，直到"决胜负"几个字说出后突然中断，再一字一顿地说出后面的词语，以表现宣战者成竹在胸的自信。

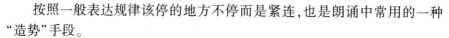

按照一般表达规律该停的地方不停而是紧连,也是朗诵中常用的一种"造势"手段。

如在这首诗中,当朗诵到第一诗节结尾"和野草岁岁生长"时,语流不停,紧接着连第二诗节的第一句内容"我不佩服你"(并强调"不"字)。这样的处理,可以给人以反驳的情绪与正义感。

同样道理,在朗诵到第六节的结尾"……僧格林沁"时,语流也不停,紧接着朗诵下面第七节的第一句"在此……",这是为了表现高亢的激情,推进情绪所为。

下面就让我们来看看在《我希望你以军人的身份再生》这首诗中的"重音"强调情况:

第二诗节中的"没有敌手"与"英雄""小孩子"与"军人"这两对重音都是"对比性重音",表达时应着意突现、强调(加上嘲讽的意味),使听者能更好地体会其中的内涵,体现诗的主旨。

第七诗节中的"世界""我们""不再"应是强调的重音,它表现了诗人的自信与激情。表达时可使用提高加拉长的方法来处理,显得潇洒与醒耳。

再让我们来看看《我希望你以军人的身份再生》这首诗中"节奏"的变化情况:

第三诗节的内容,表现诗人对事实的无奈、压抑之感,用"凝重型"节奏表达较好。

第四、第五诗节的内容,表现诗人强烈的军人意识和英雄主义气概,可用"紧张型"节奏,层层推进、一气呵成。

第六诗节的内容,表现宣战者的坦荡、自信和胜利在握之感,可用"凝重型"节奏发挥作用,采用从容不迫、一字一句、冷峻、潇洒的感觉和语言处理。

第七诗节的内容,表现出新一代中国军人的精神面貌和强烈的民族意识,应气势磅礴,可用"高亢型"节奏表现。

这首诗的朗诵处理,应根据所表达的内容与情绪,几种节奏型交替变化,渗透进其他节奏型的语句,造成主节奏的回环往复,体现诗的内在律动与朗诵者的情感变化,没有节奏型的变化与渗透便得不到这一效果。

这首诗的"朗诵风格"可以处理成冷峻、蔑视、傲然的,也可处理成激情洋溢的,还可以处理成不失蔑视、傲然却又激情的。其实,从诗作本身出发,这几种处理都无可厚非,只要理解准确,可以有不同风格,带有一些朗诵者的个性特征。当然,参考作者的性格、气质、创作风格来贴近其风格处理表达更是必要的。具体到这首诗的处理,第三种处理方式更接近作者年轻、潇洒的骑士风度。成熟的朗诵者应当具备表达各种不同风格作品的能力。

朗诵这首诗的"身份感"应是充满阳刚之气的青年军人。

个案之三

《光的赞歌》片段

艾 青

《光的赞歌》是一首政治抒情诗,它表现了诗人对祖国、对革命事业始终如一的热情,充满理性的思考和永不衰退的激情。

《光的赞歌》这首诗(片段)作为集体朗诵和配乐朗诵,我们来具体看看它的朗诵处理和与音乐的配合:

一

(《雪里梅园》音乐主旋律抒情乐句弱出一小节,将人带入意境、朗诵出)

男一:每个人的一生,(带有哲理的阐述感)
　　　不论聪明还是愚蠢,
　　　不论幸福还是不幸,
　　　只要他一离开母体,
　　　就睁着眼睛追求光明。

男二:世界要是没有光,
　　　等于人没有眼睛,
　　　航海的没有罗盘,
　　　打枪的没有准星,
　　　不知道路边有毒蛇,
　　　不知道前面有陷阱。

男三:世界要是没有光,
　　　也就没有扬花飞絮的春天,
　　　也就没有百花争艳的夏天,
　　　也就没有金果满园的秋天,
　　　也就没有大雪纷飞的冬天。

男一:世界要是没有光,
男四:看不见奔腾不息的江河,(下面逐一加快)

男五：看不见连绵千里的森林,
男六：看不见容易激动的大海,
男七：看不见像老人似的雪山,

男一：要是我们什么也看不见,
男合：我们对世界还有什么留恋。(放慢)

二

男六：只是因为有了光,(展开、翻上去)
　　　我们的大千世界,
　　　才显得绚丽多彩,
　　　人间也显得可爱。

男七：光给我们以智慧,
　　　光给我们以想象,
　　　光给我们以热情,
　　　创造出不朽的形象。

男三：那些殿堂多么雄伟,
　　　里面更是金碧辉煌。
　　　那些感人肺腑的诗篇,
　　　谁读了能不热泪盈眶。

男五：那些最高明的雕刻家,
　　　使冰冷的大理石有了体温。
　　　那些最出色的画家,
　　　描出了色授神与的眼睛。

男四：比风更轻的舞蹈,
　　　珍珠般圆润的歌声,
　　　火的热情、水晶的坚贞,
　　　艺术离开光就没有生命。

男一：山野的篝火是美的,(下面逐一加快、叠加情绪)
男六：港湾的灯塔是美的,
男七：夏夜的繁星是美的,
男一：庆祝胜利的焰火是美的,

男合：一切的美都和光在一起。(音乐、朗诵同时展开)

四

男二：但是有人害怕光，(揭露性)(音乐减弱)
　　　有人对光满怀仇恨，
　　　因为光所发出的针芒，
　　　刺痛了他们自私的眼睛。

男五：历史上的所有暴君，
　　　各个朝代的奸臣，
　　　一切贪婪无厌的人，
　　　为了偷窃财富、垄断财富，
　　　千方百计想把光监禁，
　　　因为光能使人觉醒。(音乐渐止)

男四：凡是压迫人的人，
　　　都希望别人无能，
　　　无能到了不敢吭声，
　　　让他们把自己当作神明。

男七：凡是剥削人的人，
　　　都希望别人愚蠢，
　　　愚蠢到了不会计算，
　　　一加一等于几也闹不清。

男六：他们要的是奴隶，
　　　是会说话的工具，
　　　他们只要驯服的牲口，
　　　他们害怕有意志的人。

男一：他们想把火扑灭，
　　　在无边的黑暗里，
　　　在岩石所砌的城堡里，
　　　永远维持血腥的统治。
　　　他们占有权力的宝座，
　　　一手是勋章、一手是皮鞭，
　　　一边是金钱、一边是锁链，

进行着可耻的政治交易，
完了就举行妖魔的舞会，
和血淋淋的人肉的欢宴。

男三：回顾人类的历史，
曾经有多少年代，
沉浸在苦难的深渊。
黑暗凝固得像花岗岩，
然而人间也有多少勇士，
用头颅去撞开地狱的铁门！

男四：光荣（男合）属于奋不顾身的人！
男四：光荣（男合）属于前赴后继的人！

男一：暴风雨中的雷声特别响，（逐一加快、叠加情绪）
男五：乌云深处的闪电特别亮，
男二：只有通过漫长的黑暗，
男合：才能喷涌出火红的太阳！（放开）

七

（《雪里梅园》抒情性音乐进入，声音稍大于开头配乐，乐起，朗诵出）

男六：每一个人都是一个生命，（哲理阐述）
　　　人是银河星云中的一粒微尘。
男七：每一粒微尘都有自己的能量，
　　　无数微尘汇集成一片光明。
男六：每一个人既是独立的，
　　　而又互相照耀，
男七：在互相照耀中不停地运转，
　　　和地球一同在太空中运转。
男一：我们在运转中燃烧，（《雪里梅园》音乐，描写革命历程的乐段，有力度、有情感）
男合：我们的生命就是燃烧。
男一：
男二：我们在自己的时代，
男三：应该像节日的焰火，

男四：⎫
男五：⎬带着欢呼射向高空，
男六：⎬然后迸出璀璨的光。
男七：⎭

男二：即使我们是一支蜡烛，(深情抒发)
　　　也应该"蜡炬成灰泪始干"。

男五：即使我们只是一根火柴，
　　　也要在关键时刻有一次闪耀。

男四：即使我们死后尸骨都腐烂了，
　　　也要变成磷火在荒野中燃烧。

八

男六：作为一个微不足道的人，
　　　天文学数字中的一粒微尘，
　　　即使生命像露水一样短暂，
　　　即使是恒河岸边的一粒细沙，
　　　也能反映出比本身更大的光。

男七：我也曾经用嘶哑的喉咙歌唱，
　　　在不自由的岁月里，我歌唱自由。
　　　我是被压迫的民族，我歌唱解放。

男三：在这个茫茫的世界上，
　　　为被凌辱的人们歌唱，
　　　为受欺压的人们歌唱，
　　　我歌唱抗争，歌唱革命。
　　　在黑夜把希望寄托给黎明，
　　　在胜利的欢呼中歌唱太阳。

男五：我是大火中的一点火星，
　　　趁生命之火没有熄灭，
　　　我投入火的队伍、光的队伍，
　　　把"一"和"无数"溶合在一起，
　　　为真理而斗争，
　　　和在斗争中前进的人民一同前进，

　　　　我永远歌颂光明!

男一:
男二: }光明是属于人民的,(下面朗诵加快,由收到放)
男三:

男四:
男五:
男六: }未来是属于人民的,(配乐转接《红旗颂》描写战斗历程的乐段)
男七:

男合:任何财富都是人民的。

男一:和光在一起前进,

男四:和光在一起胜利,

男合:胜利是属于人民的,

　　　和人民在一起所向无敌!(配乐结束一个乐段)

九

(配乐变为进行曲节拍,再入朗诵,配乐与朗诵需严格对位)

男一:我们的祖先是光荣的,

　　　他们为我们开辟了道路,

　　　沿途留下了深深的足迹,

　　　每个足迹里都有血迹。

男二:现在我们正开始新的长征,

　　　这个长征不只是二万五千里的路程,

男三:我们要逾越的也不只是十万大山,

男七:我们要攀登的也不只是千里岷山,

男五:我们要夺取的也不只是金沙江、大渡河,

男四:我们要抢渡的是更多更险的渡口。(下面朗诵渐慢、凝重有力)

男六:我们在攀登中将要遇到,

男合:更大的风雪、更多的冰山……

男四:但是光在召唤我们前进,(音乐转成抒发性)

　　　光在鼓舞我们、激励我们,

　　　光给我们送来了新时代的黎明,

　　　我们的人民从四面八方高歌猛进!(音乐推出《红旗颂》歌颂性主
　　　旋律、展开)

男二：让信心和勇敢伴随着我们，
　　　武装我们的是最美好的理想，
　　　我们是和最先进的阶级在一起，
　　　我们的心胸燃烧着希望，
　　　我们前进的道路铺满阳光！

男一：让我们的每个日子，
　　　都像飞轮似的旋转起来，
　　　让我们的生命发出最大的能量，
　　　让我们像从地核里释放出来似的，
　　　极大地撑开光的翅膀，
　　　在无限广阔的宇宙中飞翔。

男六：⎫
男七：⎭让我们以最高的速度飞翔吧，

男一：⎫
男三：⎭让我们以大无畏的精神飞翔吧，

男二：⎫
男五：⎭让我们从今天出发飞向明天，

男合：让我们把每个日子都当做新的起点。

男四：或许有一天，总有一天，
　　　我们这个古老的民族，
　　　我们最勇敢的阶级，
　　　将接受光的邀请，(音乐高潮扬起)

男一：⎫
男二：⎬去叩开千万重紧闭的大门，
男三：⎭

男四：⎫
男五：⎬访问我们所有的芳邻。
男六：⎪
男七：⎭

男一：⎫
男四：⎭让我们从地球出发，

男合:飞向太阳……(音乐发展、结束)

朗诵提示:

这是著名诗人艾青创作的一首气势宏大、激情洋溢的政治抒情诗。诗中涌动着革命的情怀和思辨的哲理。读来铿锵有力,气势恢宏。朗诵过程中应注意如下几点:

(1) 朗诵分清层次,调整好相应情绪与节奏;

(2) 把握前淡后浓、前松后紧、回环往复的朗诵处理。

(3) 朗诵中注意诗歌句式整齐的特点,不可散化。

(4) 本诗处理成双人或集体朗诵,更可体现其宏大的气势。

1. 诗歌的种类有哪些?
2. 诗歌的特征有哪些?
3. 格律诗的朗诵规律有哪些?
4. 古典诗词的朗诵处理如何?
5. 自由诗的朗诵要点有哪些?
6. 自由诗的朗诵提示有哪些?
7. 诗歌朗诵的核心是什么?
8. 如何处理集体朗诵?
9. 如何处理配乐朗诵?

第五章　寓言、童话表达

——夸张的艺术

寓言、童话的创作与表达也有其独特性。它是以比喻、拟人等手法和夸张的表现来讲明一个道理或表现一个立意。怎样能够恰如其分而又鲜明、生动地表现形象、内涵、寓意和立意，既不哗众取宠，又避免平淡无味，也需要我们探讨一番。

第一节　寓言、童话概述

一、寓言、童话的概念

"寓言，是文学作品的一种体裁。是带有劝喻、讽喻的故事。结构大多简短，主人公可以是人，也可以是生物或无生物，主题都是借此喻彼、借古喻今、借远喻近、借小喻大，寓深刻的道理于简单的故事之中。"①

"童话，是儿童文学的一种。它是通过丰富的想象、幻想和夸张来塑造形象、反映生活，对儿童进行思想教育。一般故事情节神奇曲折，生动浅显，对自然物往往做拟人化的描写，能适应儿童的接受能力。"②

有人将寓言、童话归为一类。

二、寓言、童话的种类

寓言可分为"劝喻"与"讽喻"两种。

童话可分为"短篇"与"中、长篇"两种。

三、寓言、童话的特征

（1）寓言、童话的篇章一般比较短小（有些童话篇章较长）。写作文字通俗，表现生动。

---

① 《辞海》"文学分册"，上海辞书出版社1979年版，第15页。
② 同上。

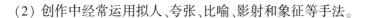

(2) 创作中经常运用拟人、夸张、比喻、影射和象征等手法。

第二节　寓言、童话表达要旨

一、把握寓意与立意

把准作品的寓意与立意、理解其创作目的，是表达好寓言、童话的基础。一般而言，了解到作品塑造的形象意义及故事情节后，再与我们现实生活中的人和事相对应产生联想，就基本能够知道作者通过作品究竟想告诉我们一些什么道理，这样就能抓住作品的寓意和立意了。

比如，看过作品，我们便可以知道寓言《一头学问渊博的猪》的寓意，是嘲讽那些愚昧无知而又自作聪明的人；《猴吃西瓜》是揭露教条主义和人云亦云的人；《狐狸艾克的故事》之七《谦虚过度》是影射搞形式主义的人。读了作品，我们也不难得知，童话《聪明的小兔子》是想表现机智勇敢、以弱胜强、正义战胜邪恶的立意；《猫和老鼠做朋友》抨击了背信弃义的人，并嘲讽了交友不择的蠢人。实际上，找到寓意和立意在寓言、童话的分析理解中并不太难，重要的是要抓准，切勿模棱两可、模糊不清，或超越具体寓意和立意任意拔高。

一般来讲，寓言、童话的寓意和立意多自情节、形象中透露出来，由读者自己去领会，但有的寓言却在作品的"开头""结尾"或在"中间"带有"议论"，它们言少意重、富于哲理、揭示寓意。

例如，寓言《乌鸦与狐狸》的开头一段话："世人不知受过多少次劝告，说阿谀是卑鄙而有害的，但一切都是徒劳，阿谀的人总是能够钻到空子的。"这，便是在开篇伊始点明了作品的寓意："爱听恭维话的难免上当。"随后，寓言用乌鸦与狐狸的形象及内容情节，形象化地展示了这个寓意：狡猾的狐狸为了得到乌鸦嘴里的奶酪竟甜言蜜语、言过其实地赞美乌鸦多么美，嗓音想必似天使般婉转，极力鼓动乌鸦开口唱歌。乌鸦被恭维得飘飘然了，竟真想显露一下自己的才华，谁知刚一开口，嘴中的奶酪便掉了下来，狡猾的狐狸带上奶酪就跑了。又如，寓言《木偶探海》讲的是一个木偶只在海的表面游历一番就大发议论断言海并不深，虽然遭到其他生活在海边的小动物等的反对，但他仍执迷不悟。于是在这个寓言的结尾有这样一段话："怎么能和一个对一切事情都浮在水面的人说得清楚呢？他以为自己什么都知道了，可是他却不明白，要想真正知道，就得钻进去，只浮在表面上是不行的。"这，也揭示了作品的寓意："人做事切忌浮在表面,深入实际才能全面、准确地认识问题。"

由此可见,"议论"在寓言中有着举足轻重的作用,在处理这种起"揭寓"作用的议论时,表达方法和内心状态是不同于表现"形象化主体"(作品中所塑造的形象)的。原因在于,揭寓的议论是理性的指点,它是以逻辑和理性的方式去启示人、引导人的。而"形象化主体"则是以具体、形象、生动、活泼的感性力量来展示寓意,启迪人、教育人的。因此,对它们的表达处理当然不应相同。表达起揭寓作用的议论时,宜于严肃、稳实、语重心长、发人深思。表达处于"篇首"的议论时启示性更强,表达处于"篇尾"的议论时结论性更强。

总之,表达起揭寓作用的议论时不应有一带而过的匆忙感,语言不可轻飘,应当稳实、从容以体现这种议论的重要性。而对"形象化主体"的表达,则要具体、清楚、鲜明、生动,成为"揭寓性议论"有力的形象化展示。当有"揭寓性议论"呈现文中,表达时要注意它与其他内容的区别与转换,不可单一化处理。否则,会导致议论无力,"形象化主体"也难以展现得鲜明、生动。

在表达没有议论的作品时,应力求展现寓言、童话创作的特点,充分展现"形象化主体"的形象性、生动性、鲜明性、寓意性。不能板着面孔客观地讲述,或以教育者的说教感来表达,否则,表达会干巴巴、不近人情、无情趣可言,因此也必然失去感染人、启迪人、教育人的预期效果。当然,也不应忽视表现作品塑造的"形象化主体"的本质特征,不能只追求表现各种形象的外部特征、生理特征以获得喜剧效果,而应不失表达目的,给人以形象化的影响、情感的渗透与理性的启示,最终从内容和形式两方面完美地体现作品要旨。

二、丰富合理的想象

寓言、童话大都通过作品中塑造的形象的具体行为来表现所要说明的问题,因此,对具体形象的想象就非常重要。我们的想象,不仅要有作品中出现的一些形象,如动物、植物等"生物"或油饼、板凳等"无生物"的具体外形,更要感受和想象出这些形象的具体行为、心理、情感、神态、相互间关系以及语言声音形式等特点,同时,还应感受和想象出作品的时间、地点、环境等相关因素,看得见、感觉得到这一切,是表达好作品的基础。只有想象具体、合理,方可表达准确、生动。

寓言、童话的朗诵,还需将作品中所塑造的各种形象(动物、植物等)"人格化""性格化"。有人曾向中央电视台《动物世界》的解说者赵忠祥讨教为什么《动物世界》解说得这样好?赵忠祥说,他将动物哪怕是小虫、小鱼之类的小生物也都当人看待,冠以人的心理、人的行为和人的关系等,将它们人格化了。这样,就会深入它们心中,理解它们并关心它们的命运,解说便具有情感性了。这正说明,将各种形象"人格化"的重要性和实际意义。

不同的形象有不同的塑造意义,所以我们在分析、把握"人物"的时候,除了要把作品塑造的形象"人格化"外,还要将其"性格化",将每一形象的性格定位,使之各具其貌。这也需要我们根据人类社会的情况参照对应,产生丰富、合理的想象。

比如,寓言《猴吃西瓜》中,有不少形象各异的猴,在朗诵前,我们可将这些猴根据它们的行为从"人格化""性格化"角度出发,做一些设计:可将"猴王"想象为外强中干、官气十足的领导;把"短尾巴猴"想象为简单、教条的形式主义者;把"小毛猴"想象为天真、率直的小青年;把"老猴"想象为迂腐、倚老卖老的老学究;而那些应声附和的"小猴"则可想象为缺乏主见、知识不足的人云亦云者。有了这些具体、鲜明的性格区别,我们在朗诵时,就不会感到是在表现猴的语言,一味去模仿猴的声音,而会感到是在表现一个个不同人物的语言。心有所依,便语有所形。这样的表达势必清楚、鲜明、生动,听者也乐于接受。又如,在别的作品中,猫的形象多可爱,老鼠的形象多可憎,但在童话《猫和老鼠做朋友》中,猫却狡猾、欺诈,不但一次次欺骗老鼠说有人请它去做"干爹",继而偷吃了它们共同收藏的猪油,而且当老鼠发现了它的卑鄙行为指责它的背信弃义时,它却一口将老鼠吃下去了。老鼠在这篇童话中却是可怜、糊涂的,它轻信了狡猾的猫,没有丝毫的防备之心,因而落得了个可悲的下场。演播这篇童话时,也要将这两个动物形象"人格化""性格化",把猫想象为一个甜言蜜语、心怀叵测的伪君子,把老鼠想象为一个善良、柔弱、不敏感的人。

在寓言、童话的表达中,各种形象相互之间的关系也是我们想象范围之中必不可少的内容,关系的好坏亲疏会直接影响形象间交流的方式与分寸,是表达准确的基础之一。诚然,作品中各种形象的关系,有些是作品中明确的,有些却需要表达者自己通过作品中的线索,以人类社会中的人际关系、人之常情为基础来揣摩、对应,合理想象出来。对作品中形象间关系的关注和确定,直接关系到表达的准确与否。

例如,在童话《聪明的小兔子》中,小兔子与狮子、大象的关系是弱者对强者的关系,所以小兔子面对它们有种惧怕感,这就决定了小兔子、狮子、大象有着不同的基本语气。大象、狮子说话是居高临下、声色俱厉,小兔子说话则是谨慎小心、赔着笑脸。又如,寓言《一头学问渊博的猪》,根据作品内容,猪与八哥的关系,开始时八哥对猪有种崇拜感,但后来猪的表现使它了解到原来猪是个不懂装懂、愚昧无知的家伙,于是,八哥便从求教者变为指责者了,自然它的语言感觉也就前后迥然不同。

另外,在寓言、童话的想象和表达中,还应注意保持特定形象的"统一性"与"稳定性"。也就是说,"猫"的语言应始终是"猫",不能把某几句话变为"小老鼠"在说,或是"大老虎"在说了。同时,不管是什么情状、什么色彩的话,都应体现"这只猫"的性格,表现其语言声音特点,不能变为其他性格的"猫"在说话。在《猫和老鼠做朋友》中,猫和老鼠的关系是"假朋友"的关系。因此,在寓言、童话的想象和表达中,要始终保持形象的"属性定位""性格定位"和相互之间的"关系定位"。当然,这需要一定的内外部技巧与表达功力做外化的保证。

要想使表现的"形象"性格稳定、语言统一,表达时就要始终保持自己的内心感觉和内心视象,如自己"这只猫"的心理与外部形象特征是什么,一旦失去这些,说出的话就容易走形、变味、不统一。因此,我们在理解、感受、想象和表达外化阶段,应使具体形象一直存在于心,不断提示自己所表达的形象的内心与外形特征,确保形象塑造的稳定性和统一性。

在寓言、童话朗诵、演播的想象中,除了对作品中描写的具体形象要有准确、鲜活的丰富想象以外,对与之相关的时间、地点、环境等因素也应想象具体、合理,方可表达准确、生动。

比如寓言《猴吃西瓜》,根据作品提示的内容,我们不妨将猴王把所有的猴都召集起来的举动,想象为"开会",并可以进一步想象是在野外的山上开会。因为猴子是生性好动的动物,它们不大可能总在山洞里。同时还可以将开会的时间想象为白天。(当然,将开会的时间想象为晚上、将开会的地点想象为山洞里,也不是不可以,但其合理性就会相对差一些。)由于时间、地点的不同,因此表达中的距离感、用声幅度等便不尽相同。如白天在野外的山头上开会,环境开阔,猴们分散而坐,离得相对远一些,表现猴的语言,声音就可大一些,拉开一些。如想象在山洞里开会,用声就可相对小一些,距离感近一些,因洞里毕竟不如外面宽敞。在处理有些小猴急于吃西瓜跟着嚷"吃西瓜,吃皮"时,我们又可以想象在野外山头上开会,声音来自高、低、远、近不同处及不同的猴。再细致一些,可以想象这声音先来自高处,后来自近处,再来自远处,最后众口一词、有节拍地齐喊:"吃西瓜,吃皮!""吃西瓜,吃皮!"这便显示出小猴们无知、起哄、着急的情状和气氛。

又如寓言《乌鸦与狐狸》,由于作品中介绍狐狸是在树下与乌鸦说话的,因而在表现狐狸的语言时,应有一种抬头向上的形体感觉和距离感,将其渗透在它阿谀奉承的言语中,这样,就能更好地表现狐狸的情状,显得生动。

总之,对寓言、童话中各种形象的想象具体、全面、合理,才会做到对"形象化主体"的表达准确、完美。

三、夸张渲染的方法

寓言、童话的创作都具有夸张的艺术特性。它们往往将动物、植物或无生物冠之以人的性格特征与行为,兼顾人与动物、植物,甚至无生物的特性,却又合情合理。在寓言、童话的创作中,作者大多将人与物等各种形象表现得十分鲜明、典型而又夸张,却又不失生活的本质意义、真实性和可信性。作者运用夸张、影射的手法来表现作品中塑造的形象,目的是求得形象的鲜明与突出,它常带有一定的喜剧色彩。如《一头学问渊博的猪》中那头"愚蠢无知的猪",《狐狸艾克的故事》之七《谦虚过度》中那只"形而上学的狐狸"和《聪明的小兔子》中那头"简单、凶猛的狮子",这些艺术形象都显得那么夸张、可笑,然而,又不禁使人惊叹它准确地表现了生活的本质和艺术形象的特定意义。

作品的创作运用夸张的手法和夸张的艺术内容,必定用夸张的艺术形式来表现,因此运用夸张、渲染的方法来表现,是寓言、童话表达的一个特点。我们应在具体处理上,大胆运用这一艺术手法,使我们的表达有声有色、活灵活现、生动活泼,增强作品的艺术情趣与艺术魅力。

比如,童话《聪明的小兔子》的开头一段解说,就可以用夸张、渲染的方式来处理:

> 在大海的旁边有一座高山,山顶上住着狮子,山腰里住着大象,山脚下住着小兔子。小兔子住的地方可好了,有花、有草,还有水,狮子和大象都想占这块地方。

我们在表达中,就可用语言声音拉开"山顶上""山腰里"和"山脚下"的地理位置,加强对比。也可用语气来表现"狮子""大象"和"小兔子"的形象对比。具体处理可以是这样的感觉和形式:

山顶上↗   山腰里→   山脚下↘
狮子(凶狠感)   大象(庞然大物感)   小兔子(小巧、可爱感)

在解说到"山顶上"上时,语势和感觉都是上扬的;在说到"山腰里"时,语势和感觉都是平拉开的;在说到"山脚下"时,语势和感觉都是下行的。在说这些内容时语音拉长,语调夸张,可加强对比。在说到"狮子"时,根据其食肉、凶狠的特征及在作品中的表现,可用惧怕感来表现,以反衬它的凶狠;在说到"大象"时,根据其体型及在作品中的表现,可用笨重凶横感来表现;在说到"小兔子"时,根据其小巧的生理特征和胆小、温和的本性,可用灵活、柔弱感来表现。表达的内心感觉不一样,运用的声音及语言形式也会有很大区别。例如,说到"狮子",可用声强气虚的方法来渲染它的凶狠以及言者的恐惧感;说到"大象",可用语硬声重、声音拉长来体现其体态笨重及凶横感;说到"小兔子",可用音短、色明来体现其小巧、可爱的形象。

在寓言、童话的表达中,语言声音形式要比表达其他类型作品夸张,声音的物理性对比更强烈。有了这样的夸张、放大,不同事物的特点就会被明显放大,形成鲜明的对比,让受众既容易接受又形成深刻印象。夸张、渲染不同于出洋相、卖噱头,虽然其语言声音外形对比强烈、变化幅度大、色彩较浓,但在表达时,朗诵者的内心一定要具备高度的真实感和信念感,唯有这样,才能产生艺术感染力和表达的高度准确。有了这种内容与形式的统一,应有的色彩会自然而然溢出。如只在语言声音外形上夸张,内心却没有相应的真实感受,那么,这种表达会失去应有的艺术效果,变成哗众取宠。

四、准确入神的造型

寓言、童话的表达,不可忽视作品目的,将其搞成形象展示、滑稽表演,也不能将其表现得区别不大、平淡无趣,这也不符合寓言、童话的创作特点和表现方式。因而,我们在表达寓言、童话前,应当对作品中出现的各种各样的形象进行一番设计,使其从内到外都有所区别,形象鲜明、生动,受众容易接受,从而更好地揭示出作品的主题。

为各种形象造型涉及的因素较多。首先,是对作品形象的理解要准确,对其性格特征、生理特征及在作品中的行为(看是正面形象,还是反面形象)以及与其他作品形象的关系等,都加以考虑。其次,是要用声音、气息、咬字以及各种语言表达技巧参加造型。例如,用声的前后,声区的高低,语调的弯直,语速的快慢,咬字的长圆、前后、松紧,饱满与否,说话的干脆与黏软,噘唇与扁唇,鼻音与喉音,气足与气虚,气松与气紧,捏声与扩喉,等等。

比如,童话故事《小鸟、老鼠和香肠》讲的是这样一个故事:小鸟、老鼠和香肠它们三个是好朋友,生活在一起,在生活上它们利用各自的长处分工合

第五章 寓言、童话表达

作:小鸟捡柴火,老鼠挑水、烧火,香肠做饭。一天,小鸟在外边捡柴火,遇见了狐狸,狡猾的狐狸故意挑拨三个好朋友的关系说:"呦,小鸟你多辛苦啊,整天在外边,老鼠和香肠多享福啊,整天待在家里。"于是小鸟自己也寻思开来:是呀,我每天在外边多辛苦呀,老鼠每天挑完水、生着火就可以在家休息了,香肠在家做饭又暖和、又舒服。结果,晚上小鸟就对它的两个朋友讲:"我不干!我干重活,你们干轻活。"最后,它们三个决定用抽签的方式决定谁干什么活。抽签的结果是:小鸟挑水、烧火,香肠捡柴火,老鼠做饭。没想到这么一分工,给这三个好朋友带来了灭顶之灾。首先是香肠出去捡柴火被馋嘴的猫给吃了;老鼠做饭觉得没有香味,就想效仿香肠跳进锅里转一圈,谁知它身上没有油,结果被活活烫死了;而小鸟烧火时,也被着起的火给烧死了。

从作品中我们了解到,狐狸是反面角色,于是我们可以根据狐狸的外形和它在作品中的表现设计其语言声音造型,将它设计为华丽的女高音,说话有些鼻音,语调弯曲甩调;这三个好朋友中,小鸟是被嘲讽的对象,由于小鸟的体型很小,声音窄细,可将小鸟的语言声音造型设计为尖音细嗓,声音脆亮,语言有节律地跳字似鸟语;香肠的语言声音造型,可以设计为柔弱的小号女高音,咬字柔软;老鼠的语言声音造型,根据其在此篇中是正面角色,设计它为小男生的童音,再根据其尖嘴长相,说话可设计为有些噘嘴,显得憨厚。

在寓言、童话的设计和表达中,可以运用多种语言表达技巧来加以区别,如声区、语调、语速、咬字等。比如,寓言《狐狸艾克的故事》之七中所涉及的形象比较多,形象辈分不同,我们可以根据作品中所塑造的艺术形象本质与生理特点来进行一番精心设计,为它们一一造型。作品中的狐狸,由于与前面作品中的形象本质基本相同,都不是正面形象,所以,它的语言声音造型与前相同;水牛是被肯定的正面形象,又是长辈,加之其实干的特点,我们可以把它设计成憨厚的男低音;小老鼠辈分小,又长得小,我们可把它设计成尖音细嗓并咬字靠前。小白兔和小山羊虽然都各有一句话,但也要有所区分。我们可以根据小山羊在作品中的表现及它的叫声特点,将它设计成温柔的小高音,并且说话黏字、语速较慢;而小白兔,我们可以根据它体态小巧的正面形象,将它设计成伶俐的小高音,并且语速较快、说话跳字。

在寓言、童话作品中,当两个形象比较接近时,应注意抓住最主要的特点进行形象造型,使人听得清楚,有所区分。比如,童话《聪明的小兔子》

中,狮子和大象这两个形象在作品中所起的作用相同,都是反面形象,在演播时更需要通过语言声音造型来加以区分,使受众听得清楚,分辨得开。为此,我们不妨抓住狮子凶狠的特征,将其设计成语调凶狠、咬牙说话的男中音;将笨重、凶横的大象设计成扩后声腔、拉长声音、共鸣厚重的男低音。

我们还可以将寓言《一头学问渊博的猪》中那头盲目自大的猪,根据其鲜明的生理特点,设计成噘嘴说话、吐字含混、发音上鼻子,以及盲目自信的形象造型。

总之,有了一番精心、准确的设计与造型,便可使我们的形象表达鲜明、准确、生动,有所区别,能较好地为表现作品主题内容服务。

第三节 寓言、童话表达提示

一、抓形象核心

寓言、童话多以人、动物、植物或无生物作为"形象化主体"来表现作品的寓意与立意。形象的生动、鲜明,甚或夸张可以给人留下深刻印象,对表现作品有益。然而,如若忽视抓"形象化主体"的本质,只求外部形式的生动、逼真以获取表层的喜剧效应则是不可取的,它背离了创作意图,本末倒置。

例如,有的人在朗诵《一头学问渊博的猪》时,为了追求声音形式像猪,便除了噘嘴说话外,还在说话中不时加上猪哼哼,以显示其学猪的技能,追求受众的笑声,有哗众取宠之感。这无形中冲淡了受众对"猪"这个形象本质核心的接受与思考,削弱了这一形象的塑造意义。

因此,寓言、童话的表达,一定要以抓形象核心为主,尽量做到形神兼备、以神为主,对其外部特征只能有所兼顾,不可因形伤神。

二、加大夸张对比

寓言、童话的表达,根据创作种类、风格的不同,在处理上可有所不同。比如,有的作品以叙述语言为主,有的作品人物语言较多,有的是劝喻,有的是讽喻。然而,无论何种情况,语言表达的对比、夸张都要强于其他类型作品,这是由寓言、童话的创作特点所决定的。

"夸张",不单指语言外形的放大与强调,还应包括高度的真实感与信念

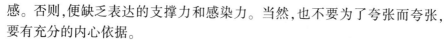

感。否则,便缺乏表达的支撑力和感染力。当然,也不要为了夸张而夸张,要有充分的内心依据。

"对比",在寓言、童话的表达中,主要指对作品中塑造的不同形象的区别要大。寓言、童话的表达,往往是一个人除去叙述,还要用语言塑造出几个不同形象,只有加大其外部表现形式和内心的对比,方可内外相贴、有所区别,形有所依,使人听而辨之。对比,不可只在外部形态上下功夫,应加强内心的对比感,抓住每一形象的不同之处,加以放大与强调。

总之,运用夸张、对比手段,做到形神相合才能更好地适应寓言、童话的表达。反之,会混同于其他类型文艺作品的表达。

三、要灵活造型

在寓言、童话的表达中,应根据本作品中对某一形象的刻画以及它的自然外形特征来考虑其具体造型。不应将一篇作品中的某一形象的造型原样搬到别的作品中去。因为,有时同一形象在不同的作品中所起的作用不尽相同。比如,在这篇作品中,"猫"是正面形象,而在另一篇作品中"猫"又是反面角色。因而,我们的造型设计与表达处理也不应雷同,要根据作品需要灵活造型,以保证表达的准确性。

四、重讲述身份感

在寓言、童话中,各种"形象"的语言很具吸引力,也很能体现表达者的艺术功力,因此,有的朗诵者在播这类语言时活灵活现、生动诱人。而在表达叙述、议论性语言时,却平淡、客观、不入心,这种处理也是不可取的。原因在于,一篇作品中叙述、议论性语言毕竟有其不可替代的作用,朗诵寓言、童话毕竟不同于表演,不能只顾及一个角度、一种身份。

寓言、童话的表达中,叙述、议论性语言有着重要作用与意义,"形象"的语言仅是作品表现的一个局部,叙述、议论具有连缀局部、点题的作用。因此,叙述的表达心态不应弱于演播"形象化主体"的心态。注重把握讲述者身份感,便不致陷入创作泥坑,有助于完成好再创造任务,把握准"形象化主体"的表达分寸和作品整体要旨。

第四节 寓言、童话表达个案分析

个案之一

寓言《一头学问渊博的猪》

一头绝顶聪明的猪,住在一个非常出名的图书馆的院子里。它深信自己由于多年图书馆的生活,已经成了渊博的学者。

有一天,一只八哥来访问。这头猪立即按照惯例,对客人进行自我介绍。

"朋友,相信我吧!"它说,"我在这个图书馆里待的时间很长了,我对这儿的沟渠、粪坑、垃圾堆,都有着深刻的了解,甚至屋后山坡上的墓穴都叫我拱翻了好几个。谁要是想在这个图书馆得到知识而不找我,那他算是白跑一趟。"

八哥说:"你所说的都是图书馆外面的事,那里面的东西也了解吗?"

"里面?"这头学问渊博的猪说,"那我最清楚不过了。里面无非是一些木架子,上面堆满了各色各样的书。"

"你对那些书也了解吗?"八哥问。

"怎么不了解呢?"这位渊博的学者说,"那是最没意思的了。它们既没有什么香气,也没有什么臭气,我咀嚼过好几本,也谈不上有什么味道,干巴巴的,连一点儿水分也没有。"

"可是人们老在里面待着,据说他们在里面探求知识的宝藏呢!"八哥又说。

"人们?你说他们干什么?"这位猪学者说,"他们确实是那样想的,想在书里找点什么东西。我常常看到许多人把那些书翻来翻去,结果什么也没有得到,还是把书丢在架子上又走了。我保证他们在里面连糠渣菜叶都没有得到一点,还谈什么宝藏!我从不做那种蠢事。与其花时间去啃书本,还不如到垃圾堆翻几个烂萝卜啃啃。"

"算了吧,我的学者!"八哥说,"一个从垃圾堆里啃烂萝卜的嘴巴,来谈论书本上的事,是不大相宜的。还是去啃你的烂萝卜吧!"

这是一篇"讽喻"的寓言,它嘲讽了愚昧无知而又自作聪明的人。全篇文字不多,从头到尾没有一句点题性的议论,想要表达的内容都融化在作品的情节与对"形象化主体"的塑造中了。通过对寓言中所塑造的两个形象的分析,可以帮助我们驾驭好作品。

在这篇寓言中,"猪"是重点刻画的对象,也是一个反面角色。一般从外表看猪的长相就蠢笨,而在这篇作品中作者又赋予了它愚昧无知却又自鸣得意的心理属性。这点正如我们人类社会中的某些人一样,这恐怕就是作者塑造这一形象的目的之所在。

"八哥"是作者塑造的另一形象,它在这个作品中是个正面角色。作品的情节告诉我们:这头蠢笨的猪自始至终表现得"一蠢到底";而天真好学的八哥却有个"大转变",它对猪的认识有个从"仰慕"到"愤怒"的过程。全篇内容情节紧凑,一环扣一环,直到最后结尾处才由八哥说出了这个寓言的真谛,点出作品的内涵。

了解了作品的寓意之后,我们还要对作品中所塑造的"形象化主体"做一番从内到外的"形象定位"与"形象造型"。首先,对"猪"这一形象,要着意表现它的"愚蠢"与"得意",这二者是相联系的,之所以"得意"是因为它的"愚蠢"。所以,我们在表达时,除了要抓住"愚蠢"而外,更要抓住"得意",否则,就不是这篇作品中的这一头"特定的猪"了。若只是为了表现猪的蠢,为了显示自己高超的模仿能力而在表达猪的语言中不时加上几声猪哼哼以学猪像猪,将人们的注意力转移到对猪这种动物属性的表现上,那么,对体现这个作品的真正寓意便会大打折扣,甚至成了肤浅的哗众取宠。

当然,对猪的外貌特征不是不能表现,事实上也应有相应的造型。比如,猪的外形肥圆,行动蠢笨,最具特点的是它噘出的嘴和闷闷的声音(除非被宰或遇到什么刺激时,它才会发出较尖锐的叫声)。但我们具体表达时,不能只追求猪的声音相像,而应追求神形兼备、以神为主。具体到对猪的语言声音造型,可以声区的下部共鸣为主,用声靠后,嘴唇稍前噘并放松,使声腔拉长、咬字含混,再伴以拖腔拖调但不能"失度"。最重要的是内心始终伴有"自鸣得意"之感,并且语言有所夸张,语速较慢,与其自然生理特征和内心感觉都贴合。注意,猪的语言不能"表演式",从头到尾一个劲儿地"演",要随情节发展,内心感觉与"交流对象"真正地交流起来,语意准确、情绪到位,推动情节发展。

"八哥"的语言声音造型,可用声靠前,声区较高,音色尖脆,咬字小而前,语速较快,语言干脆利落(似鸟语),非一般语言用声状态,以表现其小巧的自然外形和"鸟"的自然生理属性。八哥的表达,最重要的是对它内心的塑造,从开始的"求教""不解""怀疑",再到最后的"愤怒"。相对猪而言,八哥的思想感觉变化较大,尤其结尾的一段话,因此,我们在表达时,应当体现出"异峰凸起"的态势,表现八哥的思维结果以及作品的内蕴。当然,我们也不要忘记,在这一思维结果出现之前,已经存在八哥的"怀疑"与小小的"不满"了,因此,在表达中一定要随所说的内容来思考、感受,真听、真问,应当把八哥的思维过程通过语言态度完全展现出来。

　　此外,还应注意这篇寓言"叙述语言"的表达。"叙述语言"应当与"角色语言"有机融合,叙述者应是理智的"知情者",他的叙述既不能无动于衷,也不能与"角色"的语言、感觉相混。应带用相应态度用心讲解、介绍,做到既不"出戏",也不"夺戏"。由于寓言通常由一个人表达,所以,表达者要既能叙述,也会造型,要求二者既有区别,又不脱节,有机融为一体。

个案之二

童话《聪明的小兔子》

　　解说:在大海的旁边有一座高山,山顶上住着狮子,山腰里住着大象,山脚下住着小兔子。小兔子住的地方可好了,有花、有草,还有水,狮子和大象都想占这块地方。

　　有一天,狮子走下山来了,它张着大嘴对小兔子说:小兔子,我只要龇一龇牙就能把你咬成碎末,你信不信呢?

　　兔子:怎么不信呢。您要吃我当然可以。(狮子大笑)不过,不过,在您吃掉我之前,我想先问您一件事情。

　　狮子:你问吧。

　　兔子:您说,谁是野兽当中的大王呢?

　　狮子:哼,那当然是我了!

　　兔子:恐怕不是吧。

　　狮子:怎么?!

　　兔子:昨天、昨天我碰见大象了,大象说它才是野兽当中的大王呢。

　　狮子:什么?!它真是这样说的么?!

　　兔子:嗯!

　　狮子:它想当野兽中的大王,哈哈哈,我非得让它知道我的厉害。小兔子,你给我出出主意,我该怎么教训教训它呢?

兔子:这好办呀。明天您就在家里装病。

狮子:装病?

兔子:嗯,我去把大象领来,等它走近你的身边,你就跳起来一口咬死它!

狮子:好,哈哈哈。

解说:第二天一大早,小兔子就跑到山腰去找大象。

兔子:啊,你好。

大象:啊,你好,小兔子,你来得正好,快,把你住的那块宝地给我让出来!要不然,我就用我的大鼻子,抽死你!

兔子:啊,可以,可以,不过……

大象:不过什么?

兔子:我今天来,是向你报告一个好消息的。

大象:什么好消息? 你说吧。

兔子:告诉你,狮子病了。

大象:是吗?

兔子:嗯,病得很厉害,快要死了,你要是在这个时候再用大象鼻子抽它两下,准能送了它的命,这样,你不就可以当野兽中的大王了吗?

大象:哈哈哈,太好了! 是个好消息,小兔子,快给我带路。

兔子:哎,好吧。

解说:小兔子把大象领到了山顶,大象刚走到狮子的身边,狮子突然跳起来,几口就把大象咬死了。

狮子:哈哈哈,就你这么个蠢东西,还想当野兽中的大王,这回,你知道我的厉害了吧。小兔子,还在这儿愣着干吗? 快滚吧! 我再让你多活两天,等我吃完了大象,再来吃你!

解说:过了几天,小兔子主动跑到山顶,去找狮子。

兔子:大王,你好!

狮子:小兔子,你倒真乖呀,知道我把大象吃完了就自己送上门来了。

兔子:大王,你要吃掉我,是再容易不过的事了,可是,可是我今天在海边见到了一个怪物。

狮子:怪物?

兔子:啊! 它说,它才是野兽当中的大王呢!

狮子:啊?! 怎么?! 又出来一个找死的! 小兔子快给我带路,我要去看看它到底是个什么怪物敢来吃我?! 哼!

兔子:哎!

解说:小兔子把狮子带到海边一块很高很高的大石头上,它指着映在海水里的狮子的影子。

兔子:你看,就是它。

狮子:让我看看,它在哪儿?

兔子:就在海面上,你往下看,在那儿。

狮子:啊!还真是个怪物,一头大红毛,嘿,看你长得那难看样,还想当野兽中的大王,我吃了你!

兔子:哎,大王,你看,它也向你龇牙咧嘴呢,它要吃你了!

狮子:吃我!看咱俩谁先吃谁。

解说:狮子大吼一声朝大海里扑去,溅起一片浪花就什么也没有了。从此以后,小兔子幸福地住在山脚下,再也没有人敢欺负它了。

这是一个机智勇敢、以弱胜强、正义战胜邪恶的童话故事。在这个童话故事中共有三个角色:小兔子、狮子、大象。

小兔子:它是作品中重点塑造的"正面形象"。它正直、聪明、勇敢,它的自然外形小巧,生性活泼,因此,它的语言声音造型适用小高音,用声靠前、音色纤细、共鸣较高、咬字小而前、语气乖巧、语速多变、出字利落、语流灵动,以表现其思维灵活、生性聪颖。

狮子:它是作品中塑造的"反面角色"。它生性凶猛,外表可怕,不讲道理,以势欺人。对它的语言声音造型适用中音,唇舌较紧、咬字较狠、语气霸道、语速中等,还可以用咬牙说话,加上鼻音来区别于大象,表现其王者的气势和内心。

大象:它也是作品中塑造的另一个"反面角色"。它体态庞大,也不讲理。对它的语言声音造型适用低音,扩后声腔、咬字靠后、唇舌较松、语速稍慢、语言声音较含混、语言较楞、语气凶横,用于体现它体庞、鼻长的生理特点和霸道的心理特点。

在处理这个童话故事时,首先要使作品中的几个形象个性鲜明,而且还要体现它们的相互关系及交流的心理过程。比如,小兔子是个弱者,所以它见了狮子和大象语言中总带出恐惧感,同时还应夹杂一些灵气;狮子的语言应是狂妄、凶狠的,因为它根本不把小兔子放在眼里;而大象的语言总体上是凶横的。

具体处理时,应当注意小兔子的语言造型既不能只有害怕,没有灵气,像一只"傻兔子";也不能只表现机灵,一点也不惧怕那两个凶狠的对象,那样,不但人物关系不对,而且也体现不出作品的立意。在表达中,小兔子要会察言观色,一会儿赔着小心说话,一会儿又见机行事刺激对方,总之,让我们感到这是只"聪明的小兔子",不是只"傻兔""呆兔"。

在注重"形象化主体"的语言色彩与内涵时,还应兼顾其语言的"动作感",让我们不但能听到准确、清晰的有声语言,了解其思维运动和细腻的内心感觉,还能从中听出同语言相伴的形体动作,这样的表达才是完美的。准确、生动的表达,可以让人听得明白,又听得有趣,产生较大吸引力。比如,表现小兔子给大象出主意时的话,我们可以有种靠近大象与其说悄悄话的感觉:"告诉你,狮子病了。"当大象听后误以为真,要小兔子给它带路去找狮子时,我们又可进入小兔子的心理,如高兴得跳起来,用"小爪子"拨弄自己的长耳朵,愉快地答应着"哎!",然后一蹦一跳地给大象带路。在表达中要带有边说边做的有声语言、形体动作和心理感觉等几方面有机融合的谐调感,使人"闻其声、见其形",更好地体会表达内容与场景。

同样道理,对狮子和大象的表达也要兼顾各方面。比如,为了表现大象晃着大鼻子凶狠地威胁小兔子的话时,就可以带有甩长鼻子说话的语言感觉和节律。又如,为了表现狮子听从了小兔子的指点向海里看的场景,可以带有自己也向前伸头探身的形体感说话。当然,这些场景、形体动作、说话神情等,都要通过作品提示与自己的合理想象而来。

有时,为了更好地表现童话故事的内容,可以设有一个专门讲述者,再由几个适合作品角色的演播者共同创作、分角色演播。这个童话故事的演播者就可以分为:小兔子(小号女高音)、狮子(男中音)、大象(男低音)、讲述者(女生、自如声区)。除了音色的不同外,重要的是内心、气质与所演播的角色相合。这种分配角色演播,既能帮助听者很容易分清不同形象,也能增强人们的收听兴趣。实际上,如果能自己一个人独立创作,既作为讲故事者,又自己演播不同的角色,那么对于锻炼个人的表达技能和语言声音造型能力都有很大好处。

值得提及的是,童话与寓言的表达稍有不同。它基本没有"点题性议论",一般只要将自己担负的角色演播好,便能较好地完成演播任务,体现作品的立意。

思考题

1. 寓言、童话的特征是什么？
2. 寓言、童话的表达要点有哪些？
3. 寓言、童话的表达提示有哪些？
4. 寓言、童话的表达特点是什么？
5. 寓言、童话表达中的声音造型如何？

第六章 小说演播
——一人演一台戏

小说演播难度比较高,因为它既需要有较高的叙述能力,又需要有丰富的人物语言造型本领,使人听来既清楚又生动。这之中有着多方面的语言表达技巧与要求,需要有丰富的表达技能与多方面的知识和素养。

第一节 小说概述

一、小说的概念

"小说是文学的一大类别。它通过完整的故事情节和具体环境的描写,塑造多种多样的人物形象,广泛地、多方面地反映社会生活。"[①]

二、小说的种类

小说,按其内容广狭、篇幅长短,可分为长篇、中篇、短篇和微型小说;按其创作手法,可分为古典小说、现代小说。

三、小说的特征

1. 有丰富的人物形象

小说能运用各种手法和通过各种途径塑造各种各样的人物形象,具体展现人物复杂、丰富的内心世界。与其他文学样式相比,小说在塑造人物方面有很大优势,它能够从多方面表现人物,细腻刻画人物性格,除去人物对白、独白以外,它还能运用肖像、心理描写、行为刻画及概貌介绍等方法来塑造人物。

2. 有完整的故事情节

小说通常有生动、完整的故事情节,能引人入胜。"它能够细致入微地

[①] 《辞海》"文学分册",上海辞书出版社1979年版,第17页。

展示人与人之间、人与环境之间,错综复杂、具体微妙的矛盾冲突。"①小说比其他文学体裁的情节更完整、更具体、更丰富、更复杂。

3. 有精细的环境描写

小说大多有精细的环境描写,能够具体地展现作品中人物活动的环境。有了真实、细致的环境描写,才能使作品中的时代、社会风貌得到充分的反映,才能使人物生活在具体的环境中。

总之,小说比起其他文学体裁,手段更丰富、表现途径更多,通过叙述和大量的人物语言,在具体的情节、环境中,全面、细致地塑造人物,充分显示社会生活的各个方面。

第二节 小说演播要旨

一、把握演播基调

若想演播好一篇(部)小说,对于表达基调的把握是必然和重要的,否则,表达会杂乱无章、不见主旨。由于小说有生动、完整的情节和具体、多样的人物,所以,极易使人在阅读欣赏中陷入作品局部,或对作品、人物有自己的独特见解。这对于一般读者无所谓,因为,文学作品本身就具有隐蕴性与多义性,允许读者在阅读欣赏时,驰骋想象、加以联想,以自己的生活基点和观念去理解、阐释作品,寻到沟通,引起共鸣,文学的价值也正在于此。而作为一名演播者却不能如此,因为,小说演播是"二度创造",虽然能在这一环节中加进演播者自己的独特体验和思维角度,但毕竟有限。所以,小说演播者应从作品的主题和内容出发,着眼全篇并把准作者的创作动机与志趣,才能形成自己的演播基调。也就是说,小说演播者要以"一度创造"为基础来探寻、把握自己"二度创造"的演播基调,同时,演播者还应着眼于作品全篇,不为局部所迷惑,这样形成的演播基调才是恰当、正确的。

演播一篇作品,基调准确与否是演播成功与否的关键所在。已故著名演员金乃千在谈及这个问题时说:"……调子错了,格格不入;调子对了,全书皆活。"这里所说的"调子"就是指"基调"。诚然,小说演播的基调来自对作品的正确理解与把握。

小说的分析、理解也遵循一般语言表达中对文章的分析、理解原则。所

---

① 吴立昌等编著:《文艺小百科》,学林出版社1982年版,第53页。

不同的是,小说的分析、理解和对主题、立意的把握是在一定的内容、情节、人物行为之上间接揣摩出来的,是从感性入手,再上升为理性,有一个复杂的过程和一定的难度。因而,我们对一篇(部)小说的主题、立意的把握是在不断的形象感受和思维、情感活动中逐渐累积形成的。由于文艺创作的特性使然,我们要真正理解一篇(部)作品,有时必须反复阅读,细细体味才能从其局部与某些表面情节中跳出来,看清作品的全貌和整体要旨。

在演播小说的节选时,也应当阅读全篇,对作品的整体有所了解,这样才能充分认识和确切把握节选部分与全篇是什么关系、居于全篇的什么位置、在什么意义上有其独立性、主要人物的思想发展到什么阶段、人物性格揭示到什么程度。此外,还要知道主要人物的命运如何、起始如何、走向如何、人物间关系如何。若我们只局限于对作品节选部分的了解,对作品的情节、人物的来龙去脉不甚清楚,那是无法演播好节选内容的。要想演播好小说的节选,必须通读、了解作品全篇,并把握住节选部分具有相对独立意义的"基调变奏"。如长篇小说《青春之歌》中"启发"这个片段,它表现了书中的女主人公林道静,这个小资产阶级知识分子,第一次从革命者卢嘉川那里受到启迪,明白了"什么是革命"及"为什么要革命"的道理,从而她的人生之路发生了转折。我们在演播时,应当明了林道静所处的人生阶段,正是她苦闷、迷茫之际:对革命有一些朦胧的认识,又不很明白,身上仍然带有一些小资产阶级知识女性的思维特征。因此,我们在演播时,就要抓住她在这个特定时期的思想状况与精神面貌所反映出的"人物基调"。它既不同于之前,也不同于之后。

二、选用演播样式

小说有长短、内容、风格之分,这构成小说丰富的内涵。欲演播好各式各样的小说,没有足够的艺术修养和表达功力就无从谈及。在此,我们重点探讨一般小说的演播样式,不涉及古典章回小说和现代意识流小说的演播。

众所周知,不同内容、风格的小说,应当使用不同的演播样式来表达。对演播样式的驾驭和体现,又关系到演播者的演播风格及表达功力。在众多的小说演播中,我们仅凭直觉就能听出各不相同之处,有抒情味较浓的、有活灵活现的、有娓娓道来不动声色的、有洋味十足的、有京腔京味的等等,不一而足。这说明,小说演播具有不同风格与样态。然而,小说演播者不能只会一种演播风格或演播一种类型的小说,他们应当既有各自的演播风格和表达优势,又不为其所囿,掌握各种演播风格和演播样式,根据具体作品选用恰切的演播方式,即"对症下药",这才是演播者应具备的表达功力和做好演播工作的要求。否则,只钟情于一种表达样式,形成表达定势,将封闭表达者的创作空间,不利于做好演播工作。

文艺作品演播的实践表明,要想演播好一个作品,只具备对基调的正确理解与准确把握还不够,还必须将作品的风格定位,形成表达的基本语气,融入演播基调,体现在声音形式上,形成独特的韵味和恰切的演播样式,这才是完美的表达。若演播样式选用不当,势必影响到演播整体的准确。

小说的演播样式取决于小说的时代、地域、内容、创作风格、创作手法等诸因素。如果我们对演播样式的选择有悖于以上因素,后果便不言而喻,如以演播古典章回体小说的样式来演播外国小说(对此,有人做过示范,听后令人捧腹不止)。

小说的演播样式一般有以下几种:

播讲式:这种演播样式的优点是自然、内在。演播者站在第一或第三者位置上,以倾诉、叙说的方式将情节、人物讲得清楚、自然,人物语言多取其神。它适合于回忆录、自传体或人物语言少、抒情性的小说。

表演式:这种演播样式的优点是生动。它的特点是表现人物形神兼备、造型生动,对人物语言的处理表演成分较多,取其神、合其形(男女声局限除外)。它适合演播人物语言较多又生动的小说。演播这种样式的小说为了追求与人物的相合,演播中,除去使用"无语言表情声音",如哭声、笑声,以及各种气息声等外,还可以揉进一些其他艺术手段来帮助生动造型,如说外语、讲方言、演曲艺、唱歌曲等。

土味:这种演播样式的特点是表现地域特点更鲜明、更突出。这种样式的演播,在语言表达中揉进某些"方言腔",如"京腔""东北味""南方味"等,让人听出较浓的地方味道,但并不是要用方言去演播。这种方言味道,只体现在演播的"基本语气""个别语音"或"某些有代表性的词语"的表达上。这种土味的演播样式,适合演播地域色彩和民族色彩较浓的作品。

洋味:这种演播样式的特点也是地域特点突出。这种样式的演播,在语言表达中揉进一些"洋味",让人一听便知是外国作品。洋味也体现在演播的"基本语气"中,它的语言特点是"语尾稍稍翘起","语调有些弯曲、上飘",有种独特的味道。但是,演播外国小说也不能每句话都追求洋味的语调,要从内容出发,让内容与形式完美结合,使人听得清楚、听得有味。洋味的演播样式仅限于外国作品的表达。

以上仅就现代小说的演播进行了简单说明,其实,小说演播的样式并不单一,有时可根据需要混合使用。总之,在小说演播中,演播者取何种样式演播一个作品,主要取决于作品的内容、风格、时代、地域、创作方式等条件,没有什么硬性规定。

一部作品演播是否成功,演播样式是否得当,的确起到非同小可的作用。不可想象用播《水浒》的演播样式去播《牛虻》;也不可想象用播《四世同堂》的演播样式去播《青春之歌》;同样不可想象用播《家》的演播样式去播《西线轶事》。每部作品都有其独特的内容、情调、风格及语言特点,这需要演播者多实践、多体会、多学习、多总结,增强自己的判断能力与演播功力。

要演播好小说,应当加强各种素养,尤其是演播功力。否则,只能演播其他体裁的文艺作品,却播不了小说;或者能播小说却仅限于一种风格、样式。这都不能胜任小说演播工作。

三、处理叙述语言

在小说演播中,语言可分为"叙述语言"和"人物语言"两大类。小说中的叙述语言有很大作用,它可以介绍人物、事件、情节;描写时代背景、自然环境;还可以帮助塑造人物形象,表现人物的行为、内心活动、回忆、幻想等极其丰富的内容。可以说,叙述语言几乎无所不能,是小说演播中的主要成分。

叙述语言大体分为三类:

第一类:描写环境的,包括时代背景、社会状况、自然环境。作品中的环境描写,不论是社会环境还是自然环境,都与作者反映社会生活、塑造人物形象有着密切联系。播这类叙述语言,要求介绍清楚,语流不可太快,要从渲染环境的整体气氛着想来设计这些段落的具体表达,与此段落的内容、情节和情感相适应。表达应在缓缓的语流中进行,以将人们带入特定的环境气氛中去,更好地展开后面的情节和内容。在小说的叙述中,对特殊的环境气氛应注意加以渲染,造成应有的氛围感。

第二类:塑造人物形象的,包括"概貌介绍"与"表现人物行为"。

概貌介绍是对人物进行初步、整体的介绍,是在对人物进行具体、细致的刻画之前,在人物没有进入到复杂、激烈的矛盾冲突之前,对人物的外貌、身世、人际关系等进行的简单介绍。它可以让听者对人物有一个大致的了解和总体印象,为人物以后的行为做个铺垫。

播这类叙述语言时,应注意将人物的姓名、称呼特别强调出来,加深听者的印象。这种人物的概貌介绍,有时不仅是叙述语言,中间还会穿插一些人物语言,演播者在演播时,也应使用"叙述的基本语气"来处理。因为,此时听众的注意力主要集中于对人物的身世、外貌、经历等诸方面的介绍上。如果这时演播者刻意追求人物语言的生动、形象,便会很大程度上跳出叙述语言,有损叙述语言的连贯、完整,干扰听众对人物总体印象的形成。当然,也不能让"人物语言"与"叙述语言"毫无区别。

表现人物行为主要叙述人物正在做什么,怎么做的,人物是以怎样的心情和态度在说话,人物与对手的交流中双方的心境、关系、情状如何,以及对人物行为意义的认识与评价等。在播这类叙述语言时,应注意渲染、强调这几点。

表现人物行为的叙述语言又可分为两种情况:

(1)"人物对话前"的叙述。这种叙述语言一定要向听众介绍清楚,此时人物关系如何,为什么要有下面的对话,以及对话又为什么是这样一种情态与分寸等。在播这种叙述语言时,除了播得清楚,还应注意既有层次、对比,也有情感、态度,这些都应从叙述语言中自然带出。

(2)"人物对话中"的叙述。它主要渲染、表现人物对话时的内心感觉、形体动作等情状,以烘托人物对话时的语境和气氛。播这种叙述语言,应把双方人物对话中的相互刺激、反应、运思以及形体动作等人物感觉与行为介绍清楚。表现人物对话中的叙述语言,对于揭示人物"接受—判断—反应"的心理过程和与之相关的情状、动作、说话方式等起到重要作用,可以使人物的内心及形态得到反映,直接帮助塑造人物形象。所以,在我们播这类叙述语言时,应当抓住其应有的思想情感色彩和各种生理、心理感觉予以表现。不仅要表现"谁在说什么"或"谁在做什么",更重要的是应介绍清楚"谁怎么说""怎么做"和"为什么做"。

第三类:交代情节的。好的小说每每有吸引人听下去的故事情节,有情节的开始、发展、高潮、结束这样一条或明或暗的脉络线,有头有尾,连贯自然,又波澜起伏。小说中的叙述,有不少是交代情节发展变化的。这就要求我们先要弄清这段叙述在作品中起什么作用,是起、承,还是转、合,找准其上下文或人物语言的衔接点,态度情感的分寸、变化,点指清楚,转换有机,承接自然、顺畅。然后,根据作品的写法与情节的需要,选用恰当的手段予以表达。

在小说中,时常会有一些表现"时空转换"的叙述。有时是从"现在"转入"回忆",有时又是从"回忆"转回到"现在"。这时,演播者就要注意感觉上的转换与表达上的处理,可以用虚实结合的声音方式表现。一般而言,"回忆部分"可以播得"虚"一些,因为它是一种回忆状态,是过去的事情,应当给人一种"遥距感",同时,"回忆"与"现在"转换的间隔可以适当长一些。

根据回忆内容的不同色彩和氛围可以有不同的处理。如"回忆"部分的内容、情感色彩是暗的,用声可以虚一点、暗一点,将衔接部分的词语有意拉长、放慢,以把听众带入到那特定的年代中去,显出回忆的性质;表达转回到"现在"部分时,可改用较实的声音去播,中间也要有间隔,要让听众回到现在的现实环境中来,以示区别。

如"现在"部分的内容与情感是暗的、沉的,而"回忆"部分中的内容与情感是明的、轻快的,这时可采用暗的、慢的语言声音形式表现"现在",而用明的、快的语言声音形式表现"回忆"。在二者转换时,都要有不同时长的间隔。在用声方面也要有所变化,由虚转实或由实转虚、由暗转明或由明转暗,二者形成对比变化,不可播成一片,让人听不清楚。

表现叙述语言应遵循一条基本原则:播得清楚。此外,播叙述语言感觉不应是冷静的旁观者(除个别创作需要外),应成为热情的知情人。从广义上讲,叙述者也应是一个有具体身份和心灵的人物。在用声方面,叙述语言可以使用演播者最舒服的自如声区即中声部。叙述语言还应自然、流畅、平稳、有情(与人物语言相对而言)。表达应当区分不同风格、内容,有相应的"基本语气"和基调。

要播好叙述语言,还有一项工作不容忽视,即为了使语言上口,又听得清楚,在不伤作品原意的前提下,可对某些"说明性提示语"进行修改,可以做增减、修改、换位处理。

(1)为了播得顺畅、上口,可将书中某些"谁谁说"之类的"说明性提示语",提到人物语言之前来说。这样,可以使听众听得既清楚又连贯,不致使这些"插入语"破坏完整的语意,阻断语流。

(2)可将作品中的"他"或"她"这类"人称代词"改换为本人的姓名,这样,可以使听者分清不同的人,避免听觉理解上的混乱(这在阅读作品时,可以根据文字写法不同而得知)。

(3)可以适当减少一些"说明性提示语",如"谁说"等,使表达变得更精练、完整、流畅。

总之,在演播小说时,为了适应听觉习惯,对作品中的某些地方做适当修改是允许和完全必要的。这也是演播成功不可或缺的。

四、表现人物语言

小说要反映社会生活,就不能不描写人物和其所处的环境,人物在小说中占有重要地位,它是作品描写的主要对象,又是主题的重要体现者。小说中的人物,不同于散文或其他文章中的人物,小说中每个人物都有鲜明、集中的个性特征和人物风貌。人物语言是显现人物性格特征的重要窗口,所以,要演播好小说,必须要演播好人物语言。

1. 确立人物基调

寻找、确立"人物基调",在处理人物语言上是第一步,也是最重要的一步。要塑造好人物,就要区别不同人物,就要善于捕捉人物全貌,找准"人物基调"。不同的人物有不同的性格、经历、相貌与心理特点,自然具有不同的人物基调。寻找人物基调,首先,应立足于作品,从"直接"与"间接"两个途径着眼。

"直接"是指作品中直接描写的人物特征,它包括人物的内质与外貌、客观经历与主观心理等方面。"间接"是指作品中通过他人之口所传达出的与该人物有关的一切信息。同时,还需以现实生活与以往经验作为参照相对应,活化出一个个具体、可信的人物。有了以上的准备过程,我们就可以大致抓住每个人物的基调、特征,为表现他们打下良好的基础。也就是说,具化、活化小说中的人物,让每个人物在演播者心中成形,都是经作品文字提供、社会生活参照、个人经验补充等糅合而成。

基调产生对于小说演播中的人物成形,具有非常重要的作用。在短篇和微型小说中,人物基调一般变化不大,而在中篇、长篇小说中,却有不同程度的变化。这是因为,小说篇幅长、情节复杂、人物完整,因而,人物的成长与变化必然带来人物基调的不同改变。比如小说《牛虻》中的男主人公亚瑟(牛虻)的人物基调前后期就有较大的变化。前期,是近似孩子般的"温情""柔弱"的基调;后期,变为革命者的"坚毅""苍劲"的基调。

事实表明,演播人物、情节复杂的作品抓不住人物基调不行,没有随人物的不同阶段和作品的情节发展而变化基调也是不可取的。因为,只有人物基调的"主旋律"而无相应的"变奏"难以准确、丰富、完整地体现一个人物。唯有全面、具体地把握了人物基调,方知什么样的人物在什么阶段、环境、人际关系中会怎样说出每一句话。总之,从作品内容出发,熟悉人物全貌,了解人物的经历阶段,便可抓准人物基调及其变化,为准确、完美地表达人物语言打下基础。

2. 设计人物造型

著名演播者张筠英曾说:"演播小说中的人物语言应当做到两个统一,即'语言内在实质'与'外在体现形式'的统一,'视觉形象'与'听觉形象'的统一。在这两个统一中,语言内在实质与视觉形象为基础,必须从语言内在实质出发去寻找外在的体现形式,必须从视觉形象出发去寻找听觉形象。因此,我们确立人物基调之后,就要进行人物的语言造型,将其转化为一定的听觉形象。"这话说得很精当,它点出了外化人物语言的关系与途径。

在小说演播中,人物基调各不相同,人物的性别、年龄、语言习惯等也不尽相同。要想塑造好不同人物,在表达方面需做两方面工作来落实:一是依据人物的不同基调、不同条件来设计其语言声音造型;二是以不同的表达手段来区别和表现不同人物的语言声音造型。

人物的语言声音造型多以生活当中的典型为原则基础。一般而言,年轻人的声音较高、清亮,咬字较紧;老年人的声音较低、沙哑、气散,咬字较松。(当然,生活中也有二者相反的情况,只听声音难以分辨出是年轻人还是老年人。)通常,性格粗犷的男性、体力劳动者,发声容易靠后、气足,咬字较硬;而性格温柔的女性、白领人员,声音、气息较柔,咬字较软。这说明,不同性格、职业者会有不同的语言声音特点。

不同的语言声音造型需用不同的造型手段:

(1) 共鸣腔的运用不同。共鸣分为高共鸣、中共鸣和低共鸣。鼻腔以上为"高共鸣"、口腔为"中共鸣"、胸腔为"低共鸣"。共鸣腔的运用不同,可以造成不同的音高、音色,塑造不同年龄、性格的人物,表现人的不同情状。

(2) 咬字方法不同。咬字可以有前咬、后咬、松咬、紧咬、横咬、竖咬等,致使字形有长形、圆形、扁形等不同形状和饱满、不饱满之分。咬字的不同,也可以表现人物的不同年龄、性格和情状等。

(3) 气息运用不同。气息有提气、松气、托气、偷气、就气、抢气、颤气,以及气息的强弱、深浅、长短等不同气势和气状。气息的运用不同,可以表现人物的不同生理、心理与情状。

(4) 语调不同。语调可以分为直线形、弯曲形等。语调的不同,可以表现人物的不同气质、内心状态等。

(5) 运用特殊造型手段。这些手段表现为加鼻音说话、撒气说话、下牙前突说话、裹唇、扁唇、噘唇、咬舌、结巴说话、撑后声腔说话等。

以上种种手段、多种组合、不同语气的运用,可以形成不同人物的基本语言声音造型。

一般短篇小说和微型小说(长篇小说节选也包括在内)中,出现的人物较少,我们设计人物语言声音造型较为容易。如演播篇幅较长、人物较多的作品时,就应先将作品中的人物按年龄、性别、人物感情色彩等各种条件分门别类地进行统筹设计:有的可以用"声区"不同来区分,有的可以用"咬字"不同来区别,有的可以用"语调""语速"不同来区分,有的可以加上"特殊语言声音造型手段"来区别,有时会用几种手段、不同搭配来区别不同人物。

值得提及的是,小说中的叙述语言(包括第一人称的叙述语言)一般不用语言声音造型,而是用演播者的自如声区及正常的吐字发声状态来演播。如果有时叙述语言与作品中的某一人物的语言声音造型所需条件相同,就应注意在身份、内心感觉上加以区分,或在叙述语言与人物语言二者的转换衔接时,运用虚实、快慢、高低等对比性语言方式加以处理。当然,设计、体现人物语言,不能只注意其外在条件和语言形式,而应将主要精力放于体现人物内在精神实质上。

以上这些发声、咬字、用气等不同方法、组合及不同的语言表达处理,可以表现不同人物的语言声音特点,形成相应的语言声音造型,给听众以准确、完整的听觉形象。

3. 处理对白与独白

小说中的人物语言,分为"对白"与"独白"。

"对白",即人物之间的对话。在小说演播中,"对白"是最难处理好的。原因有两个:

其一,小说演播需要演播者站在不同的人物角度,具有相应身份感,表现两个或两个以上不同人物的性格化语言的直接交流,这就需要演播者在演播时快速转换角色。因此,小说演播者还应当具备一定的表演素质和表演功力。

其二,小说演播中的人物对白,不仅要转换双方的语言声音造型和基调,更要兼顾人物关系、语言目的、情感状态、形体动作等不同感觉,从内到外、从人物的内心感觉到外部语言声音形式进行全方位的快速转换。小说演播中的人物对白在人物之间的语言交流过程中,应有"接收—思索—反应"的心理过程和语言形式,每句话都应目的明确、准确、细腻、有感地说出,使人既能听出"什么人在说",又能听清他"为什么说"和"怎么说的",做到神形兼备。

"独白",即人物内心活动的外化。"独白"是小说演播中人物语言的另一种表现形式,它表现人物的"内心活动"或"书信内容"。在表达处理上,它区别于叙述语言,应处理为"人物的感觉",带有"人物的语言特征"。在表现人物独白时,一般用声可以虚一些,语言可以慢一些,语速多变,语言自然。

此外,人物独白同人物对白一样,应当十分重视演播的规定情境,在表达中面对孤独的自我,在自言自语中,要让听者听出是在什么环境和情境当中的人物内心活动。

总之,"人物对白"与"人物独白"都具有语言表达的技巧性、感染受众的艺术性和表达处理的复杂性。

第三节 小说演播提示

一、区分作品演播基调与人物语言基调

在小说演播中往往会出现这样一个问题,即演播者把不是用第一人称创作的小说演播成作品中"某一人物"的基调了,这是不妥当的。比如,将小说《复活》的演播基调,处理成书中女主人公玛丝洛娃的,或将小说《牛虻》的演播基调处理成书中男主人公亚瑟的了。

原因在于,演播者将"作品演播基调"与"人物语言基调"相混了,事实上它们应当是两个概念。"人物语言基调",是作品中某一特定人物的语言基调,它只表现某一个人物的风貌;而"作品演播基调"是表现整个作品的。演播者是全书整个作品的驾驭者和表达者,他既要叙述情节,又要表现人物,若将作品的演播基调混同于某个人物的语言基调,便缩小了其表现范围,视野变小了,无法准确驾驭整个作品,表达势必欠准确。同时,这也反映出演播者艺术修养欠缺,对演播理论理解不清。

二、忌叙述语言与人物语言脱节

有的小说演播者为了让人听出叙述语言与人物语言的区别,在播到叙述语言时,就用中速、客观、平淡的方式来处理,而播到人物语言时,就处理得活灵活现、情浓意切。这就使得叙述语言与人物语言截然分开,显得生硬,不能很好地表现作品。

我们不禁要问:难道演播者在播叙述语言时内心就没有与所播内容同步的情感波澜和相应态度吗?虽然叙述语言与人物语言是要有所区别,但也不能播叙述语言就冷、淡、平,播人物语言就热、变、活。其实,叙述语言的表达处理也应随所播内容不同而有所变化,不但有快慢、高低、刚柔、明暗等

不同音色、节奏的对比,也有冷暖、悲喜等不同情感色彩的变化。

当然,演播叙述语言与人物语言的区别不只在于以上因素,更在于二者身份角度的不同。叙述语言的情感表达稍淡于人物语言也是可以理解的,毕竟一个是讲述、介绍情节与人物,一个是抒发自己的内心情感,它们的投入程度不完全等值,可把握其中的"度",使二者有机融合。那种将二者生硬划开的做法是不可取的。

三、人物语言不可求形大于神

小说演播中由于演播者既是作品的"叙述者",又是人物语言的"表达者",要"一人演一台戏",这就决定了演播者进入人物是有一定限度的,不能全方位扮演,完全扮演一个人物是不可能的。事实上,再有技巧的演播者也不可能男生播出女声,女生播出男声。曾有人做过这种尝试但以失败告终。既然不可能,也就谈不上完全的扮演。

为了将小说中人物的性格、关系、行为、语言表达得生动、吸引人,更好地揭示作品的主题、目的,在演播人物语言时,又力求形神兼备,对语言形式有一定的追求。但更需要从人物基调、人物心理和人物感觉入手把握人物、区分人物、表现人物,切不可求形大于神。否则,绝对塑造不出准确、鲜明、生动、丰满的人物形象,只会造成"表面化""脸谱化",搞成声音技巧展览,违反了我们的演播创作原则。

四、运用语言表达辅助手段

小说演播中,为了求得生动的效果,有时,在人物语言的表达中根据内容需要可以加上"非语言表情声音",如哭、笑、咳嗽声以及各种气息声等,以求人物情状的逼真。比如,为了渲染环境气氛可加上一些相应的"象声词",如跑步声、风雨声、枪炮声,甚至打耳光声等。有了这些非语言表情声音和各种相应的声音,可使我们的演播更生动,更能吸引人,让听众有身临其境之感。此外,小说演播中的人物语言,还可以根据具体内容加进歌曲、曲艺、外语等其他手段来帮助表达。

如果没有以上这些语言表达辅助手段的参与,我们的演播会显得干巴巴,缺少生气。但也应注意对语言表达辅助手段的合理使用,以免喧宾夺主,显得杂乱、肤浅。同时,还应注意在不同类型、不同演播方式的小说中使用这些辅助手段的情况有所不同。

第四节 小说演播个案分析

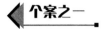个案之一

中篇小说《西线轶事》节选

徐怀中

　　九四一部队基地指挥所,设了伤员和烈士遗体转送处。烈士遗体要在这里进行登记,清洗过了,换过新军服,然后上汽车送回国。转送处人员不多,主要是九四一部队文艺宣传队的女同志担任这项工作。总机距离这儿不远,女电话兵们下了机也常来帮助照料伤员,清洗烈士遗体。

　　这天,陶珂、路曼、小肖几个人又到转送处来了。见刚抬下来一位烈士,他的担架上放着一个军用水壶。水壶背带是断过的,打了一个电话兵们所熟悉的丁字结。路曼和小肖一惊。烈士的脸几乎整个缠着绷带,无法辨认。跟担架的一个小战士,失神地蹲在旁边。

　　"这个水壶,是他的吗?"路曼问小战士,见他点点头,又问:"他是不是当步话机员的?"

　　"怎么,你认识我们步话机员?"小战士反问说。

　　路曼和小肖抚弄着水壶背带,好久不言语。随后她们向小战士问起这位烈士的姓名。

　　"他叫刘毛妹!"小战士回答说。听到这个名字,站在后面的陶珂禁不住倒吸了一口气,几乎叫出声来。大家连忙让开,陶珂扑上去,凑近脸去看,极力要在这张缠满了绷带的面孔上,辨认出她所熟悉的某些特征来。

　　陶珂和刘毛妹从小住一个院,相互看着长大的。在户口本上,刘毛妹登记的并不是这样一个十足女性的名字。因为生得白净,头发鬈鬈的,又是那么文静,活活像个小姑娘,院里的人都喜欢喊他"毛妹",喊来喊去成了正式的名字了。

　　陶珂同幼年的朋友一直没有联系,入伍到了新兵团,意外地遇到了刘毛妹。第一次见面,部队在集合,只匆匆握了个手。小时候他们多少次脊背贴着脊背比过个儿,始终不差上下。现在毛妹一下蹿到了一米八二。小陶觉得,刘毛妹除变得人高马大以外,其余什么也没有变。和她握手,涨红了脸,还像个怯生生的女孩子。随后又有几次见面,小陶才感觉到,同她一起长大

的这个年轻人变得完全陌生了。那一对眼睛,朦朦胧胧的,失去了原有的明澈光亮。当孩子的时候,衣服总是整整齐齐的,现在倒很不讲军风纪,常常是解开两个纽扣,用军帽扇着风。抽的是五角以上一包的烟,一连串地吐着烟圈儿。无论说起什么事情,他都是那样冷漠,言语间带出一种半真半假的讥讽嘲弄的味道。不像小时候,对任何事情都有着强烈的兴趣,有着十足的热情。谈起小学的同学,某人某人现在搞什么工作,刘毛妹说:

"无所谓,我的看法是干什么都行。因为什么都不干好像是不行。"

小陶问他:"既然这样,你何必一定要到部队上来呢?"

"既然你可以来,为什么我不能来呢?"

他们谈起了争取入团、入党的事情,刘毛妹感叹地说:

"一年团,二年党,三年复员进工厂,在知青点上的人和那些没有着落的社会青年看来,这当然是很够羡慕的了。其实又有多大的意思,没劲!"

小陶有几次试着给她幼年的朋友一些劝告,她说:

"我看见一篇文章上讲,'不能因为第一次飞翔遇到了乌云风暴,从此就怀疑有蓝天彩霞'。你就是这样,因为不相信有蓝天彩霞,干脆剪掉了自己的翅膀。毛妹!别太悲观,我们需要振作起精神来。"

"我也在报上看过一篇文章,上面说:请正视现实,不必以海市蜃楼里的绿洲,覆盖地上的沙漠。"刘毛妹逼视着小陶。

陶坷扭头走了。从此他们没有机会再见面,也没有通过信……

陶坷竟能忍住了眼泪,默默地听那个跟担架的小战士讲述刘毛妹牺牲的经过……

沉默了好大一阵,小战士又接上说:

"我们步话机员这个兵,如果不是这次到前方来,恐怕人们是不容易真正了解他的。只在平时看,你可能觉得他有些特别。怎么个特别法呢?说不出,你只能说,他就是他那么一个人。要讲聪明,人可真是够聪明的。在报话机训练班,别人都发愁密语背不会,白天黑夜地背。他呢,从来不怎么用心去背,到了密语考核,一、二名里总少不了他。

出发之前,别人都忙着订杀敌立功计划,写决心书,他不写,说没时间。可是他花了那么多时间,写了一封长信,不许人看。牺牲以后,在他身上找出来了,是写给他妈妈的。"

"信呢?给我看看好吗?"陶坷伸出手要。

小战士从衣袋里取出信来,说连里特别交待他要保存好,一定要交给烈士的母亲。信是步话机员原来包好的,怕湿了雨水,包了两层塑料纸。

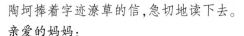

陶坷捧着字迹潦草的信,急切地读下去。

亲爱的妈妈:

我以前很少写信,现在想好好写封信给妈妈,可是时间紧张,我只能抓空子陆陆续续写一点。一过红河,恐怕就一个字也不能写了。

前年入伍,我是有过犹豫的。听人说,批准我入伍有照顾的因素在内。我一想到自己在享受照顾,心里很不舒服,这是爸爸用他的惨死替我换来的呀!不过我还是到部队来了。我当时也没想到在我服役期间可以捞到仗打,只是觉得在知青户太闷人了,想换个环境,新鲜新鲜。现在马上要开赴前线,我才清楚意识到我是一个革命军人了。这次出去,比起你和爸爸经历过的几次战争,算不了什么,但是我总算参加了战争。

前些年,"四人帮"任意歪曲宣传党史和军史,已经出了不少文章批驳他们。我想,无论从正确的或是错误的观点去看,有一个事实总没有疑问,那就是除去自然死亡之外,先烈们是在两种情况下牺牲了自己生命的。一种是倒在同敌人厮杀的战场上,一种是倒在内部阴谋的残害中。看来这是一条规律,古今中外都是如此。爸爸在第二种情况下离开了我们,我这次则有条件占据第一种情况。我的好妈妈!如果这样,您一定不要难过,不必像哭爸爸那样为我流泪。您的泪水早流尽了,再为我哭,眼睛里流出来的一定是血。妈妈!您可能觉得我写这些,口气不小,似乎一定可以做出什么引人注目的事情。不是这样,在火线上这很难讲,也许我的心脏正巧碰上一颗流弹,一秒钟之内一切都结束了,随便一个小小的任务也来不及去完成。这就是战争,在意想不到的任何情况下,都可能有人付出他最大的代价。即使这样,我也觉得心安了。

亲爱的妈妈,就写这些了,我并不打算寄出,如果您收到了这封信,那一定是战友们替我收检遗物时找出来的。

代问弟弟好,已经没有时间,不另外写信给他了。

祝妈妈愉快,再见了!我多么希望能像外国电影里那样,跪下来吻别您,生我养我的母亲。

您的儿子　毛妹
于登车出发前

刘毛妹留给母亲的信,陶坷看了两遍。信的内容对她不成为主要的了,主要的一点是信中竟没有一句话提到她,这对她是一个难以接受的沉重的打击。小陶终于忍不住伤心落泪了。不过她很快就镇定下来。宣传队的两个女同志为步话机员刘毛妹清洗遗体,她们默默地退后,让小陶上前去。小陶用纱布蘸着清水,先擦洗刘毛妹的脸。她时不时停下来,注视着死者的眼睛,她觉得刘毛妹是怨恨她,闭着眼睛,不愿意看她。在擦洗手的时候,陶珂几次痴痴呆呆地停下来,别人催她,她才又开始擦洗。她想起小时候他们手拉着手过马路。赶上看什么热闹,人挤得凶,刘毛妹始终紧紧拉着她的手。他是男孩子,自然地负起了保护女伴的责任。陶珂又想起在新兵团看电影那天晚上,刘毛妹大胆地抓住了她的手。在刘毛妹的一生中,这是他第一次,也是最后一次企图亲吻一个异性。他一双手是那样有力,完全可以达到这个欲望的,他还是失败了……

步话机员的军服、绑带、鞋袜,没有一处是洁净的。泥水和着血,凝结在肉体上,没法子脱下来。小陶用剪刀完全剪碎了,花了很长时间,轻轻地一块块把衣服鞋袜撕下来。她不让别人动手,似乎是怕别人手脚毛糙,触痛了步话机员。清洗过遗体之后,数过了伤口,大大小小挂花四十四处,这个数字,正好是烈士的年龄乘以二。

这部中篇小说描写的是1979年"中越自卫反击战"中的一段历史。作品分为上下两篇,上篇《西线轶事》着力刻画了几个中国青年军人的形象,从而折射出那个特定历史时期的青年风貌和不同经历。

在我们节选的这个片段中,重点刻画了刘毛妹、陶珂这两个童年伙伴的青年军人形象。在这当中刘毛妹又是主要描写对象。刘毛妹不是单一色彩的人物,他具有崇高的灵魂和人物的多面性。这段作品内容感人,人物比较丰满,作为小说演播训练教材很有代表性,其中包含演播处理:

1. 作品演播基调确定

这个小说片段的演播基调应是深情、凝重的。因为这是描写一位经历坎坷、内心丰富、本质优秀、性格活泼的烈士形象,烈士的经历与牺牲当然会使我们心情凝重,充满深情。

2. "人物语言"的处理

男主人公刘毛妹的语言不应是单一色彩,在"回忆"一段中他与陶珂的对话虽是消沉的,甚至有点玩世不恭的味道,而在他的遗书中,却应是积极、深情的。同时,我们应当认识到:前面的"对话",是他被扭曲的心灵的写照,是那个时代带给人的反应;后面的"书信",才是他灵魂本质的自然体现。由于刘毛妹的人物语言不尽统一,因而,他的语言声音造型也有不同:前者(对话的语言)是语言懒散、咬字较松、语调带弯、语速较慢、气息不强(气愤时,可气强、声厉、语快、字紧);后者(书信的语言)则咬字饱满、语调直、语速多变、气息深、变。

女主人公陶坷的语言基调始终是一致的,应为积极、热情的。

3. "描写环境"的叙述语言

比如,《西线轶事》节选开头的一段:

> 九四一部队基地指挥所,设了伤员和烈士遗体转送处。烈士遗体要在这里进行登记,清洗过了,换过新军服,然后上汽车送回国。转送处人员不多,主要是九四一部队文艺宣传队的女同志担任这项工作。总机距离这儿不远,女电话兵们下了机也常来帮助照料伤员,清洗烈士遗体。

这段"描写环境"的叙述介绍了主人公陶坷见到儿时伙伴刘毛妹遗体的时代背景和自然环境。播这类叙述语言,要求介绍清楚、感觉具体,不可感觉笼统、语速太快,要从渲染环境的整体气氛着眼来设计这一段落的基本语气,使其与此段的内容、情节、情感相适应。在这里,可用凝重的基调和缓缓的语流,将人们带入到属于战争、烈士的环境、气氛中去,以便更好地展开后面的具体情节和内容。在叙述语言中,尤其是对特殊的环境、气氛应注意加以渲染,造成应有的氛围感。

4. "概貌介绍"的叙述语言

比如,《西线轶事》中对刘毛妹的介绍:

> 在户口本上,刘毛妹登记的并不是这样一个十足女性的名字。因为生得白净,头发鬈鬈的,又是那么文静,活活像个小姑娘,院里的人都喜欢喊他"毛妹",喊来喊去成了正式的名字了。

在这里,要将"刘毛妹"这个名字的来龙去脉介绍清楚,以解开人们对此的疑问。表达要加强解释的语气,语速不能太快,要使人听得清楚。

5. "人物对话前"的叙述语言

比如《西线轶事》中,陶坷与刘毛妹在部队里见面前的叙述,就介绍了二人关系的来龙去脉,也为下面即将开始的对话提供了情态与分寸的把握尺度。

> 陶坷同幼年的朋友一直没有联系,入伍到了新兵团,意外地遇到了刘毛妹。第一次见面,部队在集合,只匆匆握了个手。小时候他们多少

次脊背贴着脊背比过个儿,始终不差上下。现在,刘毛妹一下蹿到了一米八二。小陶觉得,刘毛妹除了变得人高马大以外,其余什么也没有变。和她握手,涨红了脸,还像个怯生生的女孩子。随后又有几次见面,小陶才感觉到,同她一起长大的这个年轻人变得完全陌生了。那一对眼睛,朦朦胧胧的,失去了原有的明澈光亮。当孩子的时候,衣服总是整整齐齐的,现在倒很不讲军风纪,常常是解开两个纽扣,用军帽扇着风。抽的是五角以上一包的烟,一连串地吐着烟圈儿。无论说起什么事情,他都是那样冷漠,言语间带出一种半真半假的讥讽嘲弄的味道。不像小时候,对任何事情都有着强烈的兴趣,有着十足的热情。

这段叙述讲明了刘毛妹的变化和现状,为他与陶坷对话时的情状作了很好的铺垫。我们在播这段叙述时,就应播得很清楚,既有层次、对比,也有情感、态度的变化,这些都应从叙述的语言中自然带出。

6."人物独白"的处理

比如,《西线轶事》中刘毛妹写给母亲的信,在表达中应以烈士书写时的口吻说出,不应以纯转述的语气、口吻表达。否则,不利于对烈士形象的塑造和对书信内容的抒发,使"人物独白"失去应有的感染力与表现力。

选择这篇教材,重点训练学生在小说演播中的"叙述语言"和"内心独白"的表达。

长篇小说《青春之歌》节选

杨 沫

道静正在院子里生火,准备做饭。一抬头卢嘉川走进来了。她立时扔下手里的煤球和簸箕,不管木柴正在熊熊燃烧着,慌忙地要领老卢进屋去。

"怎么?你还不放煤球?劈柴就要过劲啦。"卢嘉川含笑站在炉子边,拿起簸箕就把煤球添到炉口里。接着小小的炉子冒起了浓浓的黑烟。道静心里更加慌促——她正为叫卢嘉川看见自己做这些琐细的家务劳动而感到羞怯,加上他竟这么熟练地替她一做,她就更加觉得忐忑不安了。

"卢兄,这么久不见你……"她讪讪地说,"到屋里坐吧。你近来好吧?哦,你知道我多盼望……"道静兴奋地站在屋地上,东一句西一句简直语无伦次。卢嘉川呢,他却安详地和道静握握手,搬把椅子坐在门边,看着道静微微一笑,说:"小林,这些日子生活得怎样?忙一点,好久不来看你了。"

道静竭力使自己镇静下来。一种油然而生的尊敬与一种隐秘的相见的喜悦,使得她的眼睛明亮起来,她靠在桌子边,还带着刚才的羞怯、不安,小声说:"卢兄,这些天,我读了好多书,明白了好多事,我的精神变了。……"她红着脸不知怎样来表达自己的心情。沉默了一下,看见卢嘉川并没有注意到她的慌乱和激动,于是她才完全镇静下来,开始向他报告起她所读的书,这些书所给予她的影响,以及她心情上的变化来。她越说越高兴,渐渐全部消失了刚才的慌乱和不安,神采飞扬地歪着脑袋,说:"卢兄,多么奇怪呀!怎么这么快我就变成了另外一个人——我好像年轻多啦。"

"你现在并不老,怎么能够再年轻?"卢嘉川眯着眼睛看着道静。顽皮的微笑又浮在他的嘴角。

"不,不是这样。"道静的神气非常庄严认真,"卢兄,你不知道,我虽然只有二十岁,可是我……我过去的生活使我早就像个老太婆了。我看什么都没意思,对什么都失望,甚至悲观到想过自杀。……可是自从过年那天夜里认识了你们,你教我读了许多书,我就忽然变啦。……"她正说到这儿,一扭头,发现余永泽不知在什么时候已经站到屋子当中。看见他的小眼睛愠怒地睨视着卢嘉川,道静的话嘎地停住了。还没容她开口,余永泽转过头来对道静皱着眉头说:"火炉早着荒了,你怎么还不做饭去?高谈阔论能当饭吃吗?"又没等道静开口,他一个箭步冲了出去,屋门在他身后砰地关上了。

道静坐在凳子上,突然像霜打了的庄稼软软地衰萎下来。

有一阵子,她红涨着脸激愤得说不出一句话。这时,倒是卢嘉川老练、沉着,他对砰然关上的房门望望,又对道静痛苦的神情默然看了一下,然后站起身走近道静的身边:"这位余兄我见过。既然他急着要吃饭,小林,你该早点给他做饭才对。我们的谈话不要影响他。你把炉子搬进来,你一边做饭,我们一边谈好不好?"

"好!"道静正怕卢嘉川生气走掉,一见他还是留下来,她高兴得立时搬进炉子,坐上饭锅。渐渐地,气愤变成了沉重的悲哀,她低下头看着地说:"卢兄,替我想个办法吧!这生活实在太沉闷了,憋得出不来气。……"她抬起头来,眼睛忽然放射着一种异常热烈的光,"你介绍我参加红军,或者参加共产党,行吗?我想我是能够革命的!要不,去东北义勇军也行。"

"噢,"卢嘉川对这突如其来的请求似乎感到有些惊异:这年轻女孩子把参加革命想得多么简单容易呀!他望着她,沉了一下问道:"为什么呢?为什么想去当红军?"

"'宁为玉碎,不为瓦全!'我不愿意我的一生就这么平庸地、毫无意味地白白过去。从小时候,我抱定过志愿,——我要不虚此生。黑暗的社会不叫我痛快的活,我宁可去死!"

她红涨着脸,闪烁着乌黑的眼睛说下去,"可是,自从看了你们给我的那些革命的书,明白了真理,我就决心为真理去死。我觉得人活着应当像那些英雄,像那些视死如归的人。卢兄,叫我到火热的战场上去吧,我再不能这样生活下去了!"

卢嘉川坐在椅子上,用手轻轻拍着桌子,好像在替道静滔滔的言语打着拍子。他摇着头,刚刚可以觉察到的调皮的微笑又浮现在他活泼的眼色中。

"小林,咱们先讨论个问题。——你该把饭锅搅一搅,不然要煳了。你过去和家庭斗争,不满意黑暗的社会,现在又想很快去革命、上战场,究竟都是为了什么呢?"

道静突然被窘住了。她咬着嘴唇沉思着,忘了搅锅,大米饭真的有了煳味。卢嘉川站起身把锅搅了搅端到火炉的一边烤着,她还沉在思索中一点不知道。半晌,她才迷惘地看着卢嘉川讷讷地说:"我,我没很好地考虑过这个。……但是我相信我不是为自己。——我讨厌那种自私自利的人。"

"但是,你这些想法和做法,恐怕还是为了你个人吧?"

道静蓦地站起身来:"你说我是个人主义者?"

"不,不是这个意思,"卢嘉川的神气变得很严峻,他的眼睛炯炯地盯着道静,"我问你,你过去东奔西跑,看不上这、瞧不起那,痛苦沉闷,是为了谁?为劳苦大众呢,还是为你自己?现在你又要去当红军,参加共产党做英雄……你想想,你的动机是为了拯救人民于水火呢?还是为满足你的幻想——英雄式的幻想,为逃避你现在平凡的生活?"

道静愣住了。过了一会儿,她又忍不住笑了。卢嘉川的话多么犀利地道破了她心中的秘密呵!她不由得害羞起来,歪着脑袋半天才说:"卢兄,你说得很对。过去我只想当个好人——不欺侮人,也不受人欺侮。也许这就叫做'独善其身'?确实,我很少想到为旁人。但是我有一点儿还不明白:我常常省下自己的零用钱,给洋车夫,给乞丐,我喜欢帮助穷人。你能说这也是为个人?"

"我想,"卢嘉川点点头说,"对一个人行为的评价——包括他一切的努力和奋斗,不仅要看他的动机,更应当看他的结果。看他是在推动现在社会前进呢,还是在给这个腐烂的社会贴金,或者在挽留这个腐烂的社会。……"轻轻的、意味深长的微笑,浮在卢嘉川的眼角,他机警地向门外瞥视一下,又看了看那个倒霉的饭锅,继续说下去,"小林,你救济几个洋车夫或者几个乞丐,能叫千百个洋车夫和乞丐都有饭吃吗?这个除了能够满足你个人的'好人'欲望之外,对整个社会对全体劳动人民又有什么好处呢?……说到参加红军上疆场,这愿望是好的,可是也得看实际情况。革命工作是多种多样的,有火热的白刃战,也有不为人注意的平凡的斗争。"他又转动一下发着糊味的饭锅,向道静瞥了一眼,"像你做的这些做饭洗衣的琐碎事情,如果它是对人民对革命有利的必需的,需要我们去做时,不一定非要上战场才算是革命。……小林,怎么样?非要当个战死疆场的英雄不行吗?"

卢嘉川说着笑了。林道静也跟着笑了。她的情绪随着他的话像小船随着波浪一样忽高忽低。当她觉察到卢嘉川是用一种真诚坦率的友谊在向她劝告时,她那由于面子、自尊而引起的不快就很快地消逝了。当她看到他爽朗地笑起来,并且露着关切的神情向她点头的时候,她心里忽然感到一阵从未有过的欣喜。

"卢兄,真感谢你!"她绯红的脸上浮跃着欢喜的笑容,美丽的眼睛睁得又大又亮。

"怎么,中午了,饭熟了吗?"余永泽狸猫一样又偷偷地跳进来了。这回他把礼帽向床上一扔,一屁股坐在床上,瞪着道静不动了。

道静的脸霎地变得灰白。她愣愣地望着余永泽,张不得口——她实在不愿当着卢嘉川的面去和他吵嘴。

卢嘉川是个机灵人,他一看这两个人的情况不对,便赶快拿起帽子,先向余永泽微笑地点点头,又向道静含着同样镇定的笑容说:"我们今天的谈话很不错。……现在,你们吃饭吧,我该走了。"他又向余永泽点点头,便走向房门外。道静默默地跟在后面送他出来,直送到他走出大门,道静才咬着嘴唇什么话也没讲就回来了。当她一回身却发现余永泽也跟在她身后,瘦脸拉得长长的,像个丧门神。

《青春之歌》是一部优秀的长篇小说,它主要描写了林道静这个小资产阶级知识女性走上革命道路的历程。根据节选内容,我们不妨给它起名为"启发"。因为,在这一片段中,重点表现了林道静在革命者卢嘉川的耐心引导下逐渐认清革命的含义和自己的不足,对她日后真正走上革命道路起到至关重要的作用。

我们之所以选择这一片段,意在重点训练人物语言的"对白"和叙述语言的"转换"。

1. 演播基调

这一片段的演播基调应为积极、热情的。

2. 人物造型

卢嘉川的基本语气,应是"循循善诱的"。卢嘉川的语言声音造型:音色醇正、中音声区、语气亲切、语言沉稳、语速适中,透出人物的坦荡、大度和成熟。在这一片段里,卢嘉川是主动一方,他的语言多为循循善诱、以启迪方式说出。

林道静的基本语气,应是"不解的"。林道静的语言声音造型:音色甜美、高音声区、语气纯真、语速偏快、语言多变,体现人物的淳美、正直和幼稚。在这一片段里,林道静多处于积极思维、真诚提问的状态。

余永泽的基本语气,应是"不满的"。由于余永泽为人自私、狭隘,夫子气十足,他的语言声音造型应为:语调有些弯曲,有些拖腔带调,略带点鼻音色彩。

注意,虽然卢嘉川与余永泽都是年龄相仿的男青年,但由于他们的气质不同,与林道静的关系不同,应在表达中把握住二人的语言声音造型与各自的心理特点、变化,保证他们形象的稳定与区别。

3. 表现"人物对白"的叙述语言

在卢嘉川启发林道静的一系列对话中,两人在思想上的积极互动,出现了人物情态的种种变化,推动着情节的发展。其中,穿插了不少揭示、渲染二人交流反应的叙述语,这种语言一般不会太长,但却零散地分布在人物语言中。这就要求演播者既要表现好人物语言,塑造好人物形象,也要让这种叙述语言同人物语言有机融合,帮助塑造好人物形象。下面我们来具体看看这些叙述语言的作用:

(1)卢嘉川坐在椅子上,用手轻轻拍着桌子,好像在替道静滔滔的言语打着拍子。他摇着头,刚刚可以觉察到的调皮的微笑又浮现在他活泼的眼色中。

"小林,咱们先讨论个问题。——你该把饭锅搅一搅,不然要煳了。你过去和家庭斗争,不满意黑暗的社会,现在又想很快去革命、上战场,究竟都是为了什么呢?"

第一处叙述:揭示了卢嘉川听到林道静要上前线、投身革命的激烈言辞时的沉着、无奈,也表现出他的成熟。在播这段叙述时,应抓住镇定、轻松的气氛,不必太兴师动众,过于沉重,好为下面对症下药的谈话和轻松自然的气氛做个铺垫。某种程度上,更应突出其轻松、自然的情状,以表现其做思

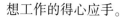

想工作的得心应手。

(2) 道静突然被窘住了。她咬着嘴唇沉思着,忘了搅锅,大米饭真的有了煳味。卢嘉川站起身来把锅搅了搅端到火炉的一边烤着,她还沉在思索中一点不知道。半晌,她才迷惘地看着卢嘉川讷讷地说:"我,我没很好地考虑过这个。……但是我相信我不是为自己。——我讨厌那种自私自利的人。"

"但是,你这些想法和做法,恐怕还是为了你个人吧?"

第二处叙述:揭示出林道静对卢嘉川的话的思考与迷惑。播这段叙述时,就应渲染林道静的思考情状和不解心情,有机地引出下面人物语言的不解情态。

(3) 道静蓦地站起身来:"你说我是个人主义者?"

"不,不是这个意思。"

第三处叙述:虽然仅是一句话,但它对揭示人物此时的心态至关重要。因此,我们在播这句叙述时,要尽力渲染人物的动作以披露其内心受到的刺激与震动感。

(4) 卢嘉川的神气变得很严峻,他的眼睛炯炯地盯着道静,"我问你,你过去东奔西跑,看不上这,瞧不起那,痛苦沉闷,是为了谁?为劳苦大众呢,还是为你自己?现在你又要去当红军,参加共产党做英雄……你想想,你的动机是为了拯救人民于水火呢?还是为了满足你的幻想——英雄式的幻想,为逃避你现在平凡的生活?"

第四处叙述:表现了卢嘉川看到林道静极为不解和不满的举动后,他的反应。应播得严肃、郑重,以恰切地引出下面一节重要的启发之语。

(5) 道静愣住了。过了一会儿,她又忍不住笑了。卢嘉川的话多么犀利地道破了她心中的秘密呵!她不由得害羞起来,歪着脑袋半天才说:"卢兄,你说得很对,过去我只想当个好人——不欺侮人,也不受人欺侮。也许这就叫做'独善其身'?确实,我很少想到为旁人。但是我有一点儿还不明白:我常常省下自己的零用钱,给洋车夫,给乞丐,我喜欢帮助穷人。你能说这也是为个人?……"

第五处叙述:道出了林道静听了卢嘉川的启发后的思维及转变情态。叙述时要有层次,态度也应由冷变热,揭示出林道静内心的运思过程与初步转变。

以上这些引文中,表现了林道静与卢嘉川的思想交流,以及卢嘉川这位成熟的革命者是如何对症下药,深入浅出地启发、引导林道静真正认识革命、认识自己的。

4．"叙述语言"与"人物语言"的转换

在《青春之歌》"启发"这一片段中，表现的是林道静怎样在卢嘉川的启发、引导下逐渐认识到了自己的问题，对革命有了进一步认识。因此，在表现林道静与卢嘉川的这番对话中，就不仅要快速地由林道静的语言感觉和语言造型转变为卢嘉川的语言感觉和语言造型，在人物基调上加以调整，还应紧紧抓住两个人的不同心理变化发展线，理出各自的语言动作（语言目的）。在这一片段中，卢嘉川的心理过程是发现——启发，即发觉林道静对革命的模糊认识和小资产阶级情调，从而一步一步引导她正视自己，真正认识革命。林道静在这一片段中的心理变化线索是不解——顿悟，即对卢嘉川的尖锐批评不解、感到委屈，后经对方有理有据的剖析、启发、引导，明白了自己的问题所在。我们在体现双方这番思想、语言交流过程时，要清楚他们各自不同阶段的心理感觉和外化方式。

仍以"启发"片段为例。

在演播"启发"这个片段中，要有三个不同人物（叙述人、卢嘉川、林道静）的身份感不断转换，我们来具体看看。

开始时，是卢嘉川的人物感觉。他听了刚才林道静那一番冲动而幼稚的话后，已经意识到了非得好好与这个单纯的女孩子谈谈不可，但他不是用直接批评的方式，而是用正面启发的方式来谈的，因此他的话应当态度温和。

（1）"小林，咱们先讨论个问题。——你该把饭锅搅一搅，不然要煳了。你过去和家庭斗争，不满意黑暗的社会，现在又想很快去革命、上战场，究竟都是为了什么呢？"

下面的叙述语言，就要从卢嘉川的人物基调和语言声音造型及心态上转为叙述者的身份感说出。

（2）道静突然被窘住了。她咬着嘴唇沉思着，忘了搅锅，大米饭真的有了煳味。卢嘉川站起身把锅搅了搅端到火炉的一边烤着，她还沉在思索中一点不知道。半晌，她才迷惘地看着卢嘉川讷讷地说：

下面林道静的话，又要求我们迅速转为她的身份感觉、心态与她的语言声音造型，用平稳的语速、迟疑的态度说出第一句话，以表现她的难以说出口，毫无准备的情状。

（3）"我，我没很好地考虑过这个。

林道静的第二句话，语速慢，思索着说，以表现不解之感。

(4)……但是我相信我不是为自己。

林道静的第三句话,则表现她为人坦诚,需用稍快的语速、鄙视的态度说出。

(5)——我讨厌那种自私自利的人。"

林道静的话后,我们又必须马上从语言声音造型和心态上转变为卢嘉川的,而且是他听了林道静那不解的话后的反应。下面一句卢嘉川的话,虽然态度仍温和,但有较尖锐的点指感。

(6)"但是,你这些想法和做法,恐怕还是为了你个人吧?"

下面的一句叙述语,是林道静听了卢嘉川的话以后的反应说明,又要求我们快速由卢嘉川的感觉变为叙述人的感觉,适当说出。

(7)道静蓦地站起身来:

下面又转为林道静的人物感觉,用激动不满的情绪快速、有力度地说出。

(8)"你说我是个人主义者?"

下面,再次转换为卢嘉川的人物感觉,安慰、解释地说出。

(9)"不,不是这个意思。"

下面,又要迅速转换为叙述语言。

(10)卢嘉川的神气变得很严峻,他的眼睛炯炯有神地盯着道静。

下面这段卢嘉川的话,要用真诚、启发的语气耐心地讲出。

(11)"我问你,你过去东奔西跑,看不上这,瞧不起那,痛苦沉闷,是为了谁?为劳苦大众呢,还是为你自己?现在你又要去当红军,参加共产党做英雄……你想想,你的动机是为了拯救人民于水火呢?还是为满足你的幻想——英雄式的幻想,为逃避你现在平凡的生活?"

上面这段话后,不要紧接后面的叙述语,要表现林道静接受、思索对方语言内容的过程。下面又转换到讲述人的身份位置,慢开口、缓出语,以适应具体内容和人物交流的情状。

(12)道静愣住了。过了一会儿,她又忍不住笑了。卢嘉川的话多么犀利地道破了她心中的秘密呵!她不由得害羞起来,歪着脑袋半天才说:

紧接着下面林道静的话,前半部也要缓出口,但是语调甜美柔和,以体现出她顿悟、不好意思和心服口服的内心感觉;后半部,要用真挚的态度提出自己的最后一点不解。这之后,卢嘉川针对林道静的问题进一步启发、引导,最终使林道静彻底领悟了其中的道理。

(13)"卢兄,你说得很对。过去我只想当个好人——不欺侮人,也不受人欺侮。也许这就叫做'独善其身'？确实,我很少想到为旁人。但是我有一点儿还不明白:我常常省下自己的零用钱,给洋车夫,给乞丐,我喜欢帮助穷人。你能说这也是为个人？"

通过以上的具体分析,我们会感到:小说演播有些像一个人说单口相声,自讲、自演、自问、自答,又似一人演一台戏,靠的是内外部技术的结合与娴熟表达。小说演播创造中,不但要将故事情节讲清楚,还要表现不同人物的心理过程与交流方式。因此,人物心理转换要快。这就要求加强自我心理刺激和形象感。

选择这篇教材,重点是训练学生在小说演播中的"人物语言"表达。

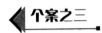

微型小说《傻黄》

① 又是来买柠檬黄色喇叭裙的！"趋时"时装店的店主阿德暗暗叫苦:柠檬黄色喇叭裙已被姑娘们抢得脱了销,该怎么打发面前这二位呢？告诉她们卖完了？笑话！上了门的生意岂能放过去！

阿德挠了挠头,忽然心生一计,将一条橄榄绿色喇叭裙捧了出来。他一边以行家才能有的动作将裙子展开,一边说:"小姐们怕还不知道吧,那柠檬黄已经不吃香啦,没听见满街上都傻黄、傻黄的叫着吗？"

"有这样的事？"

"这是真的？"

两位姑娘顿时傻了眼,她们紧张地小声商量了一阵,其中一位便问:"那,现在该穿什么颜色好呢？"

"橄榄绿！"阿德坚决地说,"这是眼下最时髦的世界流行色。今年是国际和平年,而橄榄象征着和平。记得宣传画上的和平鸽吧？和平鸽嘴里总是街一根橄榄枝的……"阿德鼓起如簧之舌,把手中那条"橄榄绿"吹了个天花乱坠。

② 姑娘们动了心,一人买了一条橄榄绿色喇叭裙,心理上获得极大满足地离开"趋时"时装店。

③ 阿德心中好不得意,"嘿嘿,傻黄！"他自己也感到即兴想出来的这个新名词儿怪可笑的,竟至笑出了声。第二天,阿德跑了一天,忍痛多掏了一成价钱,才倒进来二百条柠檬黄色喇叭裙。可说来也怪,接连两天,来买的

人却寥寥无几。阿德心中好生诧异,姑娘们是怎么的了?难道黄色真"傻"得不吃香啦?阿德越想越沉不住气,索性踱出店门到街上去看看行情。

④只见满街尽是橄榄绿色的喇叭裙、橄榄绿色的旗袍裙、橄榄绿色的筒裙……简直是一片"橄榄绿"的海洋。偶有一两位姑娘身穿"柠檬黄"走过来,就会有穿着"橄榄绿"的姑娘指指点点道:"瞧哎——傻黄,她怎么还穿傻黄呢?真是冒傻气儿!"

⑤"我的老天哪,傻黄!"阿德一拍脑门子差点儿晕过去。

这是一篇讽刺性小说,通过对生意人"阿德"做生意的内容描写,表现了"聪明反被聪明误"的主题。

可能由于时代的距离,现在的年轻人不大理解小说中所描写的人物心态与时代特点。那应该是在20世纪80年代,离"文化大革命"结束还不久。那时的中国人民刚从全国人着装"一个样""一片灰"和"一片蓝"中走出,人们,尤其是年轻人多么希望自己的服装有个变化,但在服装设计和服装生产还远远跟不上需求时,追求个性化服装是不可能的,能买到一些稍有时代感的服装已是难得的了。所以,能穿上那样的服装已是那个时代"追时髦""赶潮流"的表现了。

演播的处理:

(1) 这篇作品的风格是幽默的。

(2) 这篇作品的演播基调,应为嘲讽、悬念的。

(3) "阿德"的基本语气,应为热情、油滑的。

阿德的人物造型,应为南方人或北京人,瘦小、精明、动作麻利(做生意已久);声音高且干涩,语气热情、语速较快、语言流畅。

(4) 对"交代情节"的叙述语言的处理:

①《傻黄》的开头一段叙述,就以"悬念导入"方式提出了情节的发端。提出了柠檬黄色喇叭裙脱销,而精明的店主"阿德"又不甘心放走到手的买卖的矛盾,它是情节发展的导火索。叙述时,应带出一种悬念,以吸引听众的注意力,不应平铺直叙。当精明的阿德心生一计,将自己店里有的橄榄绿色喇叭裙吹得天花乱坠,又将黄色喇叭裙贬为过时的"傻黄"之后,做成了这桩买卖。

②在这个场面之后,又是叙述语言交代了事情的结果。

③接下来一段的叙述承上启下推进情节,交代了故事情节的发展与变化。但与此同时,又提出了新的悬念。在叙述时,应抓住前后两种不同的情

气、色彩,进行点指、渲染。前边是自鸣得意,后边则主要是心生疑虑,中间的转换要明显,用停歇和语气两种手段来共同发挥作用。其实,这段叙述共分三个小层次:自鸣得意、进货、心生疑虑。我们在叙述时,既要有相应的小层次感,也要过渡有机,转换鲜明,语言生动,有推进感,这样才能给人以情节推进感。

④⑤情节的结束是在最后两段的叙述中完成的:"阿德上街观察"和"'我的老天哪,傻黄!'阿德一拍脑门子差点儿晕过去。"这段结尾的叙述解开了听众的疑点,并感觉到作者运思的巧妙及"聪明反被聪明误"的题旨。

为了实现作者的创作初衷,更好地揭示主题、展现情节,我们在叙述这段内容时,要结合此小说的讽刺基调、幽默风格。表达中,语气讽刺的意味要浓,稍有夸张。重音强调尽量渲染,给人留下鲜明的印象,以得到更强烈的启示,增强小说的抨击力。

演播交代情节发展变化的这类叙述语言,特别要注意节奏的运用,利用虚实、强弱、高低、快慢、明暗等对比变化来加强情节的发展、转折与变化,以免播得平板。而这种种变化是随小说情节的发展、变化而产生的不同表现形式。在叙述语言中,快慢变化是最常用的,但也要调整适度。慢,不能散、拖,要有重点;快,也不能无限制,要使人听得清楚,听得舒服,感觉适当。此外,还应特别注意转折时衔接部分的处理。衔接的方式,可以是低收高起,也可以是强收弱接、暗收明接,还可能是快收慢起或平收突起等各种不同的方式。让受众感觉出变化的原则是,以符合故事内容与人物情感为前提。

选择这篇教材,重点训练学生掌握作品风格与"交代情节"的叙述语言。

个案之四

微型小说《奶奶的爱情》

乌鲁木齐城里,有许多几十年前盖的俄式建筑,塔吉扬娜奶奶住的公寓楼就是其中的一幢。这一天,七十二岁的塔吉扬娜奶奶正坐在宽大的窗前翻看一本旧相册,她的二十二岁的孙女维维噘着嘴回来了。

维维与男朋友闹翻,她本想让奶奶给她排解一下"失恋"的烦恼,但一眼就发现了奶奶手中那本旧而庄重的相册,马上凑了过来。塔吉扬娜奶奶并不回避孙女,由着维维从头看起。

"咦?这是哪儿?新疆没有这样的火车站呀?"维维惊奇地问。"那是我的老家。克拉斯诺雅尔斯克的火车站,我原先就在那儿做工。"塔吉扬娜奶奶回答。"哟!这是奶奶年轻的时候吧?穿的一定是苏联的布拉基。呀!腰那么细,胸脯那么高,您那时候可真漂亮……这儿还有个带枪的中国人,噢,是爷爷吧?瞧瞧他这身怪里怪气的衣服!"维维已经忘记了自己的烦恼,完全被这本她从未见过的相册吸引住了。"傻孩子,你爷爷穿的那是抗日义勇军的军服!"塔吉扬娜奶奶带着几分自豪说。"爷爷个子可真矮,没有一点儿风度,奶奶,我看爷爷怎么也配不上您!""你看?你能看出什么来!"塔吉扬娜奶奶抚摸着照片说:"看看你爷爷那双眼睛吧,他那双眼睛是会说话的!"维维眨了眨与塔吉扬娜奶奶相近的蓝眼睛:"奶奶,我早就想问,您当年怎么会嫁给爷爷的?又不是一个国家的人,太让人觉得奇怪啦。"塔吉扬娜奶奶仰起头,望着窗外飘动的白云,眼眶里涌进了一些亮晶晶的东西。过了好一会儿,她才慢慢地叙述开了:"你爷爷在九一八事变那年参加了东北抗日义勇军,和日本鬼子打了三年仗,就随着部队退到了苏联。他们坐火车路过我的老家。我呢,那时正好在铁路食堂工作。五十年前,就是今天,你爷爷到食堂来吃了我端的饭菜,别的兵都走了,可你爷爷还是待在那里不肯走。我问他还想要什么。他不吭声,光用眼睛盯着我。唉,那是什么样的眼睛呀!我不由得也看着他。我们俩就这么你望我我望你地呆了老半天。最后,他一面比画,一面用刚学会的俄语说:'火车,走!火车,走……'我一口气跑回宿舍,让一起做工的姐妹们帮我收拾了一下,提个小皮箱就跟着你爷爷上了他们的闷罐列车,连我的爸爸、妈妈也没去见一面……""奶奶,您那会儿知道爷爷要回中国吗?"塔吉扬娜奶奶摇了摇头。"不。""您可真是的,爷爷的底细您一点儿也不清楚,怎么就……""怎么不清楚?我不是说过吗?你爷爷的眼睛是会说话的,他的眼睛把什么都告诉我了嘛。你呀,我的维罗琪卡,你不懂得爱情。"塔吉扬娜奶奶边说边把相册连同孙女儿一起搂到自己温暖的怀中。

这篇小说讲述了两代人的爱情故事,从而道出了爱情的真谛。小说内容并不复杂,却需要较强的语言造型能力,因为除了要有叙述语言与人物语言之间的转换以外,还要从"奶奶"——一个老年妇女的语言声音造型快速转变为"孙女"——一个少女的语言声音造型,二者要在瞬间全方位快速转换,年龄、性格、心态、语言等诸方面反差很大。

我们来看看这篇微型小说的处理提示:

(1) 演播基调:这篇小说的演播基调应是热情、积极的。

（2）人物造型："奶奶"的基本语气，应是幸福、深情地回味。"奶奶"的语言声音造型，应当以胸腔共鸣为主，字咬得较松，撒气说话，还可以加上点儿气泡音来帮助体现老年人说话的特点。

"孙女"的基本语气，应是好奇、探究的。"孙女"的语言声音造型，以口鼻咽腔共鸣为主，咬字较靠前，字咬得小巧，声音甜美，让人一听就知道是一个年轻、漂亮的姑娘在说话。

（3）应当注意，"奶奶"的语气态度不应是教育式的（虽然实际上起此作用），而应以幸福回忆为主；"孙女"的语言不应感觉太小。如想鲜明地区二者，除了在语言声音造型上加大反差以外，重要的是加强二者的内心感觉反差，如年龄感、身份感、语言目的等。

选择这篇教材，意在训练学生能为反差较大的人物造型的能力，如能一人演播好两个人物，势必会增强其语言造型能力。

思考题

1. 小说的特征是什么？
2. 小说演播的要点有哪些？
3. 小说演播的提示有哪些？
4. 什么是作品基调？什么是人物基调？如何把握？
5. 如何演播好叙述语言？如何演播好人物语言？
6. 如何把握小说风格，选取演播样态？

第七章　广播剧演播

——想象的艺术

第一节　广播剧概述

一、广播剧的概念

"广播剧是戏剧形式的一种,适应广播的特点,用对白、音乐、音响效果等艺术手段创造听觉形象,展开剧情,刻画人物。有时穿插必要的解说词,帮助听众了解剧中情境的人物活动。"① 因此,有人称广播剧为"听的剧"或"播音剧"。

二、广播剧的种类

从广播剧的长短与技术制作角度出发,可以将广播剧分为单本广播剧、连续广播剧、系列广播剧、微型广播剧和立体声广播剧。

三、广播剧的特征

1. 看不见的剧

广播剧虽然无法看到,但它也是戏剧,也同样具有戏剧创作的主要元素与材料,如表演语言、音乐、音响效果,也同样具有人物、结构、情节等,并有编剧、导演、演员以及其他工作人员参加创作。所不同的是,它只以声音表现剧情,并用无线电波实现传递。在创作中,它更符合广播的特点,转场一般多于其他戏剧,却少于电影。

2. 声音的综合艺术

广播剧不能用灯光、布景、道具、化妆和演员的形体动作及面部表情来投入创作。它只能以声音这一种手段来进行创作,因此,声音是广播剧创作的唯一手段。

在广播剧中,语言,是具有一定意义和情感的声音符号;音乐,具有多种

---

① 《辞海》"艺术分册",上海辞书出版社1980年版,第75页。

功能;音响效果,不是一般戏剧中的"配角",它发挥着不可忽视的重要作用。在广播剧中,声音具有很大的表现力与艺术性。

3. 想象的艺术

广播剧中的声音具有极强的表现力,它可以为人物造型,表现人物的心理、行为、情感以及时空、环境等,来塑造人物、揭示剧情。然而,这一切对于听者而言,都必须通过想象、联想才得以知晓。

广播剧的创作全过程从编剧、导演、表演(只有语言)到制作都以想象为创作核心。可以说,没有想象便没有广播剧的存在。

第二节 广播剧演播概说

广播剧有三个创作要素:语言、音乐、音响效果。其中,"语言"是最重要的创作要素。

语言是广播剧表现剧情、体现人物的主要元素,换句话说,广播剧只有声音一个表现手段,语言是其主体。广播剧中的语言分为两部分:一是人物语言,二是解说语言。

一、人物语言

1. 人物语言的作用

广播剧的剧情发展、矛盾冲突、人物性格、人物关系等都要由人物语言来体现。因而,广播剧中的人物语言具有"性格化""戏剧性"和"提示性"。性格化的语言,能使人物鲜活;戏剧性的语言,能使人听来有戏;提示性的语言,又能使人听得清楚。

如果说人物语言的"性格化""戏剧性",别的戏剧也具有的话,那么,人物语言的"提示性"却是广播剧中所独有的,即在人物语言中体现出人物的动作、场面、人物形象、具体事物等,"以言绘形"。比如,"你搂得我都喘不过气来了"这句话在广播剧中由人物说出,会使人清楚地感觉到剧中另一人物的热情和他紧紧搂住说话者的动作,既生动又形象。而在影视剧或舞台表演中,被搂者只要说"我都喘不过气来了"或者"你轻点嘛"就可以了。因为对方搂她的动作观众已经看见了,再用语言讲出这搂人的动作,实属画蛇添足,可在广播剧中由人物讲出却是十分必要的。再如,"你今天穿这藕荷色裙子真漂亮"这类语言也起提示作用。这是因为,广播剧是以听觉形象变为视觉形象,听众通过语言可以自动进行这种转化,更好地了解剧中的场面、动作、形象等,进而受到感染。

除此之外,广播剧中的人物语言还能充分、有力地披露"人物内心",表现"交流情绪"。

披露人物"内心活动",是广播剧人物语言的又一重要作用,它利用话筒并以独白、旁白的形式来体现,使人听来感到亲切、自然。

"表现交流情绪"的语言,是广播剧人物语言的另一个特点。它是指在广播剧中,当交流的一方说话时,另一方要有自己的情绪反应并以简短的语言显现。比如,"是啊""那后来呢""太难了",等等。这些简短的话语,在影视片和舞台剧中大多是被省去的,因为在银屏、舞台上,这些话的意思通过人物的动作、表情便可让人得知,例如点头、拍手,甚至斜视的眼神等。但在广播剧中却无能为力,只能用一定的语言来体现人物的态度、情绪。同时,这种交流情绪的语言还可以使听众明白你一直在场上,对手是在与你交流呢。所以说,表现交流情绪的语言是广播剧人物语言的另一个特点。

值得提及的是,"表现交流情绪"的语言除去剧作中提供的以外,有不少是演播者结合剧的情节内容和情绪气氛自己适当加上去的,以表示自己的存在及所持的态度和情绪。

2. 人物语言的种类

广播剧中的人物语言,一般分为"对白""独白""旁白"。

(1) 对白:剧中两个或两个以上人物间的语言交流,是广播剧中人物语言的主体。(对白在"小说演播"中已有介绍,这里不再赘述。)

(2) 独白:剧中一个人物独处时内心活动的表露,它是剧中人物内心思维活动的过程。比如,广播剧《法尼娜·法尼尼》中女主人公法尼娜·法尼尼在教堂里等候与被捕的情人米西芮里见面时的一段独白:"我的上帝,这是多么不寻常的经历啊,我爱米西芮里,可又把他们的组织告发了,要不是为了这个,他也不会自投监狱。他能饶恕我吗?可也是我救下了他的性命呀!他要能和我一起离开意大利有多好,我对米西芮里确实犯了不可饶恕的罪孽,可是这一切,也是由于过分爱他的缘故呀!"

这段独白充分揭示了法尼娜·法尼尼这个骄傲的贵族女性内心痛苦、激烈的争斗与企盼,对刻画这个人物有极强的表现效果。

(3) 旁白:剧中人物在现场对他人行为进行评价的内心活动语言。它的交流对象有时指向对方,有时又指向受众。

比如,连续广播剧《风雪昆仑山》中,有一段内容表现上海来的女护士鲍琪琪搭汽车连指导员向西行的车上昆仑山,由于晕车吐了。而此刻,向西行想起了自己以前因病去医院,不小心吐到了鲍琪琪的身上,她当时对自己态度恶劣,从而产生了这样一段调皮的心理活动:"吐吧,吐两口你也尝尝是什么滋味啦!看你以后还敢不敢说我们是一群喝汽油爬达坂的野人了。"

人物的独白和旁白,即人物现场思维活动的外化。在广播剧中,独白和旁白的运用比其他戏剧形式要多。因为利用话筒,人物可以轻声细腻地表露自己的内心,听众也会觉得亲切、自然、有生活气息,具有较强的表现力和感染力。因而,剧作者在广播剧的创作中,常常选用这一手段来表现人物,以丰富表现角度,充分发挥广播剧创作手段的优势。

二、解说语言

1. 解说的作用

广播剧中的解说,不同于小说中的叙述及各种戏剧、电影录音剪辑的解说,有其自身特点。它是广播剧创作、表现的一种手段,适合广播的特点,可以配合剧情增强其表现力。但广播剧的解说与人物语言相比毕竟只起配合作用,处于从属地位。也有的广播剧根本就没有解说,所有剧情都是由人物语言(以及音乐、音响效果)来体现。

广播剧的解说主要作用有三点:介绍背景、推进剧情、展现人物。广播剧对所表现的内容的背景、活动环境等剧的氛围的展现,没有电影、戏剧那种多手段表现的优势,不通过解说的介绍,难以使人明了其背景。比如,儿童广播剧《古墓遇险》开头的解说:

> 在非洲的埃及,有许多大金字塔,离这些金字塔不远的地方有一座奇怪的古墓。说它奇怪,是因为凡是进过古墓的人,出来没多久就会死去。为什么呢?谁也不知道。所以,大家都管它叫吃人古墓。
>
> 这一天,有个名叫吉卡的男孩子在古墓附近出售纪念品,他看见游客里有一个中国小女孩,就朝她走去。

这段解说介绍了《古墓遇险》的故事发生在什么地方及故事背景,如果没有这样的介绍,听众仅通过人物语言很难有十分清楚的了解。

广播剧的剧情发展和变化,更需要由解说来帮助表现,因为这些内容有时用人物语言不易或不能表现,但它对剧情的推进却有很大作用。例如,广播连续剧《弘一法师》中的一段解说:

> 39岁的李叔同,放下了从小喜爱的艺术,放下了孜孜追求的教育事业,放下了天津的妻子、幼儿,也放下了12年相亲相爱的异国情侣樱子。

他散尽资财,独自带着薄被单衫来到大慈山虎跑寺,拜了悟和尚为师,正式剃度当了苦行僧,取法名演音,字弘一。从此他僧衣芒鞋、晨钟暮鼓,过着清苦的佛门生活。

艺术界震惊,教育界惋惜,妻儿们无奈。叔同知道唯有樱子绝不会轻易放弃他的,他就是樱子的整个生命,整个世界,樱子对他有超乎寻常的情爱。李叔同没有勇气自己面对樱子,他请好友夏丏尊和学生丰子恺一起到上海转告樱子。

从以上这段解说中,我们看到了中国近代大艺术家、大教育家李叔同一生的转折点,同时,这也是剧情发展、变化的一个点。李叔同出生于一个盐商家庭,青年时代赴日留学,学习艺术(音乐和绘画)。他热爱祖国、追求进步,后带异国情侣返回祖国,从事教育事业并卓有成绩。他是中国最早介绍西洋绘画、音乐和话剧进入国内的人。他演过话剧《茶花女》中的女主人公玛格丽特,也是著名的《送别》一歌的词作者。"长亭外,古道边,芳草碧连天……"一直流传至今。据说李叔同的前半生吃、喝、玩、乐,尽情享乐,后半生却突转空门,而且极认真地去做一名苦行僧,直到他安详地离去。这究竟是为什么?至今让人不得其解,也许是他对人生的最高精神境界的追求吧?《弘一法师》这部广播剧就较完整地表现了这位传奇人物的一生。剧中人物经历的变化引起剧情的变化,因此,解说就在这每一个变化的点上发挥着重要作用,推进剧情发展。

广播剧中塑造人物,主要由人物语言来实现,但很多时候,解说也能帮助展现人物的外形、心理和行为。比如,连续广播剧《风雪昆仑山》中的一段解说:

向西行这个名字使鲍琪琪感到欣慰、鼓舞,又有一种说不清楚的吸引力。一个多月来,这个名字一直在她的心中游弋着。甚至当她翻阅她的日记时,读到她对向西行那些充满敬佩和感激的词句,那口气热情得连她都脸红。向西行,是向西行!琪琪的心砰砰地狂跳起来。

这段解说,表现了鲍琪琪这个新一代昆仑山人,此时的内心活动与行为;揭示出自从她搭乘向西行的军车上昆仑山,这一路看到、经历了昆仑山汽车兵的艰苦生活,感受到昆仑山军人的精神境界后,对他们产生了新的认识,甚至对指导员向西行产生了微妙的爱慕之情的一系列行为。

除去以上三个主要作用以外,广播剧的解说还有描绘景物、抒发情感、阐明观点等具体作用。

2. 解说的种类

广播剧解说的种类,结合解说的身份位置来看大体分为两类:一是第三人称的"介绍型";二是第一人称的"自述型"。

介绍型解说在广播剧中运用得比较多。在这类解说中,解说者往往是"知情者",但却不是剧中的人物,有的也不妨将其看作剧作者本人。

比如,广播剧《法尼娜·法尼尼》中的一段解说:

> 由于法尼娜的奔走,她的情人可能得到特赦,不过,是否会有人要毒死他可就难说了。于是,法尼娜又买通了看守给米西芮里送去了食品,并嘱咐他千万不要动监狱里的食品。她还贿赂了狱吏,让米西芮里半夜到监狱的小教堂听弥撒,好找机会让她和米西芮里相会。决定命运的时刻终于来到了。法尼娜从早上起就把自己关在监狱的小教堂里整整一天,她思潮起伏。

自述型解说在广播剧中也不乏见。在这类解说中,解说者可能是剧中的主人公、剧中的某一人物,或是剧作者本人。这类解说,一般更能接近人物与听众的心理,听来亲切、自然,更能打动人。但它却不如介绍型解说视角多,灵活自如。

比如,广播剧《爱不能言》中的一段解说:

> 我又一次背井离乡来到异域他方。在地球的那一面,那块生我养我的土地上埋葬着我的生母、养父和一位终生爱我,却又不肯做我丈夫的人。若不是这种残酷的情感折磨,他也许不会英年早殇。——哦,他给予我的是怎样的无法表达、不能诉说的爱呀!

3. 解说的方式

广播剧的解说主要有两种方式:一种是"介入式",另一种是"客观式"。

介入式解说介入到剧中人物的思想情感中去,与剧中人物同悲同喜,与剧中情绪气氛相契合。除去第一人称的自述型解说外,第三人称的介绍型解说也大多属于这一种。处理这种解说,要特别注意有现场感和带戏出入,与剧中人物的思想感情融为一体,一般表达情感色彩较浓。

比如,广播剧《风雪昆仑山》中的一段解说:

> 找到了,终于找到了!在茫茫的旷野里,只见两个冰雕的雪人紧紧地抱在一起,抱得那样紧,那样亲密。

客观式解说不与剧中人物的思想情感、剧的气氛亦步亦趋,它始终冷静地讲述、我行我素。介绍型和自述型解说都有用此方法解说的,它不似介入式解说与剧中人物、情节紧密融为一体,而存在距离。这种解说要特别注重说清楚与介绍感,情感不必过多介入剧的情节和人物情绪中,有其自身的独立作用。

比如,广播剧《杜十娘》中的一段解说:

十娘头上戴着耀眼的珠翠,身上穿着绣花衣裙,光彩照人。她走出船舱,站在船头,望着波涛汹涌的江水,迎着金光灿烂的朝阳。

总之,无论用何种解说方式,都应依剧作写法与风格而适当选择和表达。解说语言的表达也有叙述、描绘、抒情、议论等不同语言样式,应当依不同内容和需要适当转换与表达,不可一种语言样式用到底。

此外,在介入式解说中,应处理好上、下剧的衔接,注意气氛、节奏,解说与剧中人物情感要融洽,不能让人感觉解说是硬贴上去的或游离于剧情之外。为此,解说者在开口前,必须了解前后剧情并调整好内心感觉,这样有益于把准解说开口和结束时自己语言表达的色彩、分寸、节奏,与剧情和人物语言有机融合。因此,广播剧的解说者也应懂戏、会表演,最好同演员一起排戏,这样,能使解说与剧情及人物感觉同步、贴合。

第三节 人物语言演播要旨

广播剧演播也是一项表演工作,它虽不同于舞台和银屏上的"全方位表演",但对人物语言的要求却是相同的,即"人物语言"应该是"角色化""人物化"而非演员"本体性"的。因而,广播剧中的人物语言应具有"个性化""明晰性"和"感染力",是表演性语言。然而,广播剧中的人物语言对"精确性"与"表现力"的要求更高。这是由于它只有"语言"这唯一的表现领域,不能以表情、动作相助,也没有灯光、舞美、服装、化妆等其他手段来帮助体现。广播剧的演播,虽然看不见演播者的表情、动作,却也遵循一般表演的创作原则,有相应的表情和模拟动作参与创作,通过有声语言体现出来。

一、化为人物

广播剧演播与其他表演一样,首先要阅读剧本,做案头工作(不能只看有自己台词的部分),应了解全剧,理出人物关系和自己这一人物的整体面貌,从而很好地把握自己这一人物。演播一个人物(哪怕戏不多),也首先要使其性格、气质定位，形成"人物基调"，这样，才能从根本上把握住人物个性。

把握"性格"是创造人物的基石。性格是人在对人、对事的态度和行为方式上所表现出来的"心理特点"。也就是说，所谓性格就是一个人的思想、语言、行为的特点。性格可以显现人的独特性，形成个性。"个性"表现着一个人的"特殊性"，如人的外形、气质、习惯、动作等方面。演员创造角色，永远应创造出"这一个"，如此才有生命力。

寻找人物的性格特点，应从剧本提供给我们的各种信息线索中去寻找，以活化人物的外形、内心、行为、习惯、兴趣、经历等。分析出人物的个性，抓住人物的个性，便抓住了人物的灵魂，人物的一言一行、一举一动才有神，才能生动、鲜活，所谓"取其灵魂而得其神"。人都有自然属性与社会属性，有其共性的一面，更重要的是人还有其独特的一面，这才使得大千世界、芸芸众生中的每一个生灵都各具神态，由此形成一幕幕各不相同的人生戏剧。面对相同的机遇，不同的人往往会产生不同的反应，有不同的做法，有的成功，有的失败，形成不同的命运，这正符合莎士比亚的至理名言："性格即命运。"因此，性格是决定一个人怎么想、怎么说、怎么做的关键所在。

我们抓住了剧本中提供给我们的各种条件和线索（从本人或其他人物的台词中获得），便会顺藤摸瓜向着人物的性格靠拢。当然，我们还要以自己的人生经验和社会常识为参照来共同标定。也就是说，我们寻找、把握人物性格，不仅要从剧本台词提供给我们的一切材料（哪怕是"习惯用语"也要作为参考，不应轻易放过）中去体味，还应以自己的人生经验、社会常识等内容去补充、去对应，这样方可完善有效。抓取人物性格，在表演艺术中尤为重要，它决定表演者（演播者同理）用什么方式、什么技巧、什么手段去表达、体现人物，这不是单纯用技巧可以解决的问题。

通常，剧本中的一句台词，不同性格、不同气质的人会有不同的处理。除了性格原因以外，人的气质也不容忽视。"气质"是一种综合表现，源于人的心理，却表现其内外部的整体风貌。气质创造是人的性格创造的一部分，也是性格创造的深入。在表演和演播中，我们抓住了人物的性格和气质，便可较好地抓住人物的"基调"，因而，所表现的人物必定呈现一种相对稳定、统一的行为、语言和思维方式，演播技巧也会围绕这一轨迹而运用。这样，便不会造成几句台词处理成性格倔强的，几句台词又处理成性格温柔的；几句台词处理成气质潇洒的，几句台词又处理成性格懦弱的。总之，不会据台词本身的表层意思和色彩来进行表达，而是体现出具体的人面对种种不同

内容与色彩的台词的独特处理。

一般来说,好的剧本提供给演播者的是"性格化的语言"(如《风雪昆仑山》中的主要人物"黄沙"就是性格突出的人物;而《悠悠一片情》中的"冷平"是气质独特的人物),演播者要在分析理解剧本、合理想象人物的基础上播出"语言的性格化"。这需要演播者的多方素养、知识与技能做保障。为了成功地塑造出一个有血有肉的性格化人物,需要注意以下几点:

(1)塑造人物,要有个性特征与性格核心。

(2)人物性格应具有多侧面,但不失其性格核心。

(3)人物性格定位后,还应进行气质定位,方可形成准确的人物基调。

(4)抓住了人物性格、气质,应化为特定形象,使其始终活跃于自己的脑海中。

(5)对人物性格、气质的想象要合情合理,以剧作为依据,着眼于全剧,不能以几句话为准。

(6)对每句台词,都要追究是什么性格、个性及气质的人在说,以选取正确的表达方式。

(7)人物一开口说话,就要把握其基调。

(8)即便是剧作中性格特征不明显的人物语言,演播时也要将其做性格化处理。

以上这些,都是初学广播剧演播的人应当特别注意的。

二、有时代感、地域感

广播剧的演播语言应是自然、生活化的艺术语言。因此,它除了自然、生活化外,还需要有一定的艺术性和语言造型能力,这不是演播者的日常生活语言可以代替的。

广播剧的语言造型内涵是多方面的,有年龄、职业、性格、气质等内容,也有时代、地域等条件,这些因素都准确才可塑造好一个人物。因此,广播剧演播中,演播者不仅应当注重人物的性格、气质、年龄、职业等方面,还必须参考自己所演播的人物所处的时代背景、地域环境,找准相应感觉,因为这些因素决定了人物语言对味与否,并直接产生人物语言的节律与风格。比如,古典题材的广播剧《杜十娘》中的台词就应处理得慢而有韵味,因为她是一个古代女性,她的语言应当带有她所处的时代的特征,不同于现代女性的表达。

即便是两个性别、性格完全相同的人物,由于二人所处时代、地域不同,也要在语言造型中有所区别,这样,才能使人物语言对味,增强其可信性。

即便是所处时代较近的人物,演播中也应体现其时代的印记与不同。如"革命战争年代"或"文化大革命"时期的人物语言,无论是台词内容,还是表达方式,都与现在的人物语言不尽相同。

外国人物与中国人物的语言味道也不相同,演播中需仔细体味和表现出其区别。否则,会使演播不对味,影响演播效果。这一点在影视和戏剧中,观众可从人物的化妆、服饰造型以及背景、道具等方面有所了解,而在广播剧的演播中,却只有语言造型这一个途径。因此,需更加重视并加以把握。

三、人物关系适当

人物关系是广播剧演播中需要把握和表现的又一个重要因素。在广播剧演播中,只知道自己这个人物的全貌还不行,还必须理清自己与周围人物之间的关系。这需要演播者不仅了解自己这一人物的身份、地位、年龄、相貌、思想、文化、情感、志趣等诸方面,同时,也要了解交流对象的相关情况,形成准确、适当的交流。

"人物关系"由人物的年龄、地位、亲疏心理等因素构成。人物关系不同,交流形式也不相同。一般而言,人物关系是由本人和交流对象的身份、地位构成的一定关系,是客观性的。但客观的人物关系有时也可受主观的亲疏心理和情感所影响,改变其应有的交流样式。也就是说,人物关系有两层含义,它既受客观关系的制约,又受主观心理情感的影响。人物关系是很复杂的,演播者如分析理解不透剧本内容,就抓不住、抓不准人物关系,也就无法很好地表现特定人物。在广播剧演播中,人物关系是通过一定的语言、行为,甚至语气、语调表现出来的。比如,著名广播剧导演蔡淑文执导的广播剧《秋瑾》中的一个例子,就很说明问题。在剧中有一段剧情是这样的:一天,秋瑾正在家里教丫鬟秀荣写字、念诗,她的丈夫回来了,大门、二门都传呼:"老爷回来了!"秋瑾却不去迎接。她的丈夫王廷君到二门不走了,不高兴地问:"人呢?"丫鬟秀荣在里面说:"小姐,老爷回来了。"言外之意是我要不要去迎?而秋瑾却不失身份、声音很轻地说:"不要去管他,你接着写。"从这一段内容中,我们可以看出三点:一是丈夫是大户人家出身,爱摆谱;二是秋瑾与丫鬟的关系很好;三是秋瑾与丈夫的关系冷淡。这三点没有几句话就全交代清楚了,也表现出来了。我们知道,通常夫妻关系是亲密、温情的,而秋瑾与其丈夫的关系却是疏远、冷淡的。这违反了人之常情,具有特殊性。其实,秋瑾与其丈夫的不合主要在于思想观念不同。秋瑾是新女性,她认为"天下兴亡,匹夫有责",而她的丈夫却认为不是"匹妇有责"。于是二人争吵后分手了。秋瑾去了日本,走上了革命道路。

一般而言,广播剧演播对人物关系的把握是以现实生活为基础的。演播者要想具有这种分析、把握和表现人物关系的能力,就需要深入生活、体察生活并懂得人的心理,增加社会知识和生活常识,以此作为理清、表现人物关系的依据,使其合情合理,并以生活中人际交流的规律作为基础,选择适当的交流方式和表现手段进行交流。

还应注意,有时在剧中同一人物与自己的关系发生了变化,那么,与之交流的方式、态度、分寸等也要发生相应变化。这一变化,有时表现在对人的称呼上,如由昵称变为尊称,或由普通称谓变为昵称。比如,广播连续剧《弘一法师》中,日本女子樱子对李叔同(弘一法师)的称谓就随着二人关系的变化而发生了变化。起初称其为"李君",后来改称为"叔同",表现其关系的亲密。有时,人物间关系的变化会导致人说话的态度感觉发生变化,表现为由热变冷或由冷变热。如广播剧《杜十娘》中,杜十娘对负心人李甲的态度就发生了很大的变化。一开始,杜十娘言语间充满柔情爱意,并称李甲为"公子",后来,对其冷嘲热讽地改称为"李公子",并在言语中透出愤怒与悲泣的指责。当然,这一切都源于人的心理变化。

总之,在广播剧演播中,人物关系直接决定着人物语言的态度、情感、说话方式与分寸。演播者应当注意以下几点:

(1)演播前,吃透剧本,了解自己所演播的人物全貌,参考其与周围人物的关系。

(2)演播中,交流对象换了,要及时调整、转变自己的心理、态度、语言方式与分寸。

(3)演播中,同一对象与自己的关系发生变化,也应改变与其交流的方式与分寸。

(4)多体察生活,以生活中的人际交流为基础,来把握、处理剧中的人物交流。

(5)注意抓不同人物处理人际关系的特殊性,不可一概而论。

(6)对剧本中的一般性台词,处理后也使人能听出具体、准确的人物关系。

四、体现动作性

"动作性"亦称"行动性",它是戏剧中的专有名词。什么是行动性呢?

剧中人物为了达到一定的目的所采取的行动,反映在形体上的叫作"形体行动",反映在语言上的就叫作"语言行动"。语言行动和形体行动都是根据人物的"心理行动"所产生的,并受其支配。所以,也可以说语言行动和形体行动是人物心理行动的外在表现。

日常生活中,人们想做什么、为什么做和怎样去做都是很清楚、很自然的。人的心理动作、语言动作和形体动作这三点是紧密联系在一起的。而在戏剧表演中却要费一番心思去研究了,因为这些心理与思维都是编剧注入人物的,不费一定心思去分析、探究就难以准确把握。因此,吃透剧本、找准人物的心理与思维,是找准语言动作性的关键。

比如,广播剧《丹凤朝阳》中的一段,女主人公顾文凤去国民党的监狱看望自己的恋人周老师时,对方劝她:"你放心吧。"她回答:"嗯,我放心。"实际上,这句话的潜台词应为"你放心吧",是安慰对方之意。如果处理成真是自己放心之感,就不准确了。当然,这也依赖一定的表达技能帮助显现语言目的,透出真正的语言动作。

语言动作性,对于广播剧演播有着特殊的意义。由于广播剧是看不见的剧,所以,人物的心理动作和形体动作都要由语言一个方面体现出来,这对语言的要求很高,需要有较强的语言表现力,还要有一定的表演基础。有些初学者对广播剧演播有种不正确的看法,以为演播广播剧比表演容易,不挑演播者的形象,又不要表情和形体动作,台词拿来,站在话筒前,你一句、我一句、他一句地对台词,再有点儿语言表达基础和表演常识,该哭就哭,当笑则笑,就可以胜任了。这是一种十分肤浅的认识,可以说是不了解广播剧,不懂广播剧演播。殊不知,广播剧演播虽不挑形象,又看不见人物表情和形体动作,但也需要表演,也需要面部表情和模拟的形体动作跟语言相配合,由语言表现出一定的形体动作与内心情感。不是广播剧的演播不需要表演,而是有其特殊性和侧重点。

如前所述,广播剧的创作与演播都有其自身特点,但有一点是相同的,即创作和表演的动作性一个也不能少。广播剧台词中的每一句话,哪怕是打招呼或应酬的话,甚或一个语气词都有其目的性,都不是剧作者随便写上去的。它或是反映出特定的人物关系,或是表现人物的形体动作,或是推动剧情发展……可以说,在剧本中出现的每一句话或每一个字,都有自身存在的价值,都要认真挖掘其真正的内涵或特征,准确、鲜明地表达出来。

广播剧与影视、戏剧表演一样,要仔细探究每一句台词甚至每一个字的真正目的,从全剧着眼,从人物的行动目的入手,弄清人物想做什么以达到自己的目的,为什么要做和怎么去做。演播者明白了这些,再来看剧本为其设置的台词,哪怕是一句很平常的话,都会心领神会,并知道以什么方式来表达。反之,没有目的性,就只会跟着台词表层之意走,七零八落没有统一性,谈不上把握,也谈不上准确处理台词。其实,剧本中的台词往往看似比较散、比较平常,有的从表面上根本看不出其间的逻辑关系,但只要有了主旨,就可以化零散为完整,化平常为神奇了。

若想使人物语言的目的性强且清楚,还需要有正确的潜台词作为依据和支撑,再用准确的重音和语气等语言表达技巧显现出来。有时,台词中的一个"噢"或"啊"等虚词,缺少准确的目的性也会无从定形,发出的信息是模糊混乱的,让人听不清真正的意思,以至于不得要领,甚至发生误会。

广播剧演播,是以语言声音来表现形象和体现生动性的,它同时担负着表现人物心理与形体动作的"双重任务"。由于广播剧演播听者看不见人物,所以人物的形体动作就要由表达者的气息运用、语言的节奏变化及表达的对比幅度等来体现。因而,演播者若想表现出逼真的动作感,自己也应有一种相应的形体动作感,让语言节律合上这种感觉,以增强人物语言的真实性、生动性及视觉感(如边蹬自行车边说话),不让人感觉假,使听众既听得清楚,又身临其境。

广播剧演播体现动作性,应注意以下几点:

(1)演播前,要找准人物的心理动作即语言目的。

(2)准备时,不放过剧本中的每一句话和每一个字,细细品味,认真揣摩,找出内涵与作用。

(3)注意想象、联想作用,保存丰富的各种感官记忆和生活积累。

(4)用语言技巧,体现出人物心理与形体动作的双重感觉。

五、适应特定环境

特定环境在广播剧的演播中也很重要,因为人们看不见场景与人物行为,不容易感觉到现场环境和气氛,而这些情况,在影视片中可以用镜头展现,在戏剧中可以用灯光、布景、表演、服饰、道具等帮助体现。广播剧的演播者若丢掉了特定环境或对其表现不准,都会出现表达不合理的情况。比如,广播剧《红岩》"接头"一段,是表现革命者华子良在新中国成立前重庆白公馆监狱的地下室里与齐晓轩、成岗联系,当经过一番考验之后,战友们的手终于握在了一起,但是他们心中再兴奋,也不能大声说话,因为这是在敌人的监狱里。又如,广播剧《家庭教师》中,有一段是姐姐文钰与家庭教师夜晚在街头边走边聊。这时的语言要有种走路的感觉,兼顾脚步的节律才真实。

因此,要想使广播剧的人物语言真实、生动,应当做到以下几点:

(1) 演播前,分析、想象特定环境要合理。

(2) 演播中,始终沉浸于特定环境中。

(3) 想象特定环境要具体。

这也就是说,演播者在广播剧演播前做案头工作时,就应将每场剧和每句台词的特定环境理出来;剧本中不明确的,要通过台词提示与生活常识合理想象出来(初学者可以在剧本上标出简短的文字,以提示自己快速转换感觉),进入适当的特定环境之中,把握自己的表达处理。

值得注意的是,有些初学者在演播过程中,刚开始时还能进入特定环境,但说着说着就脱离了特定环境。因此,演播者若想获得真实、生动的表达效果,必须在演播中时时提醒自己所处的环境、氛围和人物关系等,不能只顾一点不及其余。(因无其他外部手段的辅助,演员极易脱离自己应处的特定环境,广播剧导演经常要监督演员的这一问题。)

在广播剧演播中,特定环境想得越具体,越容易把握演播的感觉和处理。比如,一段台词是站着说好,还是坐着说好;是生气地说合适,还是平静地说更好;是语速快些说好,还是慢点说好;是一直说完,还是打个哈欠再说为好。有了合理、细致的特定环境的想象,演播者处理起台词来就会合情合理、有层次、有节奏,听众也听得明白、有味道。

值得提及的是,在表演专业中有一个专有名词"规定情境",即剧本提供给演播者人物活动的现实环境和具体情况,指处在什么时间、地点、自然环境、社会环境以及什么事件、人物关系中。具体讲,是白天还是夜晚,是野外还是家中,是亲朋还是敌人,等等。规定情境制约着人物语言的处理,往往同一句话,在不同的规定情境下可以有不同的处理。以上论及的各点其实都在"规定情境"之中,规定情境在广播剧演播中制约着演播者的语言表达处理方式和手段,如表达的色彩、用声幅度、音色使用等。同时,它也具有一定的现场感,使听众听来真实、生动。

六、找寻正确的语言节奏

"节奏"对于艺术表现至关重要,它是艺术语言表达的核心要素。一个人有了节奏,犹如有了"精气神",就具有了"活力"。反之,就像假人、死人,没有生气。在广播剧演播中,人物的节奏主要通过语言体现出来,人物的语言节奏重在准确与变化。

广播剧演播的节奏应当兼顾三点：
(1) 人物语言的基本节奏。
(2) 剧情需要的节奏。
(3) 接话交流的节奏。

生活中，每个人都有本体语言的基本节奏，如性格开朗者、年轻人的语言基本节奏多快，性格内向者、老年人的语言基本节奏多慢。

人物的语言节奏形成有着多方面的因素和制约：首先，它是人物内心的情感变化；其次，它表现人物的基调、性格、职业等特点；最后，它受剧的风格、基调、时代、地域特点、规定情境等因素的影响。以上诸因素的交融渗透与制约形成人物语言的节奏。节奏与基调不无关系。

具体讲，通常一个人在悲痛时，语言大多是缓慢、低沉的，在高兴时，语言大多是欢快、明朗的；一个性格开朗的人，语言大多是轻快、明朗的，而一个性格忧郁的人，语言大多是迟缓、暗郁的；一个从事体力劳动的人说话往往音高声大，而一个知识分子讲话一般是声低语轻（这是因工作环境和工作性质的不同，逐渐养成的习惯）；一位首长讲话，多慢而持重，而一个犯人说话，多虚而慌乱等等。

又如，一般在悲剧中，受其风格、基调的制约，人物语言明亮的少，沉暗的多；而喜剧则正相反，人物语言往往以轻快、明朗为主。再如，演播一位日本少女或中国古代女性，语言就不能太快、太硬，应柔而缓；而演播一位西方女性或中国当代女青年，则多语快声朗。还有，剧的不同规定情境，也左右着人物语言的节奏。一般在紧急情况下，语言必定紧而快；而在闲适的气氛中，语言必然轻而缓。以上种种都是就一般规律而言。在此，我们不难看出，人物语言的准确形成，需要多种因素的融合与制约，它有着丰富的内涵。但在这诸多因素当中，以人物内心情感与变化为人物语言节奏生成和变化的主要因素，它是人物语言节奏的核心与依据。一般而言，性格再开朗的人，遇到悲哀的事，也会言缓声暗；性格再忧郁的人，遇到高兴的事，也会语快声明的。

因此，要寻到正确的人物语言节奏，首先，要把握人物心理和情感变化，其次，要参考人物的性格、基调、职业以及剧的风格、基调、时代、地域、规定情境等相关因素，这样形成的演播节奏，才会比较准确。

值得提及的是，在广播剧演播中，人物语言最忌平、一个劲、缺变化，这种表达反映不出一个人的精神面貌、内心情感及形体动作，这种人物缺乏活力，人物语言也缺少表现力。

人物语言需要节奏、需要变化,但却不能为变而变,应有依据地变。这个依据就是人物的心理动作和形体动作。当演播者心里有了明确的表达语境、表达目的和形体动作感,就会寻找到适当的语言节奏和表现方式,它体现在语言内容和语言形式两方面,在语言形式当中就包括语言节奏。

一般而言,演播者了解到所要表达的内容,有了明确的目的性,便可自然而然地产生出正确的"内心节奏",要将此形之于外,还要化为一定的语言节奏。比如,把握语言节奏的快慢、高低、强弱、明暗等因素的对比、推进、转换,来促进和体现人物的心理动作及情感外化。(当然,在表演语言当中,有时会有内紧外松、内松外紧的情况,这需要一定的表达技巧来体现。)

需要说明的是,体现人物内心的节奏,不仅表现在"人物语言本身",也反映在"人物间交流时"接话的快慢、高低、强弱、明暗等方面,以反映出交流双方的心理面貌。比如,欲向对方解释时,接对方的话大多语速较快;而有难言之隐时,接对方的话大多吞吞吐吐说得较慢(想想如何说为好);当自己做了亏心事之后,接对方的话时,语言大多声轻语虚;二人争吵时,双方接话大多声高语重……总之,这些人之常情的基本规律,自然会制约或影响人物间交流语言节奏的形成与变化。

在广播剧演播中,初学者最容易犯的毛病就是你一句、我一句地匀速对话而没有节奏感,导致人物语言节奏平、不准确,剧的节奏也不准确,拖了剧的节奏或发出错误的情感信息,使演播失去准确性和表现力。总之,若想形成正确的演播节奏,应注意以下几点:

(1) 了解、体验人物的心理动作与情感变化。
(2) 参考人物的性格、职业、基调。
(3) 参考剧的风格、基调、时代、地域、规定情境等因素。
(4) 参考剧情,兼顾适应全剧的节奏。
(5) 把握人物间交流接话的快慢、高低、强弱等变化。

第四节 广播剧演播提示

一、演播自然、有艺术性

在广播剧演播中,有的初学者拿腔拿调,以为这就是有艺术性了;有的人受工作影响有播音调、话剧腔,语言或呆板,或夸张,不够自然,使人听来很不舒服,艺术性更无从谈起。

广播剧演播的语言应接近电影和生活中的语言,要求既自然又富于艺术性,而不是纯自然的生活语言。它的艺术性,表现在吐字发声和语言表达两方面:吐字发声是经过训练的,是规范化的、有控制的自如状态,除特殊需要外,一般用声不过大、过强。在语言表达方面,广播剧演播的语言,不似话剧语言追求音量、有所夸张;不似播音语言那样规整、变化幅度小;也不似生活语言那样缺乏控制和表现力。自然、艺术化的语言,才有生活中的真实与自然,才既有情感性,又具表现力和感染力,才有打动人心的作用和力量。

二、忌人物语言公式化

广播剧中的人物是千差万别的,但有的演播者在演播人物时,不做深入细致的研究找出每个人物的不同点,而只凭经验对人物做一种公式化处理,这是不可取的。广播剧演播不同于影视配音是再现(原片中的)人物(人物的一切处理都由演员表演创造决定,配音只要贴合上即可称准确体现,亦可称再现了人物);广播剧演播是创造人物,演播者可以充分想象、塑造人物,将剧本中提供的人物,凭借演播者自身的条件、素质,运用表达技巧将其活化,使之成为有血有肉的"这一个"人物。这就要求演播者按照剧本的提示和自己的理解、想象,找到这一人物的特征并运用一定技巧及方式在人物基调、语言语气、表达节奏、说话音色,甚至说话习惯上,做不同于以往塑造的人物的相应调整,创造出富有个性、气质独特的人物来。应当看到,若想演播好一个人物,不只在于语言技巧和表现方式,更主要的在于是否抓住了这个人物的特征。

所以,那种见性格开朗者,就语言咋咋呼呼;见性格内向者,就语言粘粘弱弱;见工人就粗声大嗓;见知识分子就文质彬彬的一般化、公式化的处理是不行的。殊不知,知识分子也有不同经历和气质,也有性格泼辣的;工人也分不同工种、修养,也有气质文弱的。人是有共性的,但只有个性鲜明者才会给人留下深刻的印象。这就需要我们在认识、表现一个人物时,应既参考一般规律,又要找到他与众不同的地方,进行准确、生动的表达。

总而言之,人物的风貌都蕴藏在剧的台词中,我们应当细致地、全方位地寻找、揣摩。(当然,在排演时导演也会阐释人物。)演播人物千万不可一概而论,否则创造不出鲜明、独特、活生生的人物来。

三、合理处理人物台词

广播剧演播是对剧本的再创造,因此,在演播人物台词时,首先,不能无思维、欠感受地念台词,不能只表达字面表层意思,也不能只表现人物的喜、怒、哀、乐的情绪与结果,因为这些表达是图解式的、低水平的、缺乏思维过程及情感的,因而无艺术性可言。好的演播应当是在了解全剧、吃透自己这一人物的基础上深挖台词的内涵,动用生活积累,充分进行想象、联想,有层次、有技巧地向听众展现剧中人物的运思过程、对具体事物的反应、所处语言环境,以及对待不同人物的态度等内容。

在广播剧表达的设计处理中,可以想象在日常生活中碰到类似情况,不同的人会怎么说、怎样做,并在广播剧演播中相应处理。只有按照生活中的规律与逻辑去处理人物台词,人们才会接受,才有真实、合理、可信可言。

合理处理台词一定是在具体的想象中进行。原因是,广播剧演播不是全方位表演,极易陷入缺少刺激、无动作感的境地。因此,我们应当在想象的作用下,将剧本上死的文字变为活的形象,并真正看得见其一举一动,感觉到自己此时的心理、形体动作、表情、周围环境以及来自对手的刺激。这样,方可说好台词,演播好广播剧。比如,一句话是快说,还是慢说;是麻木地说,还是动情地说;是叹口气再说,还是说完再叹气;是边走边说,还是坐下再说;是抬头看着对方的眼睛恳求地说,还是低头躲避着对方的目光而说。这一切处理,都来源于演播者从剧本提示、生活积累,以及在与对手的交流刺激中所形成的内心视象中的所见、所感。因而,广播剧演播只有紧紧抓住内心视象与多重感官感觉,方可避免表达交流中不敢停、不敢拉大表达幅度或一句接一句地一般化对台词的现象出现。

四、会添加"水词儿"

所谓"水词儿",这里指原剧本台词中没有,为表情达意所需,由演播者自己合理添加上的简短话语。

为什么要添加"水词儿"呢?原因有三个:

(1)人物的台词较长,一人说比较枯燥,需要有对方的交流呼应。

(2)为了表现生活化,削弱台词的文字化。

(3)表明人物交流时的即兴反应。

在广播剧演播中,几乎没有一部剧的演播者不需要添加"水词儿"的。因为编剧不可能把剧中每一人物(包括群众角色)的每一个小的反应性语言都一一写出来,往往需要导演和演播者在把握了剧的主题、风格、基调、人物面貌、人物关系、规定情境之后,着情添加上准确、合理、符合身份和需要的"水词儿",以丰富人物语言。

具体讲,当有的人物台词较长又不宜删减或分开来讲时,为了表明自己这一交流对象始终在场并与对方在心理上一直进行交流,演播者可在自己的台词中,适当加些称呼对方的"招呼性水词儿"或"反应性水词儿"。至于加什么词、在哪儿加,一般应在演播者看剧本和排戏的过程当中就润色好,双方基本敲定并得到导演的认可,以免在实际录音当中两人的台词撞车,或缺乏对应性反应,使演播不自然。当然,一些有经验的演播者已习惯于这种即兴反应添加"水词儿"了,一些不太重要的"水词儿"也不事先约定,即兴发挥即可,有时,这样更有生动性和现场感。

当面对大段书面化的台词时,有时导演会让演播者按照自己的语言习惯改成口语说出;或让演播者在大段台词中自己添加些"水词儿",使表达清楚、自然、生动。比如,广播剧《毕业歌》中,一对原来的恋人——班长王之辉和同学刘燕燕的一段对话就添加了合适的"水词儿":

王之辉:(带着受辱后的愤怒)原来真有这事!你怎么可以不经过我的同意就随便决定我的前途。(刘燕燕:我,是为了……)(挖苦地)别以为你有个副市长的爸爸就可以想怎样就怎样,我的事,我说了算!

这表明,在广播剧演播中,适当加些相关、相应的"水词儿",会使演播更清楚,更具有生活气息。在演播时,群众角色更应适当合理地添加些"水词儿",因在剧本中,群众角色的台词很简单,添加一些"水词儿"能更好地完成自己的演播任务。但也应注意,添加"水词儿",该加的加,不该加的不要乱加,以免干扰了主戏的进行或画蛇添足。此外,添加"水词儿",一定要正确、合理,应参考人物的性格、气质、人物关系、规定情境等各种因素与条件,否则将事与愿违。

五、会让戏、配戏

在广播剧演播中,演播者还要会让戏、配戏,使得演播整体有机和谐。有些初学者不懂得让戏、配戏,自己的演播分寸和说话时机把握不当,影响到演播效果。这也应当引起注意。

所谓"让戏",是指在与对手交流时,依据台词分量和剧中气氛,该让对手充分发挥时,自己要后撤,不抢戏,以得到较好的戏剧效果。比如,广播连续剧《弘一法师》中,当李叔同的日本恋人樱子听到李叔同的好友夏丏尊和他的学生丰子恺带来李叔同遁入佛门的消息时不禁失声痛哭。但后面有二人的大段重要台词,樱子就不能大哭不止,而是应用心听对方的台词,只是小声抽泣着,不干扰听者听清台词,当这段台词结束后再将哭声放出。这让人感觉刚才是她极力忍着,现在实在忍不住了才放出声音来。

所谓"配戏",是指非主要人物说台词或添加"水词儿"时,会插入主要人物台词的空当中,有机、自然、合理、得当,使自己的台词既起到烘托场上气氛的作用,又不干扰主戏的进行,二者浑然一体,为主戏的进行当好绿叶与陪衬(如《毕业歌》的例子)。

做好让戏、配戏,要求演播者在演播前就要有所准备。录音时,认真听对手的台词和场上剧情的进展情况,需要时适当加进台词,哪怕仅有一句话、一个反应,演播时也要从自己这一人物的内心、外形、身份、规定情境等一系列相关因素出发来把握处理,使其自然、恰切。让戏、配戏的好坏直接影响到演播的整体效果。

六、会改错接戏

在广播剧演播的实际工作中,有一项工作也关乎演播质量的好坏,这就是改错接戏。"改错接戏",是指在录音过程中,由于演播者出现口误、录音质量出现问题、演播与音效没配合好、导演对戏不满意等原因,需要重新录制一段戏或一两句台词。这时,演播者需要做到以下两点:

(1)开口前,提前进入状态,调动自己进入相应情感和规定情境之中。

(2)开口时,与前边的戏和情绪相接,声音、语气保持一致,有机贴合。

当需要重新录制一段戏时,演播者在记住修正的地方和存在的问题的基础上,首先,要用各种办法调动自己在重录开口前进入演播状态,形成和保持相应的演播情绪并进入到规定情境中去。其次,演播的语气、用声也应保持一致、不露痕迹,不使人感觉戏是断了重接的。(好的演播者能做到多少天之后再录的台词,与前边戏的情绪、声音仍完美融合。)

要做到这些并非易事,这需要有娴熟的表达基本功和一定的录音经验,还需要具备良好的心理素质与艺术感觉。此外,在改错接戏时,还应保持一种良好的工作状态,即内心情绪放松,又注意力集中。

那么,改错接戏如何具体操作呢?

(1)要有语言的承接感,实际上就是要有戏的承接感。重录接点的语言内容、语气、节奏、情感等都要与前边的戏自然承接,要处理得自然、和谐,没有从零开始之感。

(2)声音、气息也要有承接感。众所周知,语言的语气、节奏、情感等因素都是通过具体声音的高低、长短、强弱、明暗及气息的多种气势、气状来体现的。因此,在改错接戏重录时,就应细致把握这些具体元素的分寸与幅度。尤其是气息,更要搞清承接前边的台词时,应当是开口就说,还是先叹口气再接话;是提着气说,还是松着气说。同时,还要让气息的气势、气状前后承接自然、舒服。不要小看改错接戏,处理不好也会影响到演播质量。

七、与话筒"交流"

广播剧演播,不同于舞台演出是面对观众与对手直接交流,观众的反应与对手的刺激会直接影响到自己,容易激发情感,有利于交流。广播剧演播与对象的交流比较复杂,创作的特殊性决定其交流对象有两个:一是与"交流对手"的交流,是"心理"上的;二是与"话筒"的交流,是"形式"上的。这是为什么呢?

因为,广播剧演播为了求得录音质量语言清晰,都要求演播者面对话筒说话,不像在舞台上与对手面对面直接交流,看得见对方的表情、动作(表现亲吻,要自己吻自己的手;表现打人,也要自己打自己,揪自己的衣服)。在实际录音时,我们与对手的交流多是平行站位,交流要凭耳朵听对手的台词内容,体会其情感态度与方式,眼睛却只能关注剧本上的台词和面前的话筒。鉴于这种状况,演播者在演播时必须注意三个方面:

(1) 运用想象,从对手的语言中听出对手的表情、动作等,增强对自己的刺激。

(2) 以听觉为媒介,吸收对手的语意和情感信息,引动自己的情感与思维,迅速做出相应的反应。

(3) 在演播过程中,始终面对话筒,保持最佳录音位置。录音时,不可低头看剧本或将剧本挡在嘴与话筒中间,这样,录出的声音会发闷,不清晰。正确的方法是:头正,面对话筒,嘴与话筒基本保持平行,剧本侧向话筒一边,用眼睛的余光来看台词。

在广播剧演播中应注意:

(1) 不能总想与演播对手面对面地进行交流而使嘴偏离了话筒。一般,在舞台上或影视表演中大都是与对手面对面地交流;而录广播剧时,演播对手却站在自己的旁边,共用一个话筒或另用一个话筒,二人是并排平行位置。所以,如果演播时总想歪着头与对手交流(或者,演播开始时还知道与话筒"交流",但说着说着就忘了,头又歪过去了),录出的声音效果就会不合要求。

(2) 要习惯与话筒"交流",与话筒做朋友,心中时时有它。在广播剧演播中,应当把话筒当作交流对手,当作一个"人"看待,一切讲给他(她)听,对他(她)哭,向他(她)笑,把实际交流对手的话语当作他(她)发出的,全神贯注地与之交流。

诚然,与话筒"交流"仅是形式上的,实质上还是在与演播对手交流。演播广播剧不需要全方位表演,但毕竟要有一些相应的表情及象征性、辅助性的形体动作注入其中,来帮助演播语言增强表现力。例如,攥紧拳头、用力扔东西、怒而瞪眼、哭而捂嘴、打而拍身等表情和动作。它们的存在有助于演播者进行自身刺激及增强演播的生动性和感染力。切忌演播者一个人闷头看剧本念台词,心中什么也没想,眼中什么也看不见,耳中什么也听不到,面无表情,体无感觉。这种演播,台词念得再带劲,也是空的、白的;话筒对得再好,也演播不到位。因而,广播剧演播虽不需全方位的表演,却要感觉上的全方位投入。演播中应当心中有所思,眼中见其形,耳中闻其声,身体有感觉。唯有这样,才能获得良好的演播效果。

演播者对话筒位置的把握也很重要。因为它与录音配合,往往会造成一定的空间纵深感、层次感与方位感。同时,兼顾与话筒位置的远、近、侧、背等,可以更好地表现剧中的规定情境、人物层面、距离和方位,增强演播的真实感和效果。

(3)广播剧演播应注意控制音量、咬字和气息。这是因为,一般从事话剧表演的演员,由于他们是在舞台上表演,要求音量大,咬字比较用力,嘴里有些杂音也问题不大,因为听众听不出来,而录广播剧,话筒会毫不留情地将这些杂音放大。所以,演播广播剧在话筒前用声、咬字和气息都要控制好,一般,音量不必过大,语言、气息力度不必过强(特殊需要除外)。广播剧的演播一般比舞台上要收一些,吐字更细腻、讲究。在表现人物内心独白或某些特殊环境氛围时,语言更要放轻。同时,在演播时,气息该显露时,要大胆显露。因为,气息是揭示人物内心情状最有力的手段,一呼一吸都极富表现力。例如,一个提气,可以表现出人物内心的惊奇、惊喜与恐惧;而一个叹气,又可以表现出人物的沮丧与无奈;甚至有时只用气息便可表现出人物的整个思维过程。广播剧演播的特性,使得我们可以充分利用话筒表现出人物内心的细微变化和细腻情感。我们应当认识并抓住这个优势,为我们的表达服务。

八、与音效配合

广播剧的音效有两种形式:一种是后期合成,用音效素材加上自做动效合成;另一种是在演播现场配合台词内容同时做。

在广播剧演播中,有时,为了求得音效的真实感与演播语言同一声面

(音效的声音与人物语言在同一空间位置),经常要求演播者在说话的同时自己做些相伴的动效,如打开信纸声、脚步声、敲门声等。也有时,这一切由音响师来做,只要求演播者跟上其节律、感觉出声音、气息与之配合,二者若配合好,录出的音效就有机、自然、逼真。

要想与音效配合好,演播者在演播时边说台词边做动效,应注意把握自己演播的这一人物的性别、年龄、性格特征及规定情境等因素。就脚步声而言,通常男性、性格开朗者、正在生气的人较重;而女性、小孩、性格内向者及医院等特定环境中的人应较轻(敲门声也如此)。就打开信纸的声音而言,一般人在心急或激动的情绪中,动效声可急一些、大一些;反之,人在常态中动效声就可平缓一些。另外,做脚步声的动效,还应兼顾脚步声与话筒的位置,看是远点儿、近点儿、由远及近,还是由近及远或边走边说等。

当音响师在演播现场同期做动效时,演播者应注意与动效的配合节律,使人听来似演播者自己在做,使二者浑然一体。当然,要做到这一点并不容易。由于条件所限,演播者在录音时只能面对话筒站着或坐着,至多做一些象征性模拟动作,其语言、形体动作与动效需着意配合。这就要求演播者在录音的真真假假之中,注意调整自己,形成相应的配合感:

(1) 要有想象中的规定情境、人物特征、人物心理、人物形体。
(2) 要有人物语言、声音、气息与动效的配合顺序与节律。
(3) 要有丰富的肌体、运动感的积累与较强的语言表现力。

总之,广播剧演播与音响效果的配合不容忽视。配合得好,能增强演播的生动性、真实感;反之,则让人感到虚假并影响全剧效果。

第五节 广播剧演播个案分析

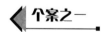

广播剧《红丝带》片段

人物: 秋实　男　三十六岁
　　　　雪妮　女　三十二岁

(开门声)

秋实:对不起,我今天来晚了。

雪妮：你的脸色怎么这么不好。没睡好觉？

秋实：是吗？可能，这是你让我帮你打的画框，继续画你那"蓝色的梦"吧……下个星期天，我不来了。

雪妮：为什么？

秋实：咱们都不是小孩子了，理智很重要。我只是一个小学教员，命中注定要当一辈子"孩子王"，可你是个画家——

雪妮：不，我算什么画家，只是个画插图的美术编辑，你说这些干什么！

秋实：没什么，我真后悔。我那天不该跑到山上去，更不该遇到你！我给孩子们藏下了礼物，自己却找到了一颗苦果——我走了，对不起，这么长时间一直麻烦你，再见！

雪妮：不。别走。（哭泣）你别走——你别走。

秋实：你别哭，好了，早知道发脾气能使你露出自己的真情，我该早点发脾气，一年以前就该发。告诉我，你干吗这么苦着自己？是不是你以前爱过的人比我好？

雪妮：别胡说！你知道得清清楚楚，你是我一生中的第一个，也是最后一个，再也不会有了，不会有了。

秋实：那你为什么要这样？

雪妮：我怕！我怕得厉害。

秋实：你怕什么呀？是什么把你吓成这样？

雪妮：红丝带——

秋实：红丝带？见鬼！你脑子里怎么尽是这些古怪的玩意儿！

雪妮：我——我是独身主义者。

秋实：独——（开心地笑了）我也是个独身主义者！不过现在两个独身主义者加在一起，不正好吗？负负得正！

雪妮：我脾气古怪。

秋实：我能改变你！

雪妮：我身体不好。

秋实：我可以照顾你。

雪妮：那——你会跟我离婚吗？

秋实：（笑得更开心）哪个男人谈恋爱是为了离婚？

雪妮：结婚前都很好，日后抛弃妻子的有的是！

秋实：你很清楚我不是那种人，要不然我也不会等到三十六！

雪妮：那你答应我，我们不要孩子。

秋实:为什么?

雪妮:孩子是无辜的,万一咱们……小时候我都尝够了,我不能让一个小生命再去尝我尝过的那些。

秋实:(喃喃地)明白了……原来缠住你的是这个。我真想诅咒他们。诅咒那些不顾孩子的父母!雪妮,放心吧,你会重新得到一个完整的家,我们也会有孩子,她的童年绝不会像她可怜的妈妈那样……

雪妮:秋实!(感动地扑向秋实)

演播具体处理:

这部广播剧,表现了父母离异给他们的后代带来的刻骨铭心、挥之不去的心灵阴影。这个剧的背景是这样的:剧中女主人公雪妮幼年时无意之中闯进了抛弃自己的妻子又再结新缘的父亲的婚礼,在那里,她看见年轻的继母的头发上扎了一条红丝带,这给她的心灵投下了难以抹去的阴影。

后来,她考上美术专科学校,毕业后,她主动要求离开了她的出生地,在另一座城市中独自生活多年。一次,在野外写生时,她遇见了性格幽默的小学教师秋实,两人情投意合,交往一年多了,但令秋实不解的是雪妮始终对结婚的事闪烁其词、不置可否。他终于忍不住了。于是,他想出了一个假装分手的小计策来,想套出雪妮的真实想法。

这个片段,表现了秋实试探雪妮真实想法的情节,从秋实进门到二人情感交融,双方经历了一系列的心理交锋。秋实是欲擒故纵,继而是步步紧逼,最终取得了胜利;而雪妮则是意想不到,后又步步退守,最终不得不束手就擒。这中间经历了几个回合,也形成了这段戏的几个层次,要演播好,首先应划分清楚层次:

第一层:层义为"试探"。(从开头秋实说"对不起,我今天来晚了"到雪妮说"……再也不会有了,不会有了"。)

第二层:层义为"原因"。(从秋实问"那你为什么要这样?"到雪妮说"我不能让一个小生命再去尝我尝过的那些"。)

第三层:层义为"交融"。(从秋实说"明白了"到这段戏结束。)

这里可以理解为秋实通过"试探"了解了雪妮的心结,而雪妮也从中更加了解了秋实的为人,以至产生了二人的最后交融。反之,如果我们不是这样按剧中情节发展、人物心理和情感变化为线索去合理划分层次,只一人一句地对台词,既反映不出情节的发展,也表现不清人物心理和情感的变化脉络,最终只能是混沌一片。因为,没有清楚合理的划分,演播者心里便没底,也没法演播出应有的停顿、转换、递进等处理。演播者表达不清楚,听者自然也就听不清楚。

在台词的具体处理上,首先,要从人物的台词中(不仅是自己角色的台词,也有他人的台词)获得人物的风貌,确立人物的性格、气质和基调。其次,要合理处理人物台词。

从这个片段的台词中,我们能够感觉到剧中男主人公秋实是一个性格开朗、幽默的人,因而,他的思维、行动、语言也都表现出这一特点来。所以他会想出用分手来试探对方真情的把戏,用幽默、诚恳的语言来宽慰对方、打动对方。然而,如果我们没有很好地把握秋实的人物性格、气质与基调,只根据台词表面提供给我们的内容来处理表达,便很可能出现其性格、气质不统一的现象。例如,将秋实的话"你很清楚我不是那种人,要不然我也不会等到三十六!"处理成一个毛头小伙子的赌气之语。在这里,应是一位成熟男子的诚恳心声,他要宽慰对方、说服对方。又如,秋实的另一句话:"独——(开心地笑了)我也是个独身主义者!不过现在两个独身主义者加在一起,不正好吗?负负得正!"这句话典型地表现出秋实这一人物的性格、气质和基调。但如若把握不准,处理成轻浮或是一本正经,都会使这个人物走了样。

此外,剧中的女主人公雪妮也有着典型的性格特征,从剧的台词中我们了解到她的内心阴影:父亲的婚礼上新娘头上的红丝带强烈地刺激了她,促成了她内向、封闭的性格。但同时,她又是一个文静、温柔的女性,因此,她的台词以此为基调,如果我们脱离了这点,仅从台词表层之意与色彩着眼,也会使这个人物走了样。比如,雪妮说:"结婚前都很好,日后抛弃妻子的有的是!"倘若脱离了人物基调,有可能将这句台词处理成性格泼辣者出言凶悍的发泄之语了。实际上,雪妮的这句话反映出她内心苦苦缠绕着的一个结,应当是一种担心与激愤交织的情感,一经演播者的适当处理,就会使人听出应有的味道来,这就是演播者创造的效果。演播者的润色和处理阐释了剧本,创造了人物,也丰实了台词,使死的文字变为活的形象,又不是概念化、公式化的人物,而是活生生、独特的"这一个",以他(她)特有的性格魅力抓住听者的心。

演播这一片段,还应注意抓住秋实的有备而来和雪妮的临阵抵挡的心理状态、层次感、情绪变化与分寸。演播人物时,该哭则哭,该笑则笑,不能放不开或假哭、假笑,这会削弱演播效果。演播时,还应对人物所处环境、方位、形体动作,甚至道具等都有所设想。想象、联想具体,方可得到生动的自我刺激,产生好的演播效果。

选择这个教材,重点训练"人物性格语言"和"表达层次"。

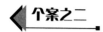

广播剧《红岩》片段

人物：成　岗　二十几岁
　　　　齐晓轩　四十岁左右
　　　　华子良　四十几岁

成:华子良,你来干什么?!(压低声音)

华:慢一点儿,我有重要事情找老齐。(镇定自若)

成:你找老齐?!我先掐死你!!(愤怒之极)

齐:成岗,等一等!(忙制止)华子良,你是什么人?(疑问)

华:共产党员。

齐:为什么到这里来?

华:党需要我现在发挥作用。

齐:你找谁?

华:特支书记齐晓轩。

齐:谁告诉你的?

华:罗世文同志。

齐:什么时候?

华:1946年10月18日,罗世文、车耀先同志牺牲的那一天,我陪杀场的时候。1931年以前,我在川北山区根据地做党委书记,省党委书记罗世文同志是我的上级。可是在敌人面前我只是个嫌疑分子。在去刑场的路上,罗世文同志估计到敌人押我去只是陪杀场,为的是再考察一下我到底是不是共产党员。因此,罗世文同志指示我伪装疯癫,长期隐蔽,欺瞒敌人,枪声一响,我就变成了"疯子"。

齐:那你为什么一直到现在才来联系?(严肃地)

华:省委书记给了我特殊任务,不到必要的时刻不准和任何人发生关系。

齐:如果我不在了,你怎么办?(追问)

华:你牺牲以后我找继任书记老袁同志。

齐:噢,(悟)你的任务?

华:让敌人相信我精神失常。然后,第一,与地下党建立联系;第二,完成越狱任务。

齐:你的联络口号?(惊喜)

华:让我们迎接这个伟大的日子吧!(激动地)

齐:同志!(热情地紧握着手)

华:同志!(眼含泪花)

齐:华子良同志!

华:老齐同志!

齐:你来得太好了!太好了!好多年来你不停地练习跑步,你一直在做越狱的准备。

成:华子良同志!

华:成岗!

成:你真是忍辱负重卧薪尝胆哪,华子良同志,让你受屈了。

华:都是一样的,没有什么,我晓得你和老袁几年来一直注意着我,可是直到现在我才有了同地下党建立联系的条件。

广播剧《红岩》是根据罗广斌、杨益言创作的同名长篇小说改编的。小说《红岩》创作于1961年,作者与书中描写的革命先烈们一同坐过牢。小说描写的是中华人民共和国成立前夕,在重庆歌乐山下的"中美合作所集中营"——"白公馆""渣滓洞"监狱中关押的革命先烈们的斗争生活。书中所表现的内容是一段真实的历史,所描写的人物形象是特定环境中的烈士的化身。例如人们都熟知的书中人物许云峰、成岗、江姐、齐晓轩等,他们有的就是烈士本人,有的是几位烈士的化身。红岩先烈为追求真理,为建立新中国献出了自己宝贵的生命,他们用鲜血铸成的共和国的丰碑,永远矗立在人民心中。用这部广播剧对学生进行专业训练不仅可以学习到专业知识,还可以对他们进行爱国主义教育、革命传统教育,是一个好教材。

要想演播好这个广播剧,不了解小说《红岩》及其背景不行,因为它所描写的内容离我们今天青年一代的生活毕竟较远了。然而,共和国的前辈人对书中的一个个英雄形象却历历在目、难以忘怀……

1939年国民党为审讯、关押革命者的保密起见,在重庆歌乐山下约四平方公里的范围内建立了"中美合作所集中营",在这里,专门研究对付革命者的各种酷刑。在"白公馆""渣滓洞"监狱中关押的几百名革命先烈在敌人的威逼利诱、严刑拷打中始终不屈不挠(有极个别人经不住考验成了叛徒)。当刘邓大军进军西南的炮声已经能听得见时,监狱中的党组织也曾计划过越狱,他们努力跟狱外党组织取得联系,但终未成功。当新中国的五星红旗在天安门前升起时,他们却倒在敌人疯狂屠杀的血泊中,倒在胜利的黎明之前。

让我们认识一下在广播剧《红岩》片段中出现的三个人物:

齐晓轩(成熟、坚强的党的领导干部)——烈士的真实姓名叫许晓轩,他斗争经验丰富,意志坚定,深得同志们的信任。他是"白公馆"监狱党的领导人之一。1939年春,许晓轩担任中共川东特委青委宣传部部长,后调任重庆新市区区委委员。1940年4月,由于叛徒的出卖,许晓轩被捕,当他得知狱外党组织和亲人们正在设法营救他,便用铅笔在包香烟的纸上写了"宁关不屈"四个大字托人捎出,表现了他坚贞不屈的革命意志。敌人曾要求许晓轩保证不越狱逃跑,他严正地拒绝了敌人的无理要求。因此他被罚戴重镣做苦工,还被关在地牢里。有一天,许晓轩在狱外做苦工时挖回一株石榴树苗,种植在白公馆的放风坝上,这株石榴树至今仍花红叶茂。

1949年11月27日,坐牢九年的许晓轩被押赴刑场。临刑前,他给同室难友留下口头遗言:"请转告党,我做到了党教导我的一切,在生命的最后几分钟,仍将这样……希望组织上经常整党整风,清除非无产阶级意识。"

成岗(他是《红岩》人物中最著名的形象之一)——烈士的真实姓名叫陈然,他是一个杰出的地下工作者,优秀的共产党员。陈然1938年参加"抗敌剧团",1939年刚满16岁时加入了中国共产党。他曾申请去延安,却与联络人走失,后去重庆,又因同一党小组的党员被敌人诱捕暴露了身份,党组织指示他离开重庆并暂时断绝组织关系。由于患病,陈然无法在江津坚持又回到重庆,却无法与组织取得联系。但后来他无论干什么工作都没忘记自己是一个共产党员,并自觉学习革命理论,参加各种斗争。他与朋友创办的一份油印无名小报,引起了当时重庆地下党的注意,由"江姐"(江竹筠烈士)的丈夫彭咏梧(他后在川东地区领导武装斗争作战牺牲,被敌人割下头颅挂在城楼上示众)亲自前来正式接上关系并担任领导,从此这份小报取名为《挺进报》,后来成立"挺进报特支",陈然重新入党任组织委员,以后代理特支书记。陈然负责《挺进报》的印刷工作,地点就在他家里。他白天有职业,只能夜晚印刷报纸。1948年,由于叛徒的出卖,陈然被捕了。敌人用尽了各种酷刑,还对他进行了"诚实注射剂"(所谓"测谎剂")的试验,但都无法使他屈服。他双腿重伤,脚上戴着重镣。对于被捕、受刑,陈然有充分的思想准备,他常说:"要么不干革命,干革命就要坐牢,准备杀头!"他还说:"升官、发财、美人计,这一套根本打动不了我们……"在关押期间,他保持了高度的革命乐观主义精神,与难友们谈笑风生,还高声唱歌,大大鼓舞了难友们的革命斗志。他还积极做监狱下层看守特务的工作,以争取越狱时的方便。后来,大屠杀之夜,就是经陈然帮助教育过的特务把钥匙交给共产党员,使得19人顺利脱险。

陈然烈士于1949年10月28日在新中国成立已近一个月时被敌人枪杀了。他死得很英勇,牺牲时才26岁。陈然烈士给我们留下了《我的自白》和《论气节》这样充满革命气节的优秀遗作。

华子良(《红岩》中最富传奇色彩的"疯老头")——真实的人物原型叫韩子栋。韩子栋1933年加入中国共产党,同年按照组织安排打入特务组织"蓝衣社",获取特务情报转送出来。不幸半年后身份暴露,于1934年10月被捕入狱。他受尽折磨,差点死了,后被救活,先后被关押于南京、武汉、益阳、息烽,最后到了重庆白公馆——整整关押了14年之久。由于监狱中的伙食粗劣,白公馆看守所长在犯人的强烈抗议下,将伙食交由韩子栋负责。此时的韩子栋因长期关押,神情呆滞,衣衫褴褛,蓬头垢面,且老家在山东,在重庆人地生疏。特务对他比较放心,他因此得到了自由活动的机会。

1947年8月18日,韩子栋又跟随看守去买货。按照监狱党组织的指示,趁特务被人邀去打牌,他将草帽放在躺椅上,假装解手走出门去,到了特务的视野之外。他立即飞奔,过嘉陵江,钻山林,经过45天的艰辛路程他终于在河南找到了解放军。1948年1月23日,韩子栋向党组织递交了入狱及脱险的报告,组织审查后恢复了他的党籍。新中国成立后,韩子栋曾在中央人事部、一机部、国家技委、贵阳市委、省政协等单位任职。1992年5月19日,韩子栋在贵阳病逝,终年84岁。

以上介绍的是剧中人物原型的真实情况。广播剧《红岩》这一片段的背景是:革命胜利将临,齐晓轩、成岗利用监狱中放风的机会在白公馆图书馆的地下室里接头,他们正在讨论如何与监狱外的地下党取得联系实施越狱计划。齐晓轩觉得华子良可以利用,而成岗则认为他不可靠,正在这时华子良来了……我们不妨将广播剧《红岩》的这一片段,起名为"接头",它可集中体现情节与动作性。

演播具体处理:

(1)在演播中,应极为重视"规定情境"。"接头"这一片段的规定情境是在监狱中,因此,演播者说话就不能大声,如成岗为保护齐晓轩欲掐死突然闯来的华子良和后来接上头之后他们的兴奋情绪,再激动也得情浓声控压住音量,这样才符合当时的规定情境。也不能演播初始还注意自己是在监狱地下室的秘密环境中,但说着说着就忘了,光顾着人物关系、事件发展、台词内容而兴奋起来,以至于声音越来越大,失去了应有的规定情境。

（2）在演播《红岩》片段时还应注意"动作性"。在"接头"这一片段中,动作性很明显。齐晓轩审察华子良的台词,每一句问话都要目的性很强、重音很准才能与对手的台词搭上扣,使剧情逐步推进。比如,"你是什么人？""为什么到这里来？""你找谁？""谁告诉你的？""什么时候？""如果我不在了,你怎么办？""你的任务？"等一环扣一环,环环相套。反之,语言目的不清,交流不有机,就难以使剧情得到很好的展现。当然,华子良的答话也要接话准确,体现其准确的动作性。

（3）在演播中还要注意把握"人物节奏"和"剧的节奏"。

这里所说的"人物节奏",指一个人平时的"语言基本节奏"和剧中情节所需的"情感变化节奏"之和；所谓"剧的节奏",指剧的情节和情绪所需的节奏。

在"接头"这一片段中,三个人物各有语言基本节奏,它与人物的语言声音造型紧密相连。

齐晓轩是一位性格刚毅、成熟、老练的革命者,他的语言声音造型可以是坚实、沉稳的男中音。因而,语言节奏是沉稳的。

华子良也是一位老练的革命者,但由于他为了党的事业多年在敌人的眼皮底下装疯,久而久之,他的语言就带有了思维迟钝的特点,他的语言声音造型可以是中声区、干涩、发虚、气息不足的,语言较迟缓。因而,他的语言节奏是较缓慢的。

成岗是一位年轻的革命者,他乐观、热情而富有朝气,他的语言声音造型可以是热情、明朗的男高音,语言是爽快、坚毅的,语言节奏也应是明快的。

这个片段中,三个人物都是成年男子,也都是革命者,根据人物台词加上语言声音造型和人物节奏的不同,也能使听者对人物有所区分。

应当看到,由于心理动作不同,演播中人物的"语言基本节奏"还应随剧情有所变化。在文艺作品演播的语言处理中,若"人物节奏"不准确,会使听者感到人物的感觉不对。

比如,"接头"这一片段中（当华子良刚来到监狱图书馆地下室时）的台词：

成　　岗：华子良，你来干什么?!
华子良：慢一点儿，我有重要事情找老齐。
成　　岗：你找老齐?! 我先掐死你!!
齐晓轩：成岗，等一等！华子良，你是什么人？

以上台词提供给我们的人物心理、语言、形体动作都很明确：成岗要保护老齐；而老齐却对华子良的身份有所怀疑，想对其进行进一步考察，因而，制止成岗的行为。

从以上这几句台词中，我们可以想象，伴随着语言，成岗此时必有一个扑向前要掐华子良脖子的动作，但被老齐及时制止住了。诚然，此时成岗的人物语言节奏绝不会是平缓的，而是快而有力的"紧张型节奏"，这样才能体现出他掩护老齐的心理动作和形体动作。老齐制止成岗行为的话，也应一改平时沉稳的语言基本节奏，而用紧张型节奏，否则，成岗早已扑上去了，后果不堪设想。

又如，华子良这一人物平时的语言基本节奏是迟缓的，但在与革命同志接头时，他对自己任务的讲述（尤其后半部）就应既有自己的"语言基本节奏"，又有特殊气氛之下应表现出的稍快、积极的"情感变化节奏"，二者相融才能更好地表现出他作为一个忍辱负重的地下党员此时的心情（那是一种期盼已久的热望与期待实现后的激情）。所以，在演播中，不应只顾及人物的"语言基本节奏"，而忽视由特殊环境下的心理感觉和语言变化形成的"情感变化节奏"。否则，虽然能表现出这一人物的基本语言状态，却不能很好地揭示人物的心理动作和形体动作，为推进剧情服务。

再如，在"接头"这一片段的前半部，老齐与华子良的对话节奏相对平稳，但当华子良讲清了自己装疯的事实真相后，老齐对他有了进一步的了解。下面的对话，自然应逐渐推进双方的语速、接话速度，语言感觉和语势呈上升趋势，以表现二人越交流越对路，直到华子良说出了那关键的、激动人心的联络口号时二人的手紧紧相握。这后半部的对话节奏应是紧张加高亢型节奏，折射出二人的内心波澜。反之，若此时演播中老齐和华子良的人物语言仍拘泥于他们平时的语言基本节奏，节奏平平，毫无推进感，或推进感不够，就烘托不起应有的气氛，可能表现为错误的人物感觉，起不到推进剧情高潮的作用。这样，人物节奏不准确，导致剧的节奏也就不准确。可以这样看，剧的节奏是在人物节奏（加上人物"对话"的节奏，如快慢、高低、强弱、明暗、刚柔的运用和变化）的基础之上形成的。

所以，在广播剧演播中，节奏准确的内涵应是"人物节奏"加"剧的节奏"。在广播剧的演播中，除去把握"人物节奏"以外，我们还应当把握"剧的节奏"。因为，只有二者有机结合，才能表达准确。在广播剧演播中，一般初学者最容易犯的毛病就是你一句、我一句地平稳对话，节奏没有随剧情变化而变化。要知道，没有节奏便没有表现力。

（4）演播中要心跟戏走。在这一片段中，成岗的语言不多，但在演播时，演播者也应随场上其他人物的台词内容及剧情推进而心随其动、情随其变，当需要自己说台词时自然加入其中，呈现有机融合的整体感。不能别人说台词时，自己内心不跟随，游离于外，该自己说台词时，才开口加入，那样势必形成语言和感觉都从零开始的状态。因此，在广播剧演播中，不能因看不见人，便放松心跟戏走的要求，要知道，表演和演播都一样，每一个参加者都不能仅在有自己台词时才进入演播状态，而要自始至终紧跟戏走，不能留有空白。当演播者台词少时，也应让自己的心与情跟场上情节同步发展。只有这样，才能使自己的演播成为剧中的有机元素。

选择这个教材，重点训练语言"动作性"与"演播节奏"。

个案之三

广播剧《悠悠一片情》片段

人物： 冷平　男　25岁　青年雕塑家
　　　　岳影　女　22岁　独唱演员

一　探　访

（岳影哼着流行歌曲兴冲冲走来）

岳影：（敲门）

冷平：（屋内极不情愿地）谁呀？

岳影：（推开门）哎，你是冷平吗？

冷平：（冷漠地）我不认识你。

岳影：哎，我是歌舞团的独唱演员，我叫岳影。

冷平：我正在工作。你要是没事的话……

岳影：（兴致不减）当然有了，冷平，听说你在美术馆用开枪来完成自己的作品，我觉得这才是真正的现代派艺术，我特别欣赏你的艺术观点，所以，今天想认识你。

冷平:(烦躁地)我不是金丝猴,你没必要来参观,我也不想认识你。

岳影:(有些生气)你这样是不是有些失礼呀?

冷平:(提高声音)我再说一遍,我正在工作,请勿打扰。(自己嘀咕)我可没兴趣陪女孩子去买陈皮梅,到电影院替她找座位。

岳影:你错了。不是每个女孩子都喜欢男士献殷勤,比如我。

冷平:我没觉得你与众不同。

岳影:(反唇相讥)这么说是你与众不同了?

冷平:(压着性子)好了。小姐你该走了。

岳影:(较真儿地)今天我偏要让你认识我!

冷平:(无可奈何地)嗳!你不走,我走!(起身走出门,转身对岳影)嘿,你走时给我把门关上。

岳影:(气急)你,你这人,哼,有病!

二 邀 请

(冷平推门进屋)

岳影:(惊喜地)冷平!

冷平:(感到突然)岳影?你怎么又来了?上次不是参观过了吗?还有什么事?

岳影:当然有事了,我办了一个小型沙龙,星期日在我家活动,我请了几个美术界的朋友,他们的思想都很先锋的,今天我是特地来请你的。

冷平:我可不去凑这个热闹。

岳影:你一定要来!

冷平:(没兴趣地)我不去。

岳影:冷平,别那么清高好不好?听听别人的想法,说不定你会有意想不到的收获!怎么样?来吧!我求你了,啊?

冷平:(勉强地)好吧,我去。

岳影:(高兴地)那太好了!一言为定!好,事办完了,我就不打扰了,星期日我等你,你可一定要来啊!给,这是我的名片,上面有地址,你可一定要来啊!再见,拜拜!

三 回 家

(平地,二人的脚步声由远而近——)

岳影:进来吧。

(开门声,开灯声,二人进屋)

岳影:噢,这就是我家。
冷平:来,把外衣脱了,赶紧躺下,盖上被子吧,要不会着凉的。
岳影:谢谢。
冷平:你感觉怎么样?
岳影:噢,头有点晕。
冷平:吃点东西吧。你得好好补养补养。这是我给你买的鸡蛋、麦乳精。
岳影:噢,你刚才去商店是给我买东西。
冷平:来,我给你冲碗麦乳精吧。
岳影:真没想到,你还粗中有细呢。
冷平:对了,你输血还得休息几天。
岳影:你能来陪我吗?
冷平:当然啦。哎,岳影,你还真仗义,像我们男子汉。
岳影:什么呀,我跟林默兰根本不认识,因为她是你的朋友,看你当时急成那样儿,我才给她输血的。
冷平:所以我要好好地感谢你呀!
岳影:(抓住时机)那——怎么感谢呀?
冷平:(一愣)啊,啊,啊,你先赶快休息吧,输了血要多睡觉。
岳影:(抽泣)你,你……
冷平:(不知所措)岳影,你……
岳影:冷平,你告诉我,你是不是喜欢林默兰?
冷平:你看你想到哪儿去了,默兰是我一个叫李小山的哥们儿的女朋友,李小山去美国留学了,临走前把默兰托付给我了。我们的关系就这样。
岳影:不是吧,刚才你在急救室外边焦急、关心的表情和眼神,我看得出来。你对林默兰绝不是一般的感情,何况,她又长得那么漂亮。
冷平:……

广播剧《悠悠一片情》是根据小说《城市爱情》改编的。剧中描写了现代生活中三种不同的爱情:

一是歌舞团独唱演员岳影对雕塑工作者冷平的真爱;

二是冷平对自己朋友的女友林默兰的朦胧之爱;

三是林默兰的男朋友李小山对林默兰的经不住考验的爱。

以上这个片段的剧情背景是这样的:冷平是一位很有才华的青年雕塑

工作者。有一次,他带着自己的作品"梦"去参展,在展览大厅他开枪打碎了自己的展品(他的枪是借的),扰乱了秩序,进了公安局。冷平对自己行为的解释是:自己之所以开枪打碎展品,是因为自己作品的名字叫"梦",再美的梦也是朦胧、虚无缥缈的,碎裂才是它的本质,只有被打碎才能更好地表现它。他不想让观众只成为被动的欣赏者,他希望观众通过参观他的作品也成为艺术的创造者。

  林默兰一连多日每天都到公安局门外等他,直到冷平被放出来。为此,冷平十分感动。本来他应当受朋友李小山之托照顾其女友林默兰的,没想到却给对方带来那么多麻烦。更让冷平触动的是,林默兰得知他的真实想法后竟以女性的温柔和恬淡的言语告诫他:不要总以为自己与众不同,别人都是芸芸众生。现代派的表现形式有许多种,不能只抓住一种。另外,自己的作品打不响,不要总怨别人,应该从自己身上找原因,否则,只会成为末流的卖艺匠。这一席合情入理的朴素之语,使冷平陷入沉思,也使他对林默兰产生了莫名的好感。

  回到家中,本市歌舞团的独唱演员岳影心怀崇拜前来拜访冷平,想结识他,但正在全情投入雕塑创作的冷平很不耐烦,不想与之交流,于是,便有了以上的第一段戏"探访"。

  有人言:没有矛盾便没有戏剧。这一段剧正应验了这一点。在这一片段中,矛盾的焦点是:岳影兴冲冲想认识冷平;而冷平却心绪不佳,正在创作,不想被人打扰。

  演播具体处理:

  (1) 人物语言声音造型

  岳影:年轻、小有名气、性格活泼、追求时尚、自信、任性,但又不是一般的庸俗歌星,有其追求。因此,岳影可以是女高音、音色甜美、语势上行多,语气热情、讥讽、愤怒并备,语速偏快,表现其活泼、热情与任性。语言表达总体上是先热后冷。

  冷平:年轻、事业心很强、性格孤傲,有艺术家的偏执,自觉与众不同。冷平可以是男高音、语言懈怠、语势下行多,语气冷淡、反感、激将并备,语速变化多,时而嘟哝,时而愤怒。语言总体始终冷淡。

  (2) 在第一个片段中,人物语言的表达应注意"语气""潜在语"的运用和"重音"的把握

  比如,岳影说:"哎,我是歌舞团的独唱演员,我叫岳影。"

  这句话的语气应是自信并有点儿奇怪的,言外之意:我这么有名,你怎

么都不认识？千万不可将此话处理成一位"女医生"或"女记者"的客观、礼貌的单纯介绍之语，或者处理成"女学生"的怯怯之语。因为，那样表现不出岳影"文艺工作者"活泼、热情的特征。当然，也不应将此话处理成十分虚荣的语气，因为，岳影还不是个一般意义上的庸俗歌星，她对艺术和人生还是有自己的追求的。所以，表达中要依据她的人物基调把握其度，让语言表达更加准确。

又如，岳影说："你错了。不是每个女孩子都喜欢男士献殷勤，比如我。"

这句话中的"每个""我"可以突现成为重音，因为这些词语体现了岳影的自信与不满。在具体处理上，"每个"可以声音加重说，表现说话者的不满；"我"可以慢说并伴有上行弯曲的语势，充分体现说话者的自信。

再如，冷平说："我没觉得你与众不同。"

岳影说："这么说是你与众不同了？"

在这一对话中，究竟强调什么才能使语意清楚、有逻辑性，更好地外化人物内心，揭示其潜在意味？前一句应强调"与众不同"，后一句应强调"你"。具体表达时，前边重音应持不以为然感，语言平淡；后边重音则处理成讥讽语气，音程拉长、语势上行带拐弯，可以很好地表现说话者的反唇相讥之感。

又如，岳影说："今天我偏要让你认识我！"

这句台词，我们可以根据广播剧演播的特点与剧中规定情境，将"偏要"二字作为重音处理，用提高、加速的方式说出，表现一种冲击力。我们还可以通过合理想象，将岳影说这句话时想象成她一边说话，一边反而较真儿地坐下不走了。要生动体现这一情景，演播中可一方面用气息节律的变化来表现，另一方面可以将完整的句子拆开来处理，在"今天"后面顿一下，以表现出说话者在寻找椅子，然后，再一口气说完后面的台词，配合气息，以表现出此人一屁股坐在椅子上赌气就是不走的情景。

在这后面冷平的台词中，可以顺势加上一句提示性"水词儿"（如"哎，你、你怎么倒坐下了！"），听之似看见这一幕。这使得我们的表达既有形象感，又生动、自然。

演播"邀请"这段戏时，应重点抓住岳影改变了"对策"，用女性的软缠硬磨达到接近对方的目的。同时，也应表现出冷平听了林默兰对自己劝导的话后，对自己的艺术追求有所思考。所以在岳影的力邀和"文艺沙龙"的诱惑下，冷平终于答应了对方的邀请。

"回家"这段戏主要表现冷平送岳影回家，为了感谢她为林默兰输血而给她买了不少食品,对此,岳影产生了误会,以为冷平对自己有些好感了。因此,冷平只得在礼貌与躲闪中应付着对方。最后,岳影终于明白了对方的内心。

演播这段台词,要注意细腻的体验与层次变化。这时的双方都已不是开头的自己了,他们之间的关系渐渐发生了一些变化。要调整准演播的心态和表达交流方式。

总之,广播剧演播的表达需要合理想象、生动处理台词。在这其中,既要兼顾人物形象造型、表现剧情,也要把握语言表达的自然、生活化与准确。

个案之四

连续广播剧《风雪昆仑山》

冯福宽　向东

人物： 向西行　男　三十多岁　指导员
　　　　鲍琪琪　女　二十三岁　护　士
　　　　黄　沙　男　二十几岁　汽车兵
　　　　姜　宁　女　二十几岁　护　士
　　　　吴英明　男　五十二岁　院　长
　　　　寒天梅　女　四十多岁　护士长
　　　　唐济民　男　三十五岁　教导员

广播剧《风雪昆仑山》是根据李斌魁的小说《啊,昆仑山》改编的。它是一首弘扬主旋律的激情颂歌。该剧歌颂、刻画了两代昆仑山人,着重描写了在艰苦的环境下新一代昆仑山人在成长。

该剧的背景是:在昆仑山脚下的沙城县,有一所五二七守备医院。这所医院担负着一线哨卡、运输部队及驻军的医疗任务。为了前接后送,及时抢救病人,医院从50年代起就在山上建立了一个红柳泉医疗站。这个站海拔3000米以上,高寒多雪,交通不便,生活非常艰苦。驻站的医护人员每年都要替换,今年该轮到从大城市上海来的女护士鲍琪琪她们了。

鲍琪琪的母亲与这个医院的现任院长吴英明曾是一对恋人,但当年因经不住艰苦环境的考验离开这里回到上海。鲍琪琪的母亲给医院政委写信要求让女儿留在山下复习功课,然后回上海进修。但吴英明院长认为:"不管是谁,只要他到了五二七,不上昆仑山是不行的。就是关系再硬的人,他就是上了车我也要把他拽下来,送到山上转一圈。"后来,鲍琪琪赌气上了山。一路上,她搭的是九十二团汽车连指导员向西行的车。

在这之前,他们有过一次不愉快的见面:向西行去医院看病因控制不住呕吐,溅到了鲍琪琪身上一点儿,鲍琪琪不依不饶,向西行与他的搭档兼好友黄沙对她很是反感。这次,在上山的路上,起初,向西行看鲍琪琪被颠簸得五脏六腑都要吐出来了,还幸灾乐祸;但当鲍琪琪真的非常难受时,向西行还是给予对方战友般极大的关心与帮助。鲍琪琪也从向西行、黄沙的身上看到汽车兵们艰苦的工作环境和他们的高尚精神。比如,高山缺氧,车路艰难,汽车兵们用雪水煮饭,就是再苦,也不动车上拉的菜。这一切都触动了她的心,鲍琪琪与汽车兵们的心贴近了。

从此,鲍琪琪的心里有了向西行,经过激烈的思想斗争她放弃了回上海进修。后来,她看到新老两代军人在昆仑山的艰苦奋斗,这些都促使她成长为一名真正的昆仑山人。正如剧的结尾一段解说词所说:"新的一代昆仑山人在短短的时间里,长高了,长大了,成熟了!他们经住了恶劣环境的考验,经住了艰苦生活的磨炼。啊,昆仑山啊!你仿佛有股神奇的力量,你使人们的灵魂净化,你使人生的价值得到升华!"

正如小说《啊,昆仑山》的作者李斌魁所写:"喀喇昆仑山的自然条件的恶劣是人们所难以想象的,也许正是在这种超乎常人想象的环境中,我们的军人才找到了自己的位置,发现了自身的价值。他们有的驻守边防几十年,有的为国捐躯,掩埋在冰山雪岭之下。在这里,有驻守海拔五千三百米之上、被中央军委命名为'钢铁哨卡'的战斗堡垒,也有爬冰卧雪的英勇的汽车兵。他们有幸福,也有痛苦;有欢乐,也有烦恼。他们每个人的心灵都是一个五彩斑斓的世界。然而,这个偏远地域里的世界却鲜为人知……我只想让更多的人知道:在这片土地上,今天还有一些远离人群的军人在这样地生活着。"

同样,广播剧《风雪昆仑山》的编剧之一冯福宽也抒发了自己的创作感想:"近年来,在经济大潮的冲击下,有些人把一些美好的东西忘却了……因此,在我们身边出现了许多不应该出现的事情,出现了许多和我们伟大的时代格格不入的事情。这时候,我们又想到了我们最可爱的人。在有些人见利忘义的时候,他们却在万里海疆默默地无私奉献;在有些人在灯红酒绿下尽情挥霍的时候,他们却在风雪高原卧冰爬雪。……我就想,如果没有他们,我们还谈什么社会主义祖国的安全,还谈什么四个现代化建设!……我们想让更多的人知道,在那漫天风雪的最艰苦的地方,还有一些最可爱的人在那里守护我们；我们应该清醒地认识到，没有他们就没有我们的一切！"

《风雪昆仑山》是一部好教材，它引导学生们不能只沉迷于物质享受，要视野开阔，具有历史感和使命感，成为新时代的有用人才。就专业训练而言，这部作品的内容也是丰富的，剧中着力塑造的几个人物很有光彩。

鲍琪琪：该剧女主角。她二十几岁，上海人，毕业于军队护校，分配来昆仑山军队医院工作。她性格爽朗，由于母亲与院长、政委、护士长等曾是战友，无形中有种优越感。但随着她与汽车兵们的接触，以及汽车兵们高尚情怀的影响，她的思想有了很大变化，精神境界得到升华，成为新一代昆仑山人。

向西行：该剧男主角。他三十几岁，北京人，参军来到昆仑山，后提干进入军校学习，但毕业后他违背爱人的意愿又返回昆仑山工作，担任汽车连指导员，为此二人分手。因而，他对女性有种敬而远之的感觉。但他又不失温情的一面，他是战士的朋友，也是以身作则的领导。他是剧中重点描写的对象，剧中集中表现了他的革命乐观主义和英勇献身精神。

黄沙：该剧重点塑造的形象之一。他是农村兵，二十几岁，却已参军八年。艰苦的生活使他患有严重的胃病，胃被部分切除。他是剧中很有特点的人物。他平时嘴上多有"怪话"，但关键时刻却表现了一个军人的高尚境界与对革命的忠诚。在风雪中，他永远长眠在那高原之中。他是一个性格色彩丰富的人物。

吴英明：该剧重点塑造的形象之一。他是军队医院的院长，五十多岁，身患高血压，却还和年轻人一起上山工作，他是老一代昆仑山人的代表。就像他对战士们说的："既然穿上这身军装，就什么也别说了！小伙子，这就叫军人，军人哪！"

广播剧《风雪昆仑山》我们选择了四个片段，根据所表现的内容，我们不妨将其命名为：《上山》《了解》《交锋》《牺牲》。

一　上　山

（急促的脚步声）

姜　宁：琪琪，琪琪！

鲍琪琪：你别管我，这样整人就是不行！

姜　宁：我求求你，别去找吴院长了！

鲍琪琪：哼！吴老头子，他干吗老盯着我？看我不顺眼！去年欢迎会上你没见？第一天就跟我过不去，这回就是他点名叫我上山的，还说"鲍琪琪这个人一定要去"。去就去呗。上昆仑山有什么了不起?可现在又要换我!一会这,一会那,这么摆布人呀,不行!

姜　宁:你听我说。别去找领导闹。你知道吗?唐教导员都发脾气了。

鲍琪琪:我知道,吴院长要换我,唐济民不但不替我说话,反而还说什么"对鲍琪琪这种特殊兵就得弄到山上去治一治"。你听听这是什么话!凭什么治我?我是劳改犯?反革命?我非找他们不可!

姜　宁:快别说了,琪琪。

(几个士兵吵吵嚷嚷从远处走来)

黄　沙:哦,姜护士、鲍护士,来点瓜子吧?

姜　宁:谢谢,不吃。

黄　沙:鲍护士吃点吧?五香的。鲍护士,吃吧,没关系,咱们不是病友?噢,对了,九十二团驾驶兵黄沙向您告别,我今天出院了。拜拜了!

众士兵:拜拜!古的拜!

鲍琪琪:瘪三样!

众士兵:(笑)瘪三样……小瘪三……

鲍琪琪:鬼地方,我简直待不下去了,不行!我要找吴院长去。

姜　宁:琪琪,你……

鲍琪琪:我要上山!一定要上山!

姜　宁:那你要冷静,态度要放好点,好好跟吴院长说。啊?

鲍琪琪:我知道,你放心好了。你快去值班吧。

演播具体处理:

片段一:《上山》

这一段,主要表现鲍琪琪又听说组织上不让自己上山了,为此,大家议论纷纷。她冲动地要去找领导理论,战友姜宁追出劝阻。在这一片段中应突现鲍琪琪的怒气、坚持与姜宁的极力相劝,以及黄沙等战士的顽皮给予鲍琪琪的刺激。

演播中应注意:

(1) 鲍琪琪的话要有层次,不能一个劲儿地往下冲,表达要有层次与变化。处理吴英明、唐济民的话,可有些模拟,但透出一些不满的"嘲讽口吻",增加表达的生动性。

(2) 黄沙与众战士的话不能处理得太文气,因为这是生活在西北高原艰苦环境中的战士;但也不能像"盲流""无赖",要把握分寸。还要注意,众战士的语言可添加一些相应的"水词儿",同主要角色的台词配合有主次,交叠融合,错落有致。

(3)还应注意对话筒的运用。比如,开头鲍琪琪从屋里冲出,姜宁在后面追她时连喊两声"琪琪""琪琪"。演播时,可以分别处理成:侧对、正对、近对话筒,形成三种不同的距离感,再配以适当感觉喊出,以表现"姜宁"追"鲍琪琪"的不同距离感。片段中,黄沙和众战士来到鲍琪琪和姜宁面前,后又离开的场面表现,也可以让演播者侧向、正对话筒,表现由远及近再由近及远的移动感,显现声音层面和出现与消失的场面调度。

二 了 解

解说:向西行这个名字使鲍琪琪感到欣慰、鼓舞,又有一种说不清楚的吸引力。一个多月来,这个名字一直在她的心中游弋着。甚至当她翻阅她的日记时,读到她对向西行那些充满敬佩和感激的词句,那口气热情得连她都脸红。向西行,是向西行!琪琪的心砰砰地狂跳起来。

(脚步声、门声、喘气声)

黄　沙:你好,鲍小姐!

鲍琪琪:哦,黄沙,是你呀。就你一个?什么呀,你个猴子!

黄　沙:咋?一个人不是人?

鲍琪琪:什么呀!来,快坐嘛!站着干什么?

黄　沙:行啦,咱这屁股上竟是油,可不敢乱坐,你们这么干净的床咱更不敢坐,哎,这块石头正好。

鲍琪琪:别出洋相了,就坐床上嘛!

黄　沙:好,好,这儿有个小凳,行了!

(凳子声,拿糖盒声)

鲍琪琪:来,吃糖,我们这儿可没烟招待哟!

黄　沙:行啦。有你鲍护士这个热情劲,咱就够了。刚才,我在你们站门口转悠来转悠去,进门时心里还直发毛,心想万一见了面你要问我一句:"你是谁呀?找我干什么?"哎,我这脸非装在口袋里扛出去不可。

鲍琪琪:瞧你说的,你们才是那样的呢!

黄　沙:现在一看还行,一个多月还没忘记咱们哥儿们!哎哎,嘴上走火了,还真没忘记咱们革命同志。

鲍琪琪:(笑声)油条!

黄　沙:哎,到底还是一块儿翻过冰达坂的战友嘛!

鲍琪琪:哎,你们住在哪儿?

黄　沙:兵站呀!

鲍琪琪:哼!你们这些人啊,还有脸说人家?住在兵站也不来看我们!

黄　沙:咱这人可是讲义气的,我是真想来。可指导员不准请假呀!

鲍琪琪:行啦,再别提你们指导员啦,提起他来我可就气大了!哼,送我们上山那天晚上,满口答应把车停到兵站就来,我做了饭等啊等,等到两点多也没个人影,害得我们全宿舍的人都陪着不能睡觉,还吃了几天剩饭。

黄　沙:嗨,你要早说我来帮你们吃!

鲍琪琪:滚吧你,第二天一早到兵站找你们,站长说你们晚上加了油,根本就没在站上住。

黄　沙:哟,这是哪辈子的事,你还记着呢!

鲍琪琪:当然记着,你说说,你们这事办的气人不气人?光会骗人!回去告诉你们指导员,我记他向西行一辈子!

黄　沙:那好哇!能记一辈子,这说明你鲍护士老想着我们指导员。

鲍琪琪:狗嘴里吐不出象牙,不跟你说啦!

黄　沙:哎哎,别生气!说老实话,你别看我们指导员整天嘻嘻哈哈的,可他心里像猫抓一样,难过着呢!

鲍琪琪:什么事?

黄　沙:他叫你们这样的年轻女军官可坑苦了!老实说,他见了你们这样的人就有气,所以他才不会到你们这儿来呢!哼,那事要摊上我,我也不会来的!

鲍琪琪:怪了,什么事嘛?我们又没得罪他?

黄　沙:我不是说你,真的,真不是说你。我说的是那个没良心的张瑞瑞!

鲍琪琪:哦,对了,你在山下答应我的,上山后一定给我讲张瑞瑞的事,快说,到底是怎么回事?

黄　沙:嗨,反正就是男女之间那种事,爱情!那个混账女人,可不是玩意儿了!

鲍琪琪:别那么恶劣好不好?人家不爱他是人家的自由,凭什么骂人呢!哼,(佯装地)我看你们指导员也没什么可爱的!

黄　沙:什么!我们指导员不可爱?告诉你,像你们这样的能找上我们指导员,那可是你们的福气,你们就偷着乐吧!

鲍琪琪:呃,恶心!他好,能让人家给蹬了?

黄　沙:蹬?哼!她张瑞瑞——我不说就是了!

鲍琪琪:不说就别说,谁爱听你们那些臭事?来,喝水。

黄　沙:唉哟!哟……

鲍琪琪:你嘴流血了!哟,嘴唇怎么裂成这样了?来,我给你涂点药。你别动,我来给你擦。

黄　沙:没事,我们谁都这样,指导员比我还厉害呢!

鲍琪琪:真的?

黄　沙:咱们分手以后,我们一直在热水海子蹲着。那鬼地方,不管谁到那儿都有反应,还特别厉害。前几天工兵三团一个姓乔的新兵正干着活就不行了,赶紧给你们打电话。

鲍琪琪:我们李医生他们上去了呀!

黄　沙:扯淡!他们到了上面已经两天过去了。

鲍琪琪:那有什么办法?我们又没有车!哎,那个战士怎么样了?

黄　沙:还能怎么样?死了!

鲍琪琪:死了?

黄　沙:死了,才十九岁啊!上去就坐我的车,一套军装没穿破,今儿又坐我的车进了陵园了,棺材也挺好的,又换了一套新军装……当兵的嘛,还要个啥!说实在的,我要哪天伸了腿,只要你鲍护士到那去看咱一眼,咱到阎王爷那再开车保证不会闹情绪。

鲍琪琪:别瞎扯!

黄　沙:要说正经的你肯定又不爱听。你们为啥就不能到前面去巡回医疗?就都坐在这儿等我们来请!哎,眼睁睁地看着上面的战士一个个地死,你们能坐得住?

鲍琪琪:我们也正组织巡回医疗呢!

(汽车喇叭声、人声:"喂,驾驶员呢?")

黄　沙:哎,来了!我走了。

鲍琪琪:你们千万要注意身体啊!

黄　沙:没事,我死不了!指导员怎么样我可不敢保证。哎,最好你能参加巡回医疗来我们那儿看看他,他就在热水海子那儿等你呢!

鲍琪琪:去就去,你个坏包!

黄　沙:哎,你可千万别告诉他我来过。他不让来你们这儿。

(汽车喇叭声、人声:"黄沙!黄沙!")

黄　沙:来了!来了!我还没死呢!走了,鲍护士。呗呗!

片段二:《了解》

这一段,主要描写了黄沙来到医院宿舍看望鲍琪琪。从黄沙与鲍琪琪的谈话中,我们了解到向西行的现状与昆仑山军人的生活写照。同时,也看到鲍琪琪的思想转变与行为变化。

演播应注意:

(1)处理要有重点与层次:这段剧有三个大的层次,即掩饰、追探、了解。每个人物的语言也要有层次。

(2)把握好人物心理:鲍琪琪想多了解向西行的一切,却又有所掩饰;黄沙了解二人的心境,有心促进他们的了解。

(3)注意形体动作的配合感:如人物搬小凳、坐下、打开糖盒、倒水等。在演播台词时,也要兼顾人物的动作及空间位置感,使演播生动。

(4)注意人物的肌体感:比如黄沙嘴裂说话时疼痛吸气的感觉。但又不能一直咧着嘴说话到底,应配合内容点到为止,否则,会影响台词的清楚表达。

(5)处理人物台词要准确:尤其是黄沙的台词更应注意准确,要既风趣,又表现出昆仑山军人的内心世界。比如,谈到他的车拉的新兵刚上山不久又坐着他的车进了陵园时的语气、态度。其后的台词,又回到他的性格主基调上。

三 交 锋

吴英明:起床!快,来车队了!

寒天梅:快,一定又是危险病人!

(急促的脚步声)

鲍琪琪:哟!黄沙!

黄　沙:鲍护士,我们指导员——你看!

鲍琪琪:啊?向西行!快点,快抬进来,那是我的铺,你磨蹭什么呀!

(忙乱的放人声)

吴英明:琪琪,快去拿氧气瓶。

鲍琪琪:哎!

(跑步声)

黄　沙:吴院长,病这么重,为什么不把他送到山下去?

吴英明:如果严重的话,不用你讲,我们也会把他送下去的!

黄　沙:哦,人都成了这个样子还不严重,要怎么样才算严重呢?

众战士:(甲)难道指导员死到山上才算严重吗?
(乙)死了你们也不会发善心的!
(脚步声临近)
鲍琪琪:吴院长,氧气瓶。
吴英明:天梅,你给输氧,琪琪,你准备注射。
黄　沙:吴院长,你就准备用这玩意儿应付一下就了事啦,是吗?
吴英明:我说过,你们指导员是一般的高山昏迷,不要紧的,你放心好啦!
黄　沙:不要紧的?你看看人成了什么样子了!
鲍琪琪:吴院长,还是送下山去吧!
吴英明:我说过了,给氧、注射,休息一会儿他还可以开车!你们听见了没有?
黄　沙:你还要他开车?开个蛋!我们是人,不是毛驴子!我们指导员已经几天都没合眼了,昨天在野马沟差点翻了车,在水里泡了十几个小时,推着车往前走,昆仑山上推汽车是什么滋味你知道不知道!这个小战士冻得哇哇直哭,我们指导员解开衣服用自己的身子抱着他才暖过来!好我的吴院长啊,人都是爹娘养的,如今俺指导员已经成了这个样子,你还想叫他开车,你有没有良心?
小战士:(哭泣声)首长,你就让我们指导员下山吧,我给你们拉过冬炭,拉过菜,现在,你叫我——叫我给你们干什么都行啊!
鲍琪琪:吴院长,你……
黄　沙:走,鲍护士,你跟我们走,咱们送指导员去。
吴英明:不许去!
众战士:(甲)为什么不许去?!
(乙)你们这些当医生的还有没有一点人性?!
吴英明:往后去!你们想干什么?
众战士:(丙)好狗日的,耍野蛮了!
(丁)打死这个老王八蛋!
鲍琪琪:小心氧气瓶!
众战士:打!打!
塞天梅:住手!小黄,你打吧,打吧!我知道你们苦,你们有气,有火,骂也好,打也好,反正都是自己的同志,没有啥!可你们看看吴院长,好好看看——看看他的脸肿成什么样子了?五十二岁,头发都白了。他还上山哪!

他上了整整一辈子昆仑山!他的血压现在到了二百二,他还不让我跟其他人说,照样和你们年轻人一样拼命干。从早到晚,天没亮就爬起来处理病号,到现在连口水都没顾上喝。你们要有气就打我吧,我不会怨你们的。你们打吧,打两下你们心里也许会好受些。打吧!打吧!

(黄沙的哭声,战士的哭声)

吴英明:别哭了,小黄。都别哭了!昆仑山上当兵过的日子我心里都明白。可是,既然穿上这身军装,就什么都别说了!小伙子,这就叫军人!军人哪!好啦,把眼泪擦了,你们去吧!

黄　沙:是。吴院长,请你们多费心。……

众战士:多费心。

吴英明:指导员交给我了,你们尽管放心!

片段三:《交锋》

这一段,主要表现了指导员向西行昏迷,战士们将其抬进医疗站,他们希望把敬爱的指导员送下山进行更好的治疗,可院长吴英明却不允,引起战士们的误会,并要与之动手。紧急中,护士长塞天梅讲出老院长带病坚持工作的情况,并说出一番感人肺腑的话,感动了战士们。老院长乘机对他们讲军人的职责,从而平息了一场误会。

演播应注意:

(1) 人物语言声音造型要到位

吴英明:男中音,老练,语言苍劲稳实,语速不快,有自己医务工作者及军队领导的气质和基本语言节奏。不能跟别人跑。

塞天梅:女中音,气质稳健,语言坚实,情感浓烈、真挚,节奏有变化。

黄　沙:男高音,声音有些沙哑,性格外向,语言中带有粗话,语速较快,有冲击力。

鲍琪琪:女高音,清高,语言清亮,情感深挚,语速偏快。

(2) 处理要有层次与节奏变化:如黄沙与众战士的冲动、塞天梅一番感人肺腑的话和情节(由高潮到平缓)。

(3) 演播要符合人物特点:如此段开头,吴英明敲门叫护士起床迎接病人的话,不必太急或慌乱似新兵,因医院经常有这种紧急情况。再者,医生的职业特点决定了他们经常处于冷静状态,何况吴英明又是院长,是位军队首长。当然,他的语言情绪也要比自己平时的基本语言节奏稍快,否则,就不符合规定情境了。

(4) 要会配戏:如演播众战士要打吴英明的戏时,不能刚喊一两声"打",便紧接塞天梅的大段话,应等塞天梅高喊"住手"的话混在战士喊"打"声中出现几次后再说。这样,可以表现出塞天梅制止不住战士的情绪,提高了嗓门、拼尽全力最后喊出"住手"才控制住局面,使大家安静下来。又如,不能战士们被塞天梅的话感动得刚一哭就紧接着出现吴英明的话,应待以上情绪发展一点儿再接下面吴英明的台词,这样,才能把戏做足。

四　牺　牲

(汽车行进声,几声喇叭长鸣,远处几声喇叭呼应着)

(突然,另一辆汽车拼命地超越过去)

(紧急刹车声,开车门声,脚步声)

向西行:黄沙,你吃错药了!发什么疯?明知道发动机架是凑合事儿,你还超车!你看看!弄成这样还怎么修?

(发动机盖声)

黄　沙:你喊个屁!这本来就没法修嘛!

向西行:你怎么知道没法修?要是能碰上辆过往的车——

黄　沙:碰见个鬼!连鬼都碰不到了!别说这条路,就是这个昆仑山,也只有咱们这样的孙子辈的才来呢!是人都不这儿来,来这儿的都不是人!

向西行:那你也不是人?

黄　沙:我也不是人!

向西行:你是个搅屎棍!

黄　沙:搅屎棍就搅屎棍,只要我不死,就搅它个翻天覆地!妈的——

(修车声)

黄　沙:哎呀,我说别费神了,我都弄过多少回了。哎,破木头板、烂铁丝能当支架用,还要汽车制造厂干啥!我说趁早把车甩在这儿,你快点跑,到班魔掌叫辆车来接!

(发动机盖声)

向西行:好吧。来,把车上的罐头卸下来,往我车上装,能装多少装多少!

黄　沙:来,你在车上递,我来扛。

(解绳子声,搬动箱子声)

黄　沙:这熊天!下,下!真见他妈的鬼啦!

向西行:伙计,今年这个关口可真不得了哇,什么都往前赶。

黄　沙:跑吧!只要能喘气,就得开着车跑,除非累死了才算数。妈的,假如进棺材时蹬个腿儿,还得拽起来开车!

向西行:给。少啰唆!只要你还能骂人,说明你小子还有点精神。

黄　沙:对,咱们就是属龟孙子的!

(搬动箱子声)

黄　沙:再来一箱。

向西行:行了,别逞能!

黄　沙:来吧!(唱)"咱这全身都是劲儿呀……"

(搬动箱子声)

(脚步声,连人带箱子摔倒声)

向西行:(大笑)不逞能了吧?真是个搅屎棍!

黄　沙:正好,咱昨晚在热水海子连口水都没喝上,水壶也早空了,干馒头也咽不下去,这散了箱的吃起来倒方便,省得撬箱子。先一人来一筒!

向西行:少废话,快捡起来往车上装。你小子老毛病又犯了!

黄　沙:我猜着你准是这两句话。实际呀,我是想给鲍护士留两筒。她可最爱吃桃子罐头。哎,指导员,留两筒吧,等到了班公湖你悄悄地往她手里一塞,别的话你也别说,她准高兴。心想:哟,小向可真是有情有义!

向西行:少废话,接箱子!

黄　沙:哎,指导员,我发现鲍护士最近真的有点变了。嗯——"我从你们的身上,看到了军人的责任,生活的含义,也找到了自己的位置。正由于我懂得了一个昆仑军人所付出的代价,我才决心永远和你在一起。小向,你成熟、热情、坚强,能使我充实、满足,感到真正的幸福……"啊,亲爱的向西。叭!吻你。

向西行:你,你混蛋,什么时候偷看的?

黄　沙:如何?一字不差吧?这后边是我加的。

向西行:你少扯淡。眼看要过达坂了,天这个样子,你就不着急?

黄　沙:着急,孙子都有了!哪能现在还在谈情说爱呢!

向西行:看看,雪又大了!你快戴上帽子,感冒了可不是好玩的,稀稀拉拉!

黄　沙:妈的,怪不得我觉得头皮发凉,耳朵发麻,这头顶上盖着一层雪呀!

(黄沙打了个喷嚏)

(汽车吃力地爬着)

解说：大雪像个白色的精灵，没完没了地下着。天黑了，向西行只能凭着印象寻找道路。

（汽车原地轰隆声，打滑声，终于不动了）

向西行：哎哟，我的老先生！这一夜才拱了十几公里呀！

黄　沙：（呕吐了几口）……唔，唔……

向西行：好，歇口气，伙计，够劲吧？

黄　沙：没事儿，咱见得多了！唉，我的药呢？

向西行：我说，赶明儿咱们一起休假上北京，给你换个狗胃吧？

黄　沙：行，换个狗胃，屎都敢吃！妈的，要是有口水吃个药就好了（咳嗽几声）这干咽可真够受的。

向西行：给你来筒桃子罐头怎么样？

黄　沙：嗯——咽了！你想让我犯纪律呀，才不上你的当呢！

向西行：别客气，来筒吧，不会给你处分的，跟指导员一起偷吃可保险啦。那桃子既甜又带点酸，可开胃了！

黄　沙：反正我把药已经咽了，不稀罕！咱来根烟抽，赛过活神仙。

向西行：给我也卷一根吧。

黄　沙：哎，指导员，你应该好好培养鲍护士，让她跟我学学如何卷好莫合烟。等你们结了婚，你开车时，两个指头一伸，她这么一卷，再吸两口，然后往你嘴里一塞，来个间接接吻，那多有味儿呀！

向西行：你小子又活过来了，烂胃又好了吧？

（汽车发动机声，又轰了几下油门声）

向西行：不行呀，水箱温度不够，已经开始上冻了。

黄　沙：快，把雪捏成块，塞到水箱里去。

（风声，车发动声）

向西行：快，我的手指头不能动了！

黄　沙：放在我这儿暖一暖。来，哎呀，比冰棍还凉。

向西行：妈的，真冷呀！不管怎么说，咱们也要把菜送上去。

黄　沙：你来发动。我去捏雪。

向西行：别逞能了，你难受的样子以为我没看见？我再捏几块。

（风声，车发动声，发动声突然停止）

向西行：不要停！不要停！怎么搞的嘛？你说话呀？——小黄、小黄你难受得厉害吗？你说话呀！

黄　沙：有点儿反应。没，没关系。来！

（车又发动了,发动机盖声）

向西行:不行了,水箱上半截全冻住了。

黄　沙:妈的,拼啦！你上来,咱们冲下去！拼完水箱的水拉倒,说不定还能冲下达坂呢！

（汽车启动声,行进声）

向西行:向左打——再向左——

（汽车轰鸣着、颠簸着前进）

黄　沙:妈的,老子就不信——来吧！

向西行:向右打——好！好！

黄　沙:冲啊！冲啊——

（音乐扬起,狂风怒吼）

解说:天亮了,暴风雪终于稍停了一些,好难熬的一夜啊！昨天,向西行和黄沙弃车而走,他们走啊走啊,似乎走了很多很多的路——

黄　沙:(喘着粗气)指导员,这是哪儿呀？咱们走到哪儿了？

向西行:小黄、小黄,你快看,咱们的车还在——还在——咱们走了一夜,又走回来了——

黄　沙:是呀,到底是开车的,走了一夜,还是离不开车。汽车好像是咱们的老婆——哎,指导员,我看咱们靠在这汽车边歇一会吧。

向西行:小黄、小黄！

黄　沙:别——别喊。我想睡觉——

向西行:来,起来。快走吧！

黄　沙:我——我实在走——走不动了。你一个人走,一个人走——走吧！

向西行:你瞎说什么呀。来,抱着我的脖子,我扶你起来。

黄　沙:不,我——我不走啦！我睡在这可——可舒服啦——

向西行:你——你想等死吗？不,不行。来,我背着你走！——

（向西行大口大口喘着粗气）

（雪里的脚步声）

解说:"我背着你走！"在这海拔六千八百米的冰峰之巅上,空气是那样的稀薄,哪怕是钢铁之躯都难以忍受。"我背着你走！"向西行背着黄沙,只走出两米多远,他的腿就再也抬不起来,"扑通"一声倒在雪窝里。

（喘气声）

黄　沙:放下我,指导员——放下我——你——你放下我啊!

向西行:你——你——快——快站起来!

黄　沙:我不走!死——死也不走了!你——你让我——死好啦——让我死吧!

向西行:(喘着粗气)(边打边骂)混蛋,你是个混蛋!没出息的混蛋!我——我打死你——你——你还是个军人吗?是军人你就给我站起来,站起来!我命令你站起来!

(脚步声)

向西行:对了,这才是军人的样子嘛!

黄　沙:(突然地)指导员,我求求你,你走吧!快走吧!

向西行:(搂住黄沙)不,小黄!我——我不能甩下你不管,要死我们就死在一起吧。小黄,不——

(喘气声)

黄　沙:走吧,指导员,咱们为什么要——要死呢?应该活着——活着啊!你——快到哨卡去,这样才——才能救我。要不——咱们可真的要一起完蛋了。你——你不觉得冤得慌吗?

向西行:好吧。小黄,你躺在这儿别动,千万别瞎折腾,我马上就回来。来,把我的大衣盖上。

黄　沙:放心,我——我没事,不就是高山反应嘛——

向西行:一定要记住,别折腾!

黄　沙:你别啰唆了,我又不是新兵蛋子,用不着那么操心。指导员,这个锹把儿你拿着,当个拐棍使。指导员,你快走吧!说不定同志们正找咱们呢。

(风声大作)

解说:昆仑山啊,你是伟大的;然而,你更是无情的!你的无情就在于你的高、你的寒、你的雪、你的冰。一阵冰雹过后,向西行又爬了起来——

(音乐衬播)

天茫茫,地茫茫,迷路的向西行竟在原地转了一天,又见到黄沙。

向西行:(喘着粗气)黄沙——黄沙——

(人的爬行声)

向西行:黄沙——黄沙——黄沙!

黄　沙:啊——

向西行:你——你——你怎么——跑到这儿来啦?

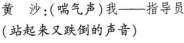

黄　沙:(喘气声)我——指导员

(站起来又跌倒的声音)

向西行:黄沙,你别——别动!

黄　沙:来,来——指导员扶我起来吧。指导员,我没有劲了。妈的,这时候要有个拍电影的多好,这镜头多好啊。指导员啊,我这还有个桃子罐头,你吃了吧,要不就带给鲍护士吧。你别,别那样看着我。这可不是偷的,是,是发的。你没看商标颜色都不一样吗?

向西行:对,对,是发的。你——

黄　沙:我想探家的时候带给我爷爷吃。他老人家牙不好,别的什么都——都咬不动——

向西行:小黄,一切都会过去的,等咱们俩探家的时候,我也去看看他老人家。

黄　沙:好,好,指导员——

向西行:小黄?小黄!

黄　沙:指导员,你见到鲍护士,可别——别忘了替我问好啊——

向西行:好,小黄,我们很快就能见到她,会见到她的,你要坚持住呀!

(狂风怒吼)小黄!小黄!黄沙!黄沙!你怎么了?啊?黄沙——黄沙!

(哭声,音乐强起)

小　魏:(风声)黄沙,黄——沙(由远而近)

鲍琪琪:向西行,向西——行。来,小魏,把枪给我。(放枪声)

(枪响)吴院长,你听!

小　魏:找到了,找到了,向西行找到了!

鲍琪琪:向西,向西找到了!吴院长,向西找到了!

(人声:"向西找到了!",一片枪声)

(音乐强起)

(压混响)

解说:找到了,终于找到了!在茫茫的旷野里,只见两个冰雕的雪人紧紧地抱在一起,抱得那样紧,那样亲密。

鲍琪琪:(由远而近,失声地哭叫)啊?!(哭)向西,向西!黄沙,向西,向西,向西啊!我是琪琪!向西你看,你看,大家来接你们来了,接你们来了!

(音乐衬播)

解说:昆仑山啊,你看见了吗?在这洁白的世界里,那鲜红鲜红的昆仑之火,在风雪中燃烧。新的一代昆仑山人在短短的时间里,长高了,长大了,成熟了!他们经住了恶劣环境的考验,经住了艰苦生活的磨炼。啊,昆仑山啊!你仿佛有股神奇的力量,你使人们的灵魂净化,你使人生的价值得到升华!

(音乐扬起)

片段四:《牺牲》

这一段,集中表现了向西行、黄沙的车坏了,他们在风雪中搏斗,最后,当鲍琪琪与战友们找到他们时,只见他们紧紧地抱在一起,成了两个冰雕的雪人,令人动容。然而,这段剧并不是只有这些动人心魄的主旋律内容,在具体情节之中还有风趣的"偷看情书""教卷烟""拍电影"等很有生活色彩的内容。可以说,这里既有革命的英雄主义,也有平凡人的生活情趣,充满革命的浪漫主义精神。

演播中具体处理:

(1)表现出剧情的层次与节奏:表现出开玩笑的乐趣和与风雪搏斗的艰辛。

(2)人物的语言要有形体感、空间感、环境感:如黄沙卸车时背着箱子边走边唱摔倒的感觉,向西行背着黄沙在雪地行走的节律与重量感,以及他们在雪地上爬行的肌体感等。

(3)黄沙的语言前后要有变化:越往后,他受身体虚弱、环境恶劣的影响,即使开玩笑也要透出力不从心之感。

(4)注意向西行对黄沙的语言态度:由开始一切如常时的貌似责备到后来黄沙牺牲前的安慰关切,应有层次、变化。尤其是黄沙牺牲时向西行的哭声呼唤,一定要心动情真。

(5)表现向西行和黄沙在风雪中的语言:艰难行进的语言夹杂的气喘声应注意控制,不能一直伴随较大的气喘声,要依剧情需要,时大时小、时有时无,否则,会干扰听众听清台词,影响演播效果。

在《风雪昆仑山》的训练中,选择了几段与剧情相伴的解说词。本剧的解说词富于文采和诗意,或介绍背景,或推动情节,或描绘心理,或抒发情感,恰到好处,起到画龙点睛的作用。在处理解说词时,也应细致分析,恰当表达,与全剧融合为一体,更好地为表现剧情服务。

比如,在片段二《了解》开头的一段解说词:

解说:向西行这个名字使鲍琪琪感到欣慰、鼓舞,又有一种说不清楚的吸引力。一个多月来,这个名字一直在她的心中游弋着。甚至当她翻阅她的日记时,读到她对向西行那些充满敬佩和感激的词句,那口气热情得连她都脸红。向西行,是向西行!琪琪的心砰砰地狂跳起来。

这段解说词很好地揭示出鲍琪琪与向西行同行上山后的心境并引出黄沙的拜访。

这里有两个层次:前部分解说词介绍了鲍琪琪上山后对向西行的倾心之感,是整体介绍;最后一句解说词,则对鲍琪琪的内心做了生动的刻画。这是两个层次,应当区分,以播得具体、细腻。要有从整体到具体的转换处理,不能将整段解说词播成一个层面。

片段四《牺牲》中的几段解说词,表现了向西行和黄沙的处境、活动,对他们进行了歌颂。

解说:"我背着你走!"在这海拔六千八百米的冰峰之巅上,空气是那样的稀薄,哪怕是钢铁之躯都难以忍受。\"我背着你走!"向西行背着黄沙,只走出两米多远,他的腿就再也抬不起来,"扑通"一声倒在雪窝里。

解说:昆仑山啊,你是伟大的;然而,你更是无情的!你的无情就在于你的高、你的寒、你的雪、你的冰。一阵冰雹过后,向西行又爬了起来——

这两段解说,前一段是叙述,具体介绍了向西行的现状;后一段大部分是抒情性议论,是对昆仑山的感怀。因而,在解说时,要把握好叙述与议论不同语言形式的转换,以及整体感与具体感的转换。不能将整段解说处理成一种语言形式、一种逻辑感受或一种表现视角。

全剧结尾的两段解说词:

解说:找到了,终于找到了!在茫茫的旷野里,只见两个冰雕的雪人紧紧地抱在一起,抱得那样紧,那样亲密。

解说:昆仑山啊,你看见了吗?在这洁白的世界里,那鲜红鲜红的昆仑之火,在风雪中燃烧。新的一代昆仑山人在短短的时间里,长高了,长大了,成熟了!他们经住了恶劣环境的考验,经住了艰苦生活的磨炼。啊,昆仑山啊!你仿佛有股神奇的力量,你使人们的灵魂净化,你使人生的价值得到升华!

这两段充满深情和激情的解说词,既生动地描绘出向西行和黄沙的英雄形象,又以诗一般的语言,歌颂了新一代昆仑山人的成长。解说处理应当既有深情的描绘,也有激情的议论,又有诗样的朗诵之感,充分发挥解说描绘、抒情、议论的作用。

 思考题

1. 什么是广播剧?
2. 广播剧的特征是什么?
3. 广播剧的三要素是什么?人物语言的种类、地位如何?
4. 广播剧中人物语言的演播要点有哪些?
5. 广播剧中解说的作用是什么?如何把握?
6. 广播剧演播的提示有哪些?
7. 什么是"无语言表情声音"?它在广播剧演播中的作用如何?
8. 广播剧演播的语言特点是什么?
9. 广播剧演播创作的核心是什么?
10. 广播剧演播的"交流"有何特殊性?

第八章 影视配音

——创造性模拟

影视配音,指为影视剧中的人物配音,是一种深受人们喜爱的艺术创造。我们应该如何看待影视配音?影视配音工作都有哪些相关环节?要为片中人物配好音都需要把握哪些创作元素?这些是我们所要探讨的内容。

第一节 影视配音概述

配音,是一门独立的艺术工作,但配音的成功却不只在配音一个环节上,它涉及翻译、导演、录音、合成等几个工作环节。配音绝不是单纯背台词、对口型,而是根据原片进行再创作的一门艺术。

一、配音的概念

配音,有广义和狭义之分。

广义配音,指在影视剧作品的后期制作中,对所有声音元素进行加工处理的艺术创作活动,如音乐的选配,动效的制作,解说、台词的录制,最后的合成等。这些工作使影视剧作品成为声画并茂的艺术成品。

狭义配音,指在影视剧作品中,由配音演员或演员本人面对未经现场录音的银屏上的画面,按照人物的口型、动作和片中情节需要,专为人物语言的对白、独白、旁白等所进行的配音。

在这里,我们所要探讨的是狭义的配音。

二、配音的种类

影视配音类型十分丰富,分为译制片、国产片、美术片等。

1. 译制片

译制片也叫"翻译片",是指"将影片中的语言翻译成另一种语言的影片"。广义的译制片应该包括所有引进和输出的影片。译制片包括普通话译制片、外语译制片、地方语和民族语译制片。

2. 国产片

国产影视剧的人物台词配音，也是目前影视配音工作的重要组成部分。国产影视剧采用后期配音工艺可大大削减制作成本、缩短制作周期。同时，好的后期配音也可以使影片增色，弥补演员台词的不足。

与译制片配音相比，国产片的配音对于口型的要求更为严格，不仅要贴合口型的开合、长短，而且要求每个字都要严格对应口型。

3. 美术片

传统上把动画片、剪纸片、木偶片、折纸片一起统称为美术片。它是电影艺术中一种特殊的形式。美术片一般多取材于童话、神话、民间传说、科幻故事等，主要观看对象是少年儿童。近年来，随着科技水平飞速发展，美术片尤其是动画片的制作水平日新月异。电脑技术的不断发展，极大地丰富了动画片的天地，极大地改变了传统动画片的制作方式，使动画片的功能大大超出了以前。相比译制片和国产片，美术片的配音要夸张很多，声音变化幅度相对较大，但也要求配音具有人物化、性格化、生活化，声音的表现力和语言造型能力同样要求较高。

三、配音的特征

1. 制约性

配音，是将银屏上演员的表演语言，从声音、情感、气质、表情甚至形体动作的影响都全面、生动、如实地再现出来。它的任务就是严格贴合原片人物的语言和表演。因此，影视配音具有严格的"制约性"。

生活中，人们评价一部好的影视配音作品往往爱用一个"贴"字，它生动传神地反映出一名好的配音演员理解角色、靠近角色和向原片靠拢的能力。同时，也表现出影视配音艺术在创作中对原片的依赖性以及原片对配音创造的制约性。

制约性是影视配音艺术的重要特征，影视配音是"四度创造"的艺术。

"影视编剧"是"一度创造"。他们用文字为影视剧提供了故事情节、主题思想、人物形象、片子结构以及背景氛围等。

"导演"是"二度创造"。他们将影视剧本所提供的内容、人物、情节等，运用影视创作的特殊表现手段创造性地体现于银屏，增强其思想性、感染力和完美的整体感。

"演员"是"三度创造"。他们的表演是影视剧的重要组成部分。演员以自身作为创造材料和创造工具，根据剧本提供的人物和导演的提示，运用表演艺术塑造出银屏上直观、生动的人物形象。

"配音"是"四度创造"。配音将原片中的人物语言忠实地再现出来。其中声音的运用、表演、台词的处理甚至独特的说话习惯、细小的口型状态等都要贴合原片所配人物。影视配音不同于一般的表演艺术，不能根据自己的理解、感受另行创造，只能在"三度创造"的基础之上进行本体的再创造。否则，会与原片人物的语言、状态不吻合，有损于对其的表现。从这个意义上讲，配音是一门严格的再现艺术，具有很强的"制约性"。

影视剧配音是再现艺术，但这个再现绝不是单纯模仿或照相机式刻板的还原，而是蕴含着独具特色的创造，是有限制的表演。因此，"创造性模拟"应该是配音艺术的本质属性。

2. 技术性

影视配音的第二个特征是"技术性"，指贴合口型技术，即通常人们所说的"对口型"。

口型，是指片中人物说话或发声时的嘴部动作。贴合口型技术，就是指配音演员在配音当中让自己说出的台词与片中人物的说话口型状态相吻合的技术，具体指配音语言与原片人物语言的开口、闭口相一致，口型动作、气息状态相一致，使人觉察不到配音的存在。贴合口型技术可以说是影视剧人物配音所独有的，是完美再现原片人物的基础。

3. 多重性

多重性，是指配音中的对象关注与交流具有"多角度"的特征。一般表演中，演员仅和表演的对手一方交流，只关注、接受表演对手"一重刺激"。但在配音中却要兼顾"三重对象"，形成"多重刺激"。

"第一重"是原片中的"我"，即配音演员自己要配的人物。

"第二重"是原片中的"他"，即片中与"我"交流的对手。

"第三重"是配音中的"他"，即配音现场交流的对手。

配音创造若想获得成功，配音演员就不能只顾及配音现场的"一重交流对象"（广播剧可以），还必须顾及其他"两重对象"的行为与交流。原因在于，配音演员的一切反应和表达方式都受原片人物表演的限制。所以，在配音过程中，要不断参照、关注、接受现场和片中人物及其对手的刺激，唯有如此，才能准确、有机地发出自己的语言信息，形成一定的表达方式，不断提示自己并获得多重刺激，产生准确、生动、有效的反应。这样，才能配出鲜活的人物语言，而不是机械地填充口型。

第二节　配音工作概说

配音是一门艺术,它涉及翻译、导演,甚至录音、动效、合成等多个环节。各方通力合作,才能取得好效果。我们来看看与我们关系最密切的几个主要环节。

一、翻译工作

一部译制片的配音是否成功,翻译的质量很关键。译制片翻译是最早接触所要译制的作品的人,因而,他要通过自己的工作,看懂原片,了解、把握影视作品的主题、风格、时代背景、人物关系、人物性格及语言特点等,并用中文翻译过来,完成一次"有限的创造"。

译制片翻译需要具备多方面的能力,不是外语能力强就能干好这一工作。翻译不仅需要较好的外语水平,还需要掌握各种相关知识,并且懂戏,懂得填充口型的规律(字数多少和开、闭口型等)。

要翻译好一部片子是非常不容易的,往往需要广博的知识。熟知与片子有关的历史、地理、风俗人情等,才能使自己的翻译准确无误。同时,还要做大量艰苦细致的工作。此外,翻译为了适应片子的风格,让台词具有戏剧性、性格化,还必须懂得戏剧创作规律和表演,将人物台词翻译得既准确生动,又具有色彩。因此,有时为了斟酌一个符合口型开合的词或一句具有神采的话,翻译需要反复推敲、修改。

好的翻译同时担任"口型校对员"的工作,他们为台词填充的口型长短合适,开闭口对位,与演员的形体动作也相当,一经说出似说"母语"一般,让人感到舒服。有经验的翻译还会在翻译的台词中,做一些简单的提示符号,如句子相连、短暂停顿、长时停顿、人物入画与出画、人物背镜与侧镜等,供导演和配音演员对片使用,帮助对准口型,不致台词前后错位或发生混乱,影响配音质量。可以说,翻译工作极大地帮助了配音演员的创造。

二、导演工作

配音导演(译制片与国产片的导演)的工作也很重要,不是可有可无的,他是一部片子配音的总体把握者,需要做的工作很多。

首先,配音导演要反复观看原片和与原片有关的文字资料、文艺作品等,了解原片的内容、时代背景、风俗人情,把握原片的主题、风格、人物关系、人物性格及语言特点,对片子有较为全面的认识与把握。

配音导演要和翻译一起研究剧本台词,加以润色,使之更加清楚、有戏,也更适于配音对口型。此外,导演还要根据原片、译本(剧本)进行艺术构思,拟订导演计划和处理方案。

其次,配音导演要根据原片中人物的性格、气质、声音等条件构想每一个人物的声音形象,选择合适的配音演员,既要有不同的声音造型,又要搭配出一个完整、有机的配音集体。在选择配音演员时,导演既要考虑到配音演员与原片人物的声音接近,更要考虑到其气质和演戏的能力。如果二者稍有矛盾,导演宁愿放弃前者而选用后者。导演选对了人,就可以说成功了一半。

每次配音前,导演都要组织配音演员观看原片,明确每人的配音任务并与所配人物对号,同时,对原片人物进行阐释,统一认识并进行必要的排练。有时配音导演还会辅导部分配音演员对口型,解决台词中存在的问题。

在录音阶段,配音导演一方面要对配音演员的台词表达把关,如语气、节奏、内涵、味道、交流分寸等;另一方面,又要与录音师配合,提出声音处理要求,以增加表现力、整体感和层次感。

配音录制完成后,配音导演还要同录音师、音响师共同合成片子。配音导演要对语言、音乐、音响效果、声音的比例等方面加以指导、把关,使片子整体具有完美的效果。

三、配音工作

配音的意义在于:一方面,将各个国家、不同语言的影视作品译配为本国语言,使本国人民听得懂并从中得到享受;另一方面,使本国影视作品中的人物通过配音更贴近角色或降低制作成本,增强艺术效果,缩短制作周期。上乘的配音工作是极为重要的。

上海电影译制厂的著名配音演员乔榛曾说:"我觉得我们的译制工作也是一种独树一帜的艺术事业,它不单单是对外国影片做一些介绍,配上普通话,而是一种艺术创造……我们的宗旨是还原,是把人家的东西原汁原味地传达给本国观众……可以通过我们的劳动让广大观众了解世界各国文化艺术的内涵以及风格、人情等。有两位美国电影艺术科学院院长到我们厂参观,看了我们的译制片以后,很吃惊,说我们的工作是世界第一流的。《鸽子号》的导演从这里回去以后还写了文章,说他深深敬佩中国的配音演员。前年,美国著名电影演员格里高利·派克来厂看了我为他配音的《爱德华大夫》和毕克为他配音的《海浪》以后,激动得一夜没睡好。他对陪同他的翻译说:'他们怎么对我的表演理解得那么深那么细,尽管我不懂中国话,但我觉得他们把角色内涵的东西都表达出来了。'"

日本著名演员高仓健在他主演的影片《铁道员》摄制完成后,不满意影片字幕的台词翻译,想请毕克为他配音后再出口到中国,但由于毕克患病没能如愿。虽然我们永远听不到毕克那深沉浑厚的声音了,但老一辈配音演员为我们留下的艺术珍品将永远激励我们为之奋斗。

要想做好配音工作,首先,应"研究剧本"。配音演员接到一部片子的配音任务先要通看译本(剧本),对全片的内容、情节、风格、背景及自己所配人物有所了解,形成"整体把握"与"具体把握"。

其次,要"对口型"。有经验的配音演员都知道,"对片不能光看口型,他的表情、他的手势、他的一转身、他的一抬肩、他的一呼吸,都要一遍一遍仔细观察,这样,每一遍下来,有不同层次的感觉,越来越丰富,最后就很准确了。如果光看口型的话,那最后出来的就只有个声音,没有感觉。要看语气、神态、形体是什么样的,他当时周围的环境是什么,他跟什么人在说话,他有什么样的态度。单纯地对口型,那就是机械地工作了。如果一个配音演员不懂表演,那他就不是一个好的配音演员"。"看片子先甩开口型,看表演,化为人物了再看口型。""有的戏把握不住时,唯一的办法就是反复看、反复琢磨。""不能以演员固定的模式去套每一个角色,而要让自己努力地去适应角色。""搞译制片最好的先天条件,就是善于用最快的速度捕捉到人物的个性。""研究人物个性化的语言,不是单纯地研究一个人的语速、感觉,而是要侧重研究这个人物的表演。他的出身是什么?身份是什么?地位是什么?他的语言毕竟带着他的阅历、他的修养,带着他的气质。""人物的声音造型来源于什么呢?从对方的台词中找其他人和人物的关系,从其他人物与他的关系中找到这个人物在片中的位置……在研究了别人的台词以后,才能得出自己这个人物的语言是个什么性质的结论来。不要光去琢磨自己的台词,不去研究对方的台词,这是打无目的之仗。"①

著名配音演员乔榛也说过:"……用全身的每一个感官去吸取原片所

---

① 以上是著名演员冯宪珍的配音体会,摘自在中央电视台培训班上的讲课录音。

赋予的'营养'：认真地听、看，仔细地揣摩、品味原片人物的情感、语气、声调、节奏、气息、停顿，等等，甚至一个极细微的'零碎'，如张口时嘴唇的声音等，因为往往在这些'零碎'中包含着人物极其细腻、复杂的感情，决不可轻放。"

以上这些一线配音演员的切身体会和丰富经验肯定会给我们带来启迪和借鉴。

具体到一次配音实践，在对口型阶段，可先带声音跟着片中人物语言对台词，待比较有把握了，再关上声音对"默片"，因为真正配音时是没有参考声的。在对片阶段，除了强调观看表演、化为人物外，还要尽可能与配音对手对台词（修改润色）、找感觉、熟悉台词，避免配音时心中没底，总提着心、提着气，无法进戏，使得配音平、白、紧，贴不上人物感觉，没有表现力。

在配音时，"思想要集中，心理要放松，台词要记牢，口型要看好，话筒要对正，声音要合身"（演员劳力语）。著名配音演员乔榛也对此谈到自己的体会："在话筒面前，要驱除杂念，保持一个符合角色情绪的松弛的自我感觉。方法有多种，我往往是回忆一下上下段戏中这个人物的精神状态，注意衔接，再认真地体验一下这个角色此时此景的情绪：他想做什么？想说什么？达到什么目的？总之，使自己的注意力集中到戏里，气沉下来……这样，便可得到一个良好的自我感觉。"

在配音中，由于既要顾及口型，又要看剧本，还要注意戏，有的初学者就忙不过来了，他们顾此失彼，配音变得本末倒置。他们经常为了合上口型，便放松了感觉的投入，一心只在口型上。这样的结果，口型是基本对上了，但人物却没有魂，没有神，难称合格的配音。虽然口型对不上最容易被人看出来，是没有完成配音任务，然而，缺乏感觉、语言平白、没有感染力和表现力的配音也是观众所不需要，不能通过的。

在配音创作中，由于口型在对片阶段已基本对上，在录音过程中，就应把注意力更多放在表现原片人物的戏上，再兼顾人物的口型，化为人物，全心潜入人物的内心，全情投入人物的感觉，替他生气，替他发怒，替他哭，替他笑，替他跑，替他跳，将他的一切内心感觉与外部表现形态都化为自己应有的。同时，应注意银屏上的"自己"（所配人物）、片中的交流对象、配音对手三方面给予自己的刺激，以片中自己所配人物的方式来做出准确的反应。做到这些，配音将会很舒服、很自然。因为，此时片中人物说的话，正是你要说的；他的发怒，正是你现在内心的感受。配音演员一定要遵循表演的基本要求:真听、真看、真想、真交流。许多配音演员都有这样的体会:配音时,如真正听对方讲话了,使之对自己产生真正的刺激,然后再出口,形成真交流,这样,口型就比较容易对上。否则,不是早了,就是晚了,或语言感觉不准、不舒服。这是因为,在对片时,特定台词已经变成一定的编码存留在配音演员的脑海中(尽管不能完全背下),当听到对方的台词时,它的内容、逻辑、色彩,甚至说话节律都会给配音演员某种刺激和提示,勾起记忆,使台词似即兴反应脱口而出,这时的配音是最真实、有机、自如的,也能很好地贴上口型。

有一点需要说明,目前有不少配音操作(译制片与国产片)与以往的实践不同,表现为导演不讲戏、不排练,配音演员也只配自己的台词,不与对手"同时空"配音,即使不能完全对上口型也可以,留待后期合成时再使用先进设备做处理。更有甚者,配音演员不看剧本、不看全片,对人物台词的处理全听凭导演的临场指挥(高些、低些、快些、慢些、强些、弱些、高兴些、悲哀些、愤怒些等),致使配音演员成了一部说话机器。面对这种现状,不少著名的配音演员都惊呼:配音艺术不存在了!

诚然,时代在前进,技术在发展,时间就是金钱,但艺术家的良心和追求不能改变!对事业的执着不能消逝!

目前人们都生活在高节奏、竞争激烈的环境中,先进的设备可以使我们的配音速度加快,也不同程度地减轻了一些配音演员对口型的难度,但这并不等于就要放松对配音的要求。人们往往怀念以前的配音,称欣赏它们是一种极高的艺术享受,就是不观看片子只听其中的配音也能感到强烈的艺术感染力。

我们呼吁配音艺术的复苏。这要依靠从业的后来人。所以,了解传统的配音创作,建立正确的配音意识,打下良好的配音基础是非常重要的,即使面对当前"发展的"配音操作,也可以胜任。具体讲,就是当我们不得不按照当前的"快餐式"方法配音(尤其是配主要角色)时,自己也要想方设法尽量按照正确的创作程序和方法工作:提前观看全片、了解相关资料、贴近所配人物。这样,即便配音时不与对手"同时空交流",也能了解对方的台词内容与表达方式(配音具有"制约性"),与之较好地衔接、有机地配合。

第三节　影视配音要旨

一、贴合人物

贴合人物,在配音创造中非常重要,它是配音工作的核心。具体包括四方面内容:

1. 与原片人物的语言声音相贴合

这是指配音演员要在自己的声音条件和音色范围内使自己的语言声音尽量贴合原片人物,使人感到声如其人,言如其人。有时需要进行声音化妆或运用特殊语言造型手段帮助体现。

配音与原片人物的语言声音相贴合,实际上来自两个参照值:一是真正的原片人物音色,二是配音导演对人物音色的选择与把握。

在配音中,配音演员以自身条件为基础,适当加以调整,以更好地实现原片人物的语言声音造型。当配音演员的某些语言声音条件与原片人物有距离时,可在共鸣腔的高、中、低,咬字的前后、长圆、松紧,唇舌、口腔肌肉的松紧,或者特殊造型手段等方面加以调整,尽量做到与原片人物的语言声音相贴合。应当说,配音与原片人物的语言声音相贴合,不仅指与原片人物的声音相合,同时也指与原片人物的语言习惯、说话方式相合。苏联影片《办公室的故事》的配音之所以得到大家的肯定,首先归功于翻译的成功。为女局长柳德米拉·叶芙妮可夫娜配音的冯宪珍也是功不可没,因为她那不多见的女中音音色太贴合片中人物了。当然,她的表达功力也是配音成功的重要因素。

我们也应当看到,由于中国人与外国人的声音音色有所区别(如欧美人女性中音、低音、沙哑音色较多,男性则多喉音,经常压喉说话),因此,在配音中,导演对人物音色的选择,不是完全被动的。比如,一个美丽的姑娘在原片中是沙哑的音色,而我们却可以按照本民族的审美习惯将其变为甜美的音色,这同样可以得到本国人的认可。例如,墨西哥电影《冷酷的心》中那位美丽善良的妹妹莫妮卡,原片演员的音色是低哑的,但上海电影译制厂在译制这部影片时,却让著名配音演员刘广宁来配这一人物,她那甜美的女高音音色和柔美的语言,使我国观众感到这种声音正是出自这位美丽、善良的女性之口。因此,配音演员应当理解并实现导演的创作,配音时,也不要被动地对应原片人物的音色。

2. 与原片人物的性格气质相贴合

这是指配音演员不仅要配与自己性格、气质相近的人物,也要配与自己在上述方面有距离的人物。银屏上的演员演出了人物的性格、气质,配音演员也应从语言中体现出这种性格、气质。众所周知,无论与自己多么相近的人物也不可能完全相同,因为不是完全的自我,何况,还有不同时代、国家、地域和民俗的差异渗透其中。因此,不论原片人物在性格、气质上与配音演员相近或相远,都需要不同程度地去贴合。

要贴合一个人物,就必须分析这个人物的一切。除了对其外部条件特征如身材、相貌的了解外,更重要的是要对其出身、经历、性格、气质、职业、爱好等进行全方位的了解,以把握其内心、思维、说话方式等特点。贴合人物的性格、气质,需要"人生经验"和"创造性模拟",其关键在于理解、把握人物。比如,印度电影《真真假假》是一部带有喜剧色彩的片子,表现的是一位活泼、有朝气的印度青年,为了不丢掉工作,谎称有一个双胞胎兄弟,结果要扮演生活中的两个人物:哥哥拉姆和弟弟拉克希曼。基于此,配男主角的演员就要配出兄弟两个截然不同的人物特点:哥哥内向、忠厚、语言沉缓;弟弟轻佻、外露、语言快浮。如果配音演员缺乏多种功力,把握不住所配的两种不同人物的性格、气质,表现不出他们应有的语言味道,就会使银幕上演员精彩的表演减色,从而影响影片的译配质量。

3. 与原片人物的表情动作相贴合

这是指配音要想真正贴合人物,不仅要贴合原片人物的内心和语言声音要素,还得与其表情和形体动作相合。既要贴合人物的喜、怒、哀、怨等各种情绪状态与变化,还要贴合人物形体动作的走、跑、跳、卧、打等不同运动状态,以及人物的摇头、耸肩、扬眉、摊开双手等一些外国人经常做出的细小动作,使其通过配音语言甚至不同的声音、气息显露出来。

人的表情达意除了有声语言以外,还有由面部表情、形体动作等构成的"体态语"。体态语往往以其"副语言"功能伴随,辅助人的有声语言共同实现人际交流,呈现交流的综合性与多样化。这些,在广播剧演播中,听众是看不见的,只能通过人物语言的表达和"无语言表情声音"来想象与其相伴的体态语。在广播剧演播中,体态语的有无、体态语的表现,完全由演播者凭想象自行处理;而在配音中却不同,要将人物表现的一切都完全体现出来,这样,所配人物才能活灵活现,十分贴合。要达到这种境界,就要一切跟着人物做。在配音中,要既体会到人物的心理,又感觉到人物的表情、手势、动作状态,好似这一切全都是自己所为,再将它们融进自己的语言、声音、气息中表现出来,实现有机贴合。

　　配音创作是在原片演员表演的基础之上进行的,因而,它有严格的制约性,但又不乏其自身的创造性。这种有限度的创造独具内涵:一方面,是通过片中演员的表演即外部体现形式来反推、体会原片演员的内心体验;另一方面,是从自己对原片、对人物的理解出发,跟上原片演员的体验,并感觉、模拟出其外部的体现形式。也就是说,配音演员的创作必须做到两点:一是在对原片人物表演理解的基础上,要融进自己准确、切身的体验;二是要具有高超的模拟、外化技能,将片中演员的一切外部表现形式都通过自己的语言、声音、气息全方位地体现出来,如台词的处理,声音、气息的运用,人物交流的情状以及人物的表情、手势、动作状态等细节。

　　比如,在台湾电影《晨雾》中,有一段戏是表现生性活泼的女主角杜小梦的,当她的女朋友问她为什么辞职不干时,她一边用手投着飞镖,一边回答。因此,为她配音就得随着语言带有一下一下投出飞镖的形体动感才能形象、生动、贴合。

　　又如,印度电影《真真假假》中女主角乌尔米拉误会拉姆的一场戏:由于拉姆忘了化装成弟弟拉克希曼再去见乌尔米拉,结果遭到她的厌烦与追打。在影片中,乌尔米拉一边用苍蝇拍拍打着拉姆,一边随之有节律地喊着:"你\这个\伪君子\流氓\无赖……"语言里既带有愤怒、厌烦,又配有相应的手臂挥打的动作感,与片中人物的情状十分贴合。

　　4. 与原片人物的内心感觉、所演戏段相贴合

　　这是与原片人物贴合最重要的方面,指要为一个人物配音,就要从心理上"完全化为"或者说"极力靠近"那个人物,包括每一处思维、反应,及其正在表演的戏段。一名好的配音演员必须懂得表演,会表演,具有表演的素质。但也要明白,配音演员的表演是有限度的,是在别人表演基础之上的表演,犹如戴着镣铐跳舞。因此,从某种意义上讲,配音是"表演加模拟"的艺术,也可以说是"创造性模拟"。

　　著名配音演员肖南在他的《一个配音演员的日记》一书中说:"实际上,配音演员的工作,就是对原片演员的表演逐渐理解、模拟、不断体会和认识的过程。"他又说:"所谓模拟,是指从动作出发,在深入理解人物的基础上,参照原片演员的语调处理、声音控制、台词的强弱起伏、感情变化,用汉语把它们再度表现出来。台词的外部表现形式是可以模拟(模仿)的,但情感是不能模拟的,它只能体会。不能光从表面上学,要从内心出发,要理解人家为什么这样说。不要单纯从形式上学人家台词的声调,要有内心的体验!"

关于这一点,著名配音演员向隽殊也说过:"重要的是把握角色的内心世界和思想感情,要想人物所想,爱人物所爱,恨人物所恨。只有用感同身受的真实感情,才能把真切的语言、声调与角色的形象统一起来……她挨了一拳,我也感到自己挨了一拳,这样发出的声音才有真实的痛感。"其实,这就是指替片中人物去感受。这些论述揭示了配音创作的实质所在。

配音演员既要准确分析、理解、感受人物,又要严格受制于原片人物的表现形式,将其作为一定参照值。配音需要表演,表演要全方位展现人物,从内心感觉到语言形式,从面部表情到形体动作。所以,从表演出发去抓人物语言就不会流于语言表面,而是深入到人物内心深处寻找语言依据。配音过程中,应当在自己理解、感受人物行为逻辑的基础上,去阐释、体现人物。由于配音有严格的制约性,因此,就要从原片演员的表演中细细揣摩人物的内心感觉,使自己的配音与片中的规定情境高度相合。有了人物的整体风貌、具体语言动机以及人的思维、情感支撑,配音语言必然与人物的整体风貌和具体心理状态相吻合。

比如,美国影片《逃出堕落城》(又名《少女精英》)讲的是清纯、甜美的姑娘伊丹美深深爱着自己的男友,然而,她的男友高丹尼却是一名贩毒者。一次,他们约定出国去滑雪,可高丹尼却将毒品藏在伊丹美要带的滑雪板里,致使对方入境时被捕。为了不让伊丹美供出自己,高丹尼前去探监,他花言巧语安抚伊丹美,说他可以在外边想办法营救她,希望她保持沉默。当经过狱中的痛苦磨难,伊丹美再次见到高丹尼时,她的内心感觉与从前大不相同了。第一次见面,伊丹美很纯真,对高丹尼的为人还不清楚,因而她对高丹尼还抱有很大希望,在说"我也爱你"时是真心真情、满怀热望的。而第二次见面,却是在伊丹美看到和经受了不少罪恶之后,她开始对高丹尼感到失望了。所以她在说"我也爱你"时,眼睛中是冷淡的目光,语气是无奈的。如果我们在配音时不了解全片与剧情,不加思考,缺少准确细腻的感受,仅一般化地对口型,那两句话说出来一个样,怎么能贴合人物的心态并准确配音呢?

值得提及的是,许多欧美影片的演员表演很内在,没有明显的外部动作和表情相伴。因此,如若配音演员不能准确深入地了解剧情、体察人物心理,配出的人物语言只能是平平淡淡,缺乏内涵。

综上所述,配音与原片人物的语言声音造型、性格气质、内心感觉、表情动作、规定情境诸方面都贴合了,才有准确、贴合的人物感觉。

二、贴合口型

贴合口型,在配音创作中最具特点,是一种集"艺术"和"技术"为一体的技巧,它是配音创作的基础。它包括四方面内容:

1. 与原片人物说话时口型时间的长短相贴合

这是配音口型贴合的最基本条件。这是因为,人们观看配音的片子,首先最直观的便是配音与原片人物说话时嘴部动作的"动""停"是否相合。如原片人物的嘴还没动,配音语言却已开始,或是配音的话已说完,而原片人物的嘴还在动,这便造成视听不统一,破坏了完美、逼真的艺术效果。所以,人物口型的贴合,首先要做到与原片人物的口型时间长短相一致。

要做到这一点,一是找准一段话开口和闭口的固定位置,并要同人物的面部表情、形体动作相吻合,不能对口型一遍一个位置;二是要改变自己的语言节奏,去适应原片人物的语言节奏;三是跟着片中演员的表演走,辅以相应的内心体验与形体感觉。

众所周知,生活中每个人都有随自身条件而产生的"习惯性语言节奏",虽然这种语言节奏会随人的思维、情感、语言环境、人物关系等因素的变化而变化,但终究有其基本定势。在其他表演艺术中,无论是舞台表演、银屏表演,还是广播剧演播中,演员都可有某些自身的东西不同程度地得到保留。因为在一般表演艺术中,演员创作面对的是"双重自我",即角色与演员本人,因而,表演也就不同程度地带有演员本人的某些特点,这些特点可合理、适度地融于自己所创造的人物身上。

唯有配音艺术属于四度创造,它要求演员要全方位贴合原片人物,从整体到具体。这也是配音艺术的创作难点与特质所在。所以,我们的配音语言节奏要完全服从原片人物的处理。我们注意到,有时在对片当中的一段话,如按自己的语言习惯处理,难以对准口型,而一旦调整自己跟上原片人物的内心及语言节奏,便可对准口型了。

配音时,还要注意跟着原片演员的表演走,参考他们的面部表情、形体动作,跟上他们的感觉,使其符合人物的心理与生理状态。如此,十有八九能对上口型。无论是中国人,还是外国人,人们的眼神、表情、手势、动作等都大致相通,区别不大,它们往往与人们的说话内容、语言色彩、语言意味相适应,对它们的关注与把握可以有效地帮助我们进入人物的内心世界,对准台词的内容与感觉。

值得提及的是,有些影片的演员表演比较夸张,表情、手势、动作比较多,配音参考性相对强些;而另一些影片,演员表演比较内在,说话时也表情淡然、平缓,演员表现参考性相对弱些。在后一种情况下,更应加强对原片人物的内心体验,自己也跟着片中人物去感、去演,片中人物被人打了一拳,就像配音演员自己被人打了一拳一样有痛感、有愤怒。反之,如果我们只单纯地对台词,那只能是机械地填充口型,也往往对不上口型,更谈不上贴合。因为,你的注意力只在语言的表面速度上,是表层的,只能对上语言的整体速度,一旦原片人物说话时有一两个字或几个字改变了原语速,便不是对不准口型就是变化不自然。人说话不可能总是一个语速、一个状态,他(她)会时而思考慢说,时而兴奋快说,时而气愤大喊大叫地说,时而羞涩轻轻地说,这些处理必将形成语言节奏的多变。此外,不同的人面对同一问题,表达自己情感的方式也各有不同。

因而,配音时一定要从原片人物的内心出发,把握其性格、气质,心中有了人物的总体语言节奏后,再从具体语境、体态出发来说出他(她)的每一句台词,而且是化为人物后模拟人物表达的形式说出的。毫无疑问,这时的台词在你的口中便有了生命力,快慢、高低、强弱、明暗等都那么有机、贴合。这时,不但一段话的口型总体长短合适,就是一句话中有几个字需要拉长或加紧,轻说或重说等也会十分自如、贴合。原因在于你化为了人物,有了他(她)的灵魂、性格、气质、思维、情感与特点,不是一般地对口型、填台词,而是有情有义地说出台词。此时,人物在台词中所强调的内容,也正是你此刻想拉开、突现的东西,配音与片中人物的语言有机契合。

在配音中,如果是由于翻译这一环出现的问题(有些翻译不甚懂配音的要求)导致口型过长或过短时,我们可以斟酌,在音节过多或过少的地方加上相应词语,或减去不重要的词语,当然,这种加字或减字应在不伤原意的基础上进行。遇到这种情况时,一般多加减虚词,以不影响主要语意。

比如,日本电视连续剧《阿信》中有一句台词:

(那么)平平庸庸没有一点性格的人,阿信真的要嫁给他呀。

对口型时发现这话稍微短了一点,于是配音时加上"那么"两个字则语气很舒服,语意也更充分了。

当然,除去加减虚词以外,也可以加减一些合理的、有实在意义的具体词语,以保证台词的顺畅、清楚以及与口型长短相合。

比如,《真真假假》中的哥哥拉姆为求职参加老板帕瓦尼的"考试"那场戏的结尾,老板说:"……但我有个小小的请求,请你以后不要在谈话时使用这样深奥的语句,写文章另作别论,听起来很费劲。"这里,就可以删去"写文章另作别论"这几个字。一是可使语意更连贯;二是不使台词太多,能更好地对上口型。

加减台词,一定要遵循语意清楚、语言通顺、性格鲜明、口语化、生活化的原则。当台词太绕口时,也可按照意思改词。

应当说,以上工作,应是"口型校对员"所做。然而,目前除去专业电影译制片厂有"口型校对"这一环节外,通常译配过程中没有一部影视片配音不需要导演与配音演员自己修改台词的长短便能与片中人物口型的长短相吻合的。当然,配音演员自己加减台词,需要具备一定的文化素养,要符合艺术表现规律,不能任意乱加减。

2. 与人物说话时口型的开合状态相合

这个问题对于译制片配音来说尤为重要。因为,配音当中除去说话的时间与原片人物的口型相一致以外,口型的开合状态也要与原片人物基本相合,才会使观众看片中人物说话感到舒服、贴合。

诚然,外语跟汉语不同,通常一句话中,外语的音节往往多于汉语,这就要求翻译首先找准其"中心意思"和"关键词语",按照中文的语法规则译出,并按其音节多少转化为中文台词。一般来说,非专业译制片的翻译仅做到此。然而,真正专业译制片的翻译不仅如此,还会进一步揣摩、寻找适合原片人物口型开合状态的同义、近义词汇并将其定为台词。有了这样的台词,配音演员只要处理台词位置准确,便可基本配上口型的开合状态。但毕竟这种高水平翻译人员有限,我们经常要面对的是大量非专业译制片翻译所译出的台词,所以,配音演员自己也要会填充口型、修改台词。

当然,在译制片台词中的口型开合状态不可能每一个音节外文与中文都相符,但在配每一段台词的头和尾时,应当注意与人物口型的开合状态基本相合。因为,从心理学角度讲,人们对头、尾印象最深。

此外,若想获得高水平的配音,还应注意在原片人物的近景、特写镜头中,与其口型的开合状态应尽量吻合,否则,会造成视听脱节的现象。具体做法是:在配音的对片阶段,配音演员可以在人物台词口型长短合适,只是开合状态不符时,快速找出符合原片人物口型开合状态又不伤原意的词或字换上(最好征得配音导演的同意),或是使用最简单的方法,就是在不影响语意清楚的前提下,再加上一个正好对得上口型开合状态的虚词让语速稍微加快,或减去一个无关紧要的虚词,使语速略微减慢,使自己的配音口型既准又合。

与原片人物口型开合状态相合,除去修改、加减字的处理方法之外,还可以做配音语速快慢的微调。所谓"微调",是指对几个音节做语速加快或放慢的处理,不影响整段话的时间长短却与口型的开合状态相合。这在译制片配音中,也是行之有效的方法。因为,为译制片配音与为国产片配音不尽相同:国产片配音要求每个字都要合上,而译制片配音却可以不必都合上。

3. 与人物说话时筋肉的松紧状态相合

配音与人物说话时筋肉的松紧感相合,也是配音口型与原片人物口型相合的重要方面,是配音成功的标志之一。

所谓"筋肉",包括两部分:一是呼吸肌,二是咬字肌。

配音需要与人物说话时筋肉的松紧感相合。这个道理很简单。试想,影片中画面上的人物由于激愤而嘴在用力地咬字说话,而配音语言却没有这种嘴上用力的筋肉感,那么,观众不会认可此话出自片中人物之口,因为,这两种说话状态不相符,观众有着自己的经验参照。同样道理,如果片中画面上的人物正处在轻松、恬静的状态中说话,而配音演员却没有以相同的筋肉状态来表现,而是用比较紧的筋肉状态来说话,那么,观众也会感到此话不是出自片中人物之口。这些现象都破坏了配音创造中"贴"的原则。从某种角度讲,这也是口型状态不贴合的表现。

要解决这个问题,办法很简单。不能只贴人物口型的外部长短、开合状态,还要极为重视人物内心状态导致的说话筋肉的松紧感,从表演出发,跟上人物的种种心理与生理的感觉和表现,调整自己说话的筋肉感,当轻则轻,该紧则紧,使人观之内外统一、声像相合。

比如,巴基斯坦电视剧《罗比是谁的女儿》中,有一段是表现女主人公莎吉达与恩瓦尔因孩子的问题争吵起来。莎吉达在得知恩瓦尔误解了她教育孩子的初衷,反以为她是嫉妒孩子与恩瓦尔的感情好时,她被激怒了。原片中,她是咬着牙一字一顿、力度很强地说出了自己心里的每一个字。"告诉你,她不是你的女儿!"这时,配音演员也要随着她的思维、心态与情绪,内心也激动起来,贴合人物激愤的说话状态,唇舌用力地说出每一个字。这样,人们才会认为配音的每一个字都是出自心灵受伤的女主人公之口。

4. 与人物说话时的气口相合

这是配音与原片人物口型相合的重要条件。平时人们说话不是一口气说到底的,由于各种原因(有生理的,也有心理的)会有许多"气口"。这些气口的存在,必然影响到说话的语流,使其中间断一下(时间长短不一),再继续前行。因此,配音要想口型十分贴合,必须驾驭好人物的气口。

在一般国产影视片中,人物语言的气口都合语法和语意,比较容易把握。而在译制片中,由于外文与中文的句式、词汇位置等的不同,翻译成汉语后,为配上片中人物的气口,有时难以完全合上中文语法、语意的"停断点",尤其为了配上片中人物的表情、手势、动作时,给配音气口的处理带来更大困难。当然,在翻译的努力工作之下,配音台词的大多数气口还是基本符合中文语法和语意的。

比如,《罗比是谁的女儿》中莎吉达有这样一句台词:

告诉你,今天我给你炒的苦瓜,还烙了咸饼。(原词)
告诉你今天\我给你\炒的苦瓜还烙了咸饼。(配音)

如上所示,按照汉语语法,配音中的气口就不甚合理,但如果硬在"告诉你"处停断,语法、语意都合适,但片中人物仍在说话,嘴仍在动,气口不贴合,与人物说话的感觉也不相符。同样道理,在"今天"和"我给你"两处后面稍顿,也不太合理,但因片中人物在这里有个"小顿挫",不得不这样处理,因为这是人物的近景画面,口型非常清楚。

在配音创作中,要想划准气口、把握气口、表现气口,应从两方面着手:一是参考台词音节多少,合语法、按语意;二是参考演员的表演,紧贴体态语。

一般,气口都应划得合语法、按语意,并从表演出发,从内心体验出发,参考台词的作用和原片人物的表情、手势、动作。当气口前后语言松紧不合适时,最简单的方法之一,就是在不影响语速和表达清楚的前提下,再加上或减去几个字,与人物说话时的气口正相吻合。如果追求让片中人物说话的感觉正好配上人物的表情、手势、动作,可根据台词的意思将语句序列重新组织,以适应气口需要。

在对片阶段,如划准气口,记下语言节奏情况,配音时,就能心中有底,语言有机、自如地贴合上人物的口型、气口和节奏,使观众能通过它们感觉到人物的思维与情感。

配音中,气口的准确、舒服与口型的贴合紧密相关。气口对上了,而且对得很舒服,配音时自然状态从容,可以进入一种良好的创作境地;反之,气口没对好,只对个大概,心中无底,在录音时,总提着心、提着气,导致"蹭台词""等气口",怎么会有高质量的配音表达呢?在这种紧张状态下根本无暇顾及语言内涵和语言表达处理。

在具体操作中,通常,初学配音者不应在对片的初始就匆匆划上气口,而应仔细观看、揣摩片中人物的表演和台词处理,自己小声跟着台词走一遍,如有问题可以修改,基本都对得上,再划上气口。最后,可以关上监视器的声音,用默片再对一遍,看是否还可以对准台词。跟着片中人物说话走往往可以对得上台词,因为何时说、何时停、语言节奏如何都有参考声,但自己跟着无声的片子走时,却往往难于对准台词。产生这种情况的原因有很多:也许你没记准人物说这段话时开口或闭口的标志;或许你以自己的语言节奏代替了人物的语言节奏;或是你对片时只一般地对台词,没有完全进入表演状态(准备阶段台词尚能对得上,录音时需随片中人物的表演充分表达就对不上了);或许对片阶段随着片中人物的表演走能对上口型,而录音时面对默片就心理感觉跟不上,导致气口对不准。凡此种种,都需要调整,直到与原片人物语言节奏和表演感觉完全一致为止。从这个意义上讲,配音演员在对片阶段对准口型之后,还得注意用默片对口型。在这个过程当中,一定要加上台词的表达感觉和语言处理等,气口也可以做些必要的处理,因为一段台词,平白地念与带有感情色彩并有处理地说,语速、气口是不相同的。

此外,配音对口型不能完全被动地跟着原片人物的"语速"(不是节奏)走,有时,配音演员也可以对台词做些合理的小改动,使台词的表达更舒服。比如,有些小的、无意义的小气口为了语意的连贯可不必停下来,在语流中一带而过,不留破绽。

比如,著名配音演员张桂兰在处理日本电视连续剧《阿信》中的两段台词时就很有经验,我们可以从中得到有益的启示。

台词一:剧情是阿信做工的东家的女儿阿代问她愿不愿意嫁给一个暴发户的儿子。阿信其实并不愿意,但因有东家在旁边不好直说,只得用比较含蓄的方式回答:"我只是刚刚才听说的。"

看原片阿信的台词口型前松后紧,中间有一个小气口。如机械地按原片人物语言处理,会显得很生硬、不舒服。张桂兰在小气口处没停下来,而是直接将台词说完,语气适度,结尾正好压上口型,让人听了很舒服。当然,这里的小气口不是伴着人物的思考与特定心理而产生的,完全是两种语言的转换所致。

台词二:剧情是儿时的阿信喊阿义去睡觉。片中口型是"阿——义",中间拖得较长,如按原片处理语言,感觉太懈了。于是,根据片中的环境是晚上,又是喊人去睡觉,张桂兰将台词处理成打了个哈欠,再喊"阿义",口型正好与原片相合,让人看了既舒服又符合原片语言环境。

要想对准台词的气口,一定得依赖对镜头画面和人物表演情况的记忆:如镜头是人物的正面、侧面,还是入画面、出画面;镜头是人物的中景、近景、特写,还是远景;人物正在做什么、表情如何、手势如何、形体动作如何等。在对片阶段,初学者不妨将这些有关情况用简单的一两个字标在台词本上来提示自己。因为,台词的气口比较复杂,记性再好有时也难记准,尤其是主要角色的台词和初学者面临的情况:主要角色台词多,时间紧;而初学者尚不熟悉配音创作规律,容易乱。至于如何标记提示,则无一定之规。

我们来看看电视连续剧《红楼梦》中平儿训斥婆子们的一段台词:

(原词)……她是姑娘家,不肯发威动怒,这是她尊重。果然她动了大气,撒个娇儿,太太也得让她一二分,二奶奶也不敢怎么样。你们就这么大胆藐视她,可鸡蛋往石头上碰。

　　　　　　　　(走说)
(配音)……她是姑娘家,不肯发威动怒,这是她尊重。果然她
　　　　　　(坐下)　　　　　　　　　　　(快说)
动了大气,撒个娇儿,太太也得让她一二分,二奶奶也不敢怎么样。
(手指)　　　　　　　　　　(画外)
你们就这么大胆藐视她,可鸡蛋往石头上碰。

在记忆气口长短方面也有一些办法可以参考。比如,当片中人物的嘴看不清或镜头较远、较偏时,可以用数数来计算时间,当然,这种数数应当合上人物的呼吸节律,它有一定参照值。一般而言,真正进入原片人物的内心,跟上他的表演,台词译本没问题,自己又对台词较熟悉时,气口基本就能贴上。

应当看到,配音当中人物台词的气口是无规律可循的,需要我们在对片、配音时,眼、脑、口高度统一、集中、跟上,这样才不至于漏气口。在配音对气口时,不应状态太紧、绷着劲、憋着气,呈现僵持状态。那样,人物说话的感觉、呼吸节律便不对了,应该做到自如呼吸,呈现一种自如状态。

总之,与原片人物的口型相贴合,只有兼顾了以上诸方面内容,方是真正全面贴合。

三、贴合气息

气息,在配音创作中的作用异常重要。它是我们体现片中人物心理与

生理状态、内心感觉与外部状态的有力手段,也是贴合人物的重要条件。无论是与原片人物的戏贴,还是口型贴,都离不开与人物的气息贴。

要想只通过语言声音一个途径全方位展现人物的心理与外部状态,气息在此无疑具有显著作用。从气息的作用角度来看,气息既有说话的生理动力作用,又有内在情感的显露作用,还有形体动作状态的表现作用。可以说,在文艺作品演播中,气息的作用既丰富又显而易见,对于创造性模拟的配音艺术而言,气息更有非同小可的作用及重要意义。

可以说,对人物气息的生动贴合,是配音技巧娴熟的一个标志。一般的配音者,大多只是将人物的口型长短、开合状态基本配上即可。然而,成熟的、水平高的配音者,不但能配上人物口型的长短、开合,还能十分有机、贴合地配上原片人物的所有气息状态。因为,片中人物的一切都在观众的视野中,他的一言一语、一呼一吸、一思一情、一举一动都展现在观众面前,配音的气息节律与原片人物的气息节律如不相符,那配音语言的节律、气口势必就乱,更谈不上贴合。

凡有经验的配音演员都知道,配音对台词,一定要合上片中人物的气息与变化。否则,人物语言和感觉就贴合不上。人物语言中的气息并不总是节律均匀、完整的。在配音中,为了情感所需,气息常常有种种表现状态:忽而,提起气来语言再出口;忽而,人物的话刚说了一半气便憋在那里;忽而,为了配合人物的形体动作,气息合着动作的节律而变化多端;忽而,为表现片中人物的笑或哭,气息散乱而出……如上种种,配音演员若找不准人物的气息节律,便根本无法配上相应的语言感觉和口型。再如,有时片中人物有走动、站起、坐下、跑步、打斗等不同形体动作及判断、思考等不同内心活动的各种状态,而你却没有相应的气息显露,只在人物开口说话时才有气息的使用,那么,观众看了会很不舒服,会认为你配音的这个人物不生动、不完整、不真实。因为,人只要活着,就有气息的运动,不管自己有意无意,气息都会显露出来。怎么可能说话时才有气息运动,其他时间却没有气息的显露呢?何况很多时候在没有语言时,人物也存在不同的心理、形体状态中的气息显露,如一提一松、一嘘一叹、一抖一颤、一喘一憋等不同气势与气状。这些都可极为清楚、生动地反映出人物的内心感觉与外部形态,表现出一定的思维与情感、表情与动作,气息在此显现出极有价值的"表意""表情"和"表形"的作用。与广播剧及其他舞台、银屏表演不同的是,配音演员的气息状态要绝对服从、贴合于原片人物的气息状态,不得有任何细小出入。

为了贴合上原片人物的气息,我们在配音的对片、录音过程中,应始终紧贴原片人物的气息状态,以此为依据,还可加上与人物行为有关的一切气息。比如,人在思考时,每每伴随着轻微的气息声可透出一些思考的信息;人在坐下时,往往伴以出气、松气声;站起时,又会伴以提气声;走路或跑步时,会伴以较紧、较重的喘气声;甚至人在开口说话前,也先有随内心感觉相伴的气息显露。尤其是一些欧美国家的片子,十分注重视觉性,因而,人物的行动较多,语言相对较少,这就更要求配音演员紧紧抓住人物的气息状态来细致入微、合情合理地体现出人物的内外部情态,淋漓尽致地再现人物。这也进一步说明,配音应当包括配出人物的所有"气息状态"(说话时与不说话时)。做不到这些,就不是一名好的配音演员。

值得提及的是,在语言表达中,每个人的表达、外化方式存有差异,因而,有时配音演员即使有很准确的理解、体验,也会与原片人物的表现形式有点差别。这时,配音演员一方面要从自己的内部体验出发,另一方面又要去有感受地模拟片中人物的表现形式。当自己的体验与片中人物有差距时,应以人物的表现形式来反推、揣摩并与之吻合。在气息方面,要严格贴合原片人物的气息状态。一般而言,配音演员只要跟上片中人物的心理和表演,气息就会基本相合,气息只要贴合上人物语言节奏,就能较容易地合上台词气口。

总之,气息伴随人物的一切行为活动,将气息的运动及丰富多样的变化显露在配音中,融合在语言里,我们就能配出完整、活生生的人物来。

第四节 影视配音提示

一、配音不追求翻译腔、配音调

所谓"翻译腔",即在配音时不顾原片台词内容如何,不从理解、体验和人物心理出发,而是机械、表面、形式化地模仿原片人物的语言腔调。有人以为配音要求贴合原片人物,与原片人物的语调越像越好,于是他们配音时便依葫芦画瓢,完全模仿原片人物说话的腔调。这种配音,表面上听来与原片人物的音色、语气、语调基本相似,实际上,只是声音表层上的相同,并没能很好地揭示出语言内涵,是不可取的。汉语与外语的表达有不同之处。比如汉语有四声,表达决定其语势起伏较大;而外语则不同,很多时候听外国演员的台词语调显平,语速很快。如果我们不顾其情感、内涵而照原样说出,就会表达不充分,形成不顾语言内涵、感觉,只表现语言声音形式的"翻译腔"。这种配音谈不上创造,只起到"翻译内容"的低层次作用,所以说,配音中的"翻译腔"是不可取的。我们所需要的配音的"贴",是要把原片人物的台词原汁原味地再现出来,应理解为,以汉语的表达规律去适应片中人物的表现方式,而不是不加理解、感受,被动地去贴原片人物的口型及语言形式。

所谓"配音调",即指用说话声调的扬起、飘、甩等方式来表现外国人的语言洋味。配音演员如果只注重声音、语调上的"洋",就容易在表达上本末倒置,使表达固定化。有些人反感配音,其实就是反感这种拿腔拿调的"配音调"。

那么,配译制片需不需要一点儿洋味,与配国产片有所区别呢?答案是肯定的。但它又绝不是单纯在声音形式上做文章,它应当是从人的心理上首先"洋"起来,继而自然反映到语言声音中去。其实配音演员只要真正从所配片子的地域、民俗特征、思维意识的大氛围出发,真正跟上片中人物的表演,以他们的感觉与反应方式去表现,便可与纯中国方式的表达拉开距离,产生相应意味。这还可以避免配哪个国家的片子都一个味的问题。比如,配西亚国家的女性就与配欧美国家的女性不同,从音色到表达方式都不相同。因而,配音的洋味不应表现在外在形式上,不应忽视内心感觉,同时,还要各有其味。

二、配音要生活化、个性化

配音语言与广播剧的语言要求是相同的,都要生活化、个性化。所不同的是,广播剧中的人物塑造是"体现性"的,是演员根据剧作的一度创作依人物的各种条件创造出来的特定语言形象;而配音则是"再现性"的,它是在别人已有的表演语言基础上的再创造,并受口型、表情等严格制约,以片中人物的语言处理方式去展现人物的个性。

在配音中,有种种不当的语言表现。例如,有人配音用声过大,语言表达夸张,声音、气息控制不细腻,情感处理不自如、不生活化;有人配音则用声、用气形式单一、缺乏变化和多样性,语言死板、缺乏表现力;有人是念台词,播台词,不是说台词;有人配音似硬贴上去的,缺乏人物感;还有人只一般性地处理台词,缺少人物个性,表现人物不鲜明。凡此种种,都不是我们所需要的配音创造。

配音创造应有两个层次的把握:一是生活化,二是个性化。

生活化的语言,既不能夸张,也不是纯自然状态,是经过训练的、有控制的吐字发声、气息运用以及生活语言的语势、样式的有机结合。进一步讲，生活化的语言是"说"的样式，不是念、不是播，也不能带腔带调地说或夸张地说，它应当是体验充分又自然地说。只有这样的语言才会使人听来自然、舒服又真实。

个性化的语言，能很好地揭示出人物的个性，使人物具有独特魅力，给人留下深刻的印象。在配音中，只靠模仿原片人物的语言声音形式是表现不出人物个性的。个性化的语言需要有准确的内心感觉与较高的表达技巧。著名配音演员李梓曾说："人物没有性格就没有色彩。"她还说："要抓住一个人物的特征，首先要给他定下一个基调，防止跳……用形象化的东西来代替抽象的概念，比如'带刺的玫瑰'。……配叶塞尼娅和艾斯米拉达时，要掌握'野味'这个基调。……配《白夜》中的小姑娘，她的基调要走'轻步子'，像蜻蜓点水似的不太重……"由此可见，塑造好一个人物，基调很重要。把握了人物个性，就能产生人物基调，有了人物基调，有利于产生个性化的语言和较强的艺术魅力。因此，配音不仅要做到生活化，更应追求个性化，追求配音创作的高层次、高质量。

三、配音的咬字、用声特点

配音的咬字、用声有自身要求。一般配音演员要用自己的自如声区说话，当在一部片子中需配两个以上角色时，可以进行语言声音化妆，尽量拉开距离以区分不同人物。配音中的咬字、用声应因人而异，不能单一化。

（1）配音中用声不能只用口腔共鸣，要根据片中人物造型、人物情状条件，在用声上做共鸣位置和不同音色的相应调整，否则会造成用声单一、缺乏人物造型和语言表现力。

（2）配音用声前后要保持统一（特殊需要除外）。不能在配同一人物时，前几段戏一个声音，后边的戏又是一个声音。人物声音不统一会使观众感到莫名其妙，影响配音质量，尤其是配音不在一天完成时，更要注意此问题。这一问题往往是不知不觉地与同性别配音对手的声音相靠导致。因而，我们在配音时，要时时提醒自己"我是什么人"，以此来把握自己的声音。

（3）配低声轻语时（如谈情说爱的台词等），用声不能太虚，要用气息支撑住声音，这样说出的话感觉才深。同时，一般配音要求情浓声控，既保证台词感觉到位，又不会"炸"话筒。

（4）配音用声与广播剧演播用声相同，都不能每句话出口皆声润气足。根据戏的需要，有时要声嘶力竭或声颤气弱，以表现人物的特定情状。

（5）配音咬字要根据片中人物的特点而变化。具体讲，要依据人物的性格、气质、生理特点、说话方式、身份、职业等不同情况来变化咬字，如字的圆形、长形、饱满、不饱满；咬字靠前、靠后、紧咬、松咬等。如果片中人物说话唇舌较松，我们配音就不能绷紧唇舌、字正腔圆；如果片中人物咬字口型较小、较扁，我们的配音就不能将字咬得较大、较圆。此外，配音时，不论是否配激情戏，嘴上都要有控制、叼住字。著名配音演员乔榛说过："说快词儿和轻词儿时，要特别注意唇、齿、舌部位的弹性，吐字要清晰，要注意个别字不要含混过去。"这样才能保证观众听得清楚。

四、配音表达要完整

为了取得配音创作的成功，配音时还要注意其完整性。何为配音中的"完整性"？即片中人物画面时进时出切换时，人物语言和反应要始终贯穿自如。不能有自己这一人物的画面时就说台词、有反应，没有自己这一人物的画面时，就不出声或表现台词不有机、不自如，缺乏人物反应的合理性和贯穿感，使得人物塑造不完整。

在实际工作中，原片人物的语言不是都完全附着在人物的画面上。在片子中，有时，为了拍摄角度的丰富和某种蒙太奇需要，片中人物的语言往往会被处理成：几句话在自己的画面上，几句话在他人的画面上或自然景物等过渡性镜头上，然后，又跳回到自己所配人物的画面上来，总之，形成人物语言画内画外、跳进跳出，难以把握。因此，有的初学配音者，在有自己所配人物的画面和口型时，配音还从容、贴合。一旦人物画面跳出时，就配音感觉失当：有的似旁白，脱离了人物感觉；有的为了接上跳回的人物口型而语速不当，或赶或抻，不够有机自然。

当然，要想配好多变的人物口型有相当难度，需要跟上人物的感觉，尤其是语言节奏。在处理这种配音时，不可提着气、呼吸节律乱。只要语言节奏、呼吸节律和内心感觉跟上片中人物，气口位置与进出口型标志记得准，心中有底地自如表达，便可对得上时进时出、时近时远、时正时侧的人物口型。特别注意，不能见画面中不是自己所配人物，配音时便不经意，应也保持特定人物、特定情状的语言感觉与动作节奏，把握画面内外的人物反应，合理表达。

以上内容说明，配音也要遵循表演的创作原则。演员在场上，即便不是主要表演者，甚或没有台词，内心也要始终跟着场上的情节、气氛走，始终表现出相应、合理的反应。不能有自己的画面、台词时自己才有反应、才用心，反之,就"出戏"或不太经意。演员表演要始终有准确、合理的内心感觉及外部反应,配音也是这个道理。

五、把握不同片类的配音

我们配音的片子除了有国产片、译制片两大类之分,还有故事片与美术片之分。所以,在配音创造中,我们应具体把握不同片类及各自的配音要领。

故事片的口型要求比较严格,好的配音口型都应合上,否则,会露出破绽,影响配音质量。

国产片的配音,每一个音节都要配得十分贴合,否则就不被观众认可。因为中国观众对自己的母语(汉语普通话)很熟悉,口型有一点儿不合,都会露出破绽。

译制片就不用将每一个音节都对准,实际上也不可能对得很准。因为外语与汉语的音节数量不同,通常,外语的音节要多于汉语。但是,一定要将人物语言的开头、结尾的口型对准、对好,气口处停、接要准确、有机。

配故事片还要区分和把握不同风格、内容的配音感觉与基调。例如,要区分正剧与喜剧、战争片与言情片等。

美术片的要求稍有不同。由于美术片的口型大多只有嘴的一开一合的机械动作,没有细致的口型形状与变化,音节数量也不甚严格,因而,一般配美术片时,只要对上开口与闭口的时长与动作即可。但美术片的配音处理不能机械、平白,也应当表现出片中人物、动物的性格、情绪等。通常,美术片的配音要比故事片夸张一些。根据片子内容的不同,夸张的幅度也有所不同,并伴以不同环境、不同情绪的声音感觉。

六、配音需模拟动作、有环境感

所谓"模拟动作",即不是真正照实际原样去做,而是以相近或幅度较小的动作来代替真正的动作。这里的"环境感",是指语言中透出的人对所处环境的感应。对它们的参考兼顾,可以形成配音感觉的逼真,也可使人物台词更真实、生动,有生活气息。

配音与广播剧演播一样,都需要有相应的模拟动作相助。在台词表达时伴有一些相应的手势、动作、表情神态,可以更好地帮助语言体现人物心理、人物形态和环境感。比如,有人在配动画片中的大雁时,张开自己的双臂做扑扇翅膀的动作,以表现大雁边飞翔边说话的感觉;还有的人,在配龇着两个大门牙的小松鼠时,自己也龇着牙说话。这样配出的语言惟妙惟肖,很贴合。当然,大多数剧烈的形体动作,还需要配音演员运用运动、肌体记忆来发挥作用,调动起相应的肌体感觉,渗透在配音语言中,保证配音感觉的准确、丰富。

如何表现模拟动作?比如,表现拥抱时,我们可以在说台词当中,用自己的一只手抓住另一条胳膊,似真的在拥抱着对方说话,可给人一种真实感;表现与人打斗时,可一边说台词,一边用一只手握成拳头朝向地面,随着片中人物的动作一下一下打去,形成拳头出击之感;表现抬重物时,可用一只手攥紧拳头,整条胳膊用力向下压,而另一只手从下托住这条胳膊用力向上抬,形成力的对抗,这种动作必然引起气憋、心跳加快的反应,此时的台词便有了真抬重物之感。

配音还应体现环境感。比如,表现冰天雪地中的台词,可以全身肌肉收紧,哆嗦着说话,体现寒冷给人带来的肌体反应。这种表达,必然带来气息的不匀、气短和声音发紧等情状。同样,以这种方式,也可表现出人在一种恐怖环境下的感觉。

以上种种动作模拟和环境感,在配音当中都是必须关注、不可忽视的。否则,会影响配音创造的真实感。

第五节　配音创造个案分析

美国电影《逃出堕落城》片段

人物: 伊丹美　女　二十岁　　高丹尼的女友
　　　高丹尼　男　二十几岁　伊丹美的男友
　　　基　斯　男　二十岁　　高丹尼的朋友
　　　野　猫　女　二十几岁　女犯
　　　玛　歌　女　五十岁　　女犯
　　　苔　丝　女　二十几岁　女犯
　　　嘉芙莲　女　二十岁　　女犯

《逃出堕落城》又名《少女精英》,是一部美国电影。故事情节是这样的:

片中女主角伊丹美是一个清纯、漂亮、可爱的姑娘,她深深地爱着自己的男友,而她的男友高丹尼却是一个口是心非、贩卖毒品的家伙,对此,伊丹美却全然不知。一次,他们两人要去旅游滑雪,高丹尼竟与同伙将毒品藏在伊丹美随身携带的雪橇中,并让伊丹美先走。在过海关时,伊丹美的雪橇被查出藏有毒品,于是她被判刑关进了监狱。高丹尼得知消息后,赶紧来到监狱看望伊丹美。他谎称要想办法营救伊丹美,实际上,他是怕对方供出自己,想用甜言蜜语哄骗对方,以替自己保守秘密。伊丹美没有看出这一点。

在以后的日子里,伊丹美看到了许多监狱中的黑暗:狱警与犯人串通贩毒、犯人之间的残杀、男狱警迫害女犯人,等等。当高丹尼再次来探监时,伊丹美急切地想出去,但当她得知高丹尼仍没有给她带来好消息时,她有些失望了,对高丹尼的感情变淡了。在以后的日子里,伊丹美又经历了灵与肉的折磨,发生了更多的变化。后来,上级派来的女狱官米亚调查这个监狱中存在的问题,伊丹美在得知高丹尼的真正面目后与米亚合作讲出了自己所知道的一切。因此,狱中胡作非为的原女狱官被撤职,狱外仍在花天酒地、贩卖毒品的高丹尼也遭到逮捕,伊丹美从而获得假释走出了这罪恶的堕落城。

一 设 计

基　斯:谁?

高丹尼:我,高丹尼!

基　斯:你来干什么?你应该待在家里。

高丹尼:我在家里放心不下。

基　斯:我能理解。

高丹尼:嗨!发财了,质量不错。你干得不错!

基　斯:但有个问题。

高丹尼:什么问题?

基　斯:会出麻烦的。

高丹尼:什么意思?

基　斯:带这么多毒品太引人注意。

高丹尼:这些东西怎么带出去呢?

基　斯:风声很紧,我们带这些东西太危险,要想个办法。

高丹尼:我有个主意,不用我们自己带。

基　斯:你的意思是让伊丹美带?

高丹尼:为什么不呢?没有人会怀疑一个美丽漂亮的姑娘会带白粉的,

快点准备吧!

伊丹美:嗨!
高丹尼:睡好了吗?
伊丹美:太可惜了,我明天就要走了,可是,我的兴致还很高呢。
高丹尼:这是刚刚开始,宝贝。
伊丹美:我很开心。
高丹尼:我也是。
伊丹美:找一个你这样的人来照顾我,可真不容易。
高丹尼:我知道,你在想什么?
伊丹美:什么?
高丹尼:没什么。

基　斯:你们先走,我去取雪橇。
高丹尼:好的,注意点!拿机票了没有?
伊丹美:拿了,我真想留下来。
高丹尼:早告诉你了,我们很快就会见面的,留下来也没有时间陪你。
服务员:一路顺风!
伊丹美:谢谢!
高丹尼:走吧!
伊丹美:我会想念你的。
高丹尼:我也会想念你。
伊丹美:真遗憾。
高丹尼:你只是先走三天,我去了马上找你。
伊丹美:我爱你。
基　斯:办妥了,祝你一路顺风!
伊丹美:谢谢!基斯。
高丹尼:快点去吧!不要想了。
伊丹美:好!

二　见　面

高丹尼:好吗?宝贝。我想你。
伊丹美:不,你害了我。
高丹尼:等等,那是搞错了,本来应该是我携带的但是你拿错了。
伊丹美:为什么?

高丹尼:为了钱!为了我们能够结婚。

伊丹美:丹尼,我实在受不了!

高丹尼:不要担心。不会待多久的,你没把我和基斯供出来吧?太好了,我爱你。

伊丹美:我也爱你。

高丹尼:听着,我们为你请了个很好的律师,他会把你弄出来的,千万不要说出我和基斯,否则,我们要坐牢,就没有人能帮助你了。

伊丹美:我相信。

高丹尼:相信我吧!你说什么?

伊丹美:我害怕。

高丹尼:我知道你害怕,但你要多坚持一下。很抱歉连累了你,我们很快会在一起。我爱你。

画外音:你是伊丹美,你犯了携带毒品入境罪,触犯了加利福尼亚的法律,你犯了携带毒品、窝藏及准备出售毒品的罪行。根据法律判处你有期徒刑一至三年。服刑地点,在州立女子监狱。

三 玛歌之死

玛　歌:伊丹美吃饭了!

伊丹美:我需要一些洗衣粉。

玛　歌:在后面屋里,自己去拿。

玛　歌:求求你野猫,求求你野猫。

野　猫:玛歌,你懂得规矩吗?

玛　歌:求求你野猫,给我机会吧,我会找钱的。

野　猫:你欠的债已经够多的了,可惜,刚到一批新货。

玛　歌:求求你,我的工作很劳累。

野　猫:真可笑,没钱,便没货。

玛　歌:你一定要救救我。

苔　丝:她不同意,求也没用。

玛　歌:如果你不救我,我会把你干的事说出去的。

野　猫:真的吗?

玛　歌:野猫,帮帮我,帮帮我,否则我会把你的事全说出去。

野　猫:好吧,苔丝,可怜可怜她,给她打一针。

玛　歌:多谢你,我会找钱的,快点。怎么?是空的!

野　猫:你得到的和你付出的一样多。苔丝,玛歌的脸色不好看。哈哈哈……咱们赶快走,快走吧!

四　探　监

伊丹美:丹尼,见到你真高兴。

高丹尼:我也很高兴见到你。

伊丹美:我爱你。

高丹尼:事情太难办了,是个坏消息。

伊丹美:被否决了?

高丹尼:是的,我们尽了最大的努力,现在只有等待机会假释。

伊丹美:我不能再等了,再留在这儿,我就有危险。

高丹尼:你说什么?

伊丹美:说出来你也不会相信。

高丹尼:你要坚守我们的秘密,再忍耐一下,亲爱的,我爱你。

伊丹美:丹尼,我也爱你。

高丹尼:我能为你做点儿什么?

伊丹美:帮我出去。

女看守:费查小姐现在要见你。

五　相　识

嘉芙莲:你来,你需要多吃些鸡蛋。我来了才两天,还记得真正食物的滋味。

苔　丝:喂,小姐,坐黑牢的味道不错吧?

伊丹美:你要干什么?

嘉芙莲:这里到处都是守卫。

苔　丝:还想进黑牢吗?

伊丹美:给我滚开,苔丝!

苔　丝:再见,小姐。

伊丹美:谢谢!

嘉芙莲:在这儿我还是第一次听到,我叫嘉芙莲。

伊丹美:我是伊丹美。你因为什么入狱?

嘉芙莲:不知道。你被判什么罪?

伊丹美:非法携带毒品入境,你呢?

嘉芙莲:杀人。

伊丹美:你丈夫?

嘉芙莲:本是一个游戏,他给我一百元,我把他绑起来并鞭打他,我不知道这家伙有心脏病。

六 诱 捕

高丹尼:请你喝一杯好吗?

女 警:谢谢,不用了,我有……很多钱。

高丹尼:你带了多少。

女 警:大约5万元吧!

高丹尼:足够了,我喜欢有吸引力的女孩。

女 警:我知道。你是这样的。

高丹尼:到我车边去。

女 警:太好了。

高丹尼:付款吧!付款吧!做买卖真刺激,这是最上等的,没有人能分辨出它们的区别。

女 警:很好,谢谢,你为什么……别动。

男 警:这交给我们。

女 警:高丹尼,伊丹美向你问好!

具体处理:

(1) 抓住不同人物基调。抓住伊丹美入狱前后人物基调的变化。前期是热情、甜美;后期是愤懑、冷硬。这点从片中人物的神态、眼神中可以了解到,从伊丹美对待高丹尼两次探监的态度上不尽相同可以感觉到,从伊丹美与新狱友嘉芙莲的对话中也可以看到。但在配音时,要注意层次与对比。同时,抓住高丹尼虚伪的人物基调,以及野猫(阴冷)、玛歌(落魄)、苔丝(阴坏)等不同女犯的人物基调。

(2) 参考人物语言环境。如片头高丹尼与同伙藏毒时的配音语言,声音不能大;伊丹美与高丹尼两次狱中见面时的配音,虽然心情急切,也不能声音放大;野猫与苔丝等女犯害死玛歌时的喊叫声与狂笑声都不能将声音太放出来,要受监狱这一特定环境的制约。

(3) 参考片中人物表演又不简单相合。片中高丹尼两次探监时与伊丹美的谈话,虽然他的表情没有明显倾向,但我们了解到他的为人与目的后,配音语言不能平淡,要有准确、鲜明的内涵和细腻、适度的处理。

(4) 表现片中人物动作。如片头高丹尼亲吻伊丹美的动作,配音中可通过吻自己的手来配上相应感觉;片头伊丹美刚睡醒躺在床上说话的感觉,配音演员应用相应的松弛气息来表现;还有狱中女犯们捂住玛歌的嘴发出的声音,配音时,可由为玛歌配音的演员自己捂自己的嘴来发出。

(5)参考片子的地域、人文环境。注意不应带"配音调",适当表现出欧美片子的人物语言特点、风格与表现方式。

个案之二

印度电影《真真假假》片段

人物:拉姆·普拉沙德——"拉"　　　　　　　　二十一岁
　　　拉克希曼·普拉沙德——"拉"　　　　　　　二十一岁
　　　帕瓦尼·肖格尔——"帕"　　　老板　　　　五十多岁
　　　姑丽妮——"姑"　　　　　　　老板之妹　　四十多岁
　　　乌尔米拉——"乌"　　　　　　老板之女　　十九岁
　　　勒德娜——"勒"　　　　　　　拉姆之妹　　十九岁
　　　布希芭——"布"　　　　　　　乌尔米拉之友　二十岁

《真真假假》是一部带有喜剧色彩的印度电影。它讲的是这样一个故事:聪明、活泼的男青年拉姆父母双亡,他与正在读书的妹妹勒德娜一起生活。从学校毕业后,他为了找工作,听从舅舅的劝告,贴上了胡子,又从电影厂朋友那里借来一套老式衣裤去一家公司应试。原来这个公司的老板帕瓦尼·肖格尔与拉姆的舅舅是朋友,拉姆的舅舅了解他的旧观念,他认为不留胡子、穿着入时、爱好文体的青年工作上必不可靠。于是,在考试时,拉姆装作除了本人的业务以外其他一概不知,老板对他很满意,他得到了这份工作。由于他工作努力又能干,老板还给他加了薪。

一次,他的朋友为了让他能看一场曲棍球比赛,出主意由朋友打电话给拉姆的老板谎称他母亲病了让他回家,得到了老板的应允,拉姆如愿看了这场曲棍球比赛。谁知事有凑巧,拉姆的老板那天也去看了这场比赛,并看见了穿着入时、没留胡子的拉姆。次日,当老板盘问拉姆时,他在毫无准备的情况下,急中生智谎称自己有个长相一样的双胞胎兄弟拉克希曼。老板信以为真,并让他把这个游手好闲、风流倜傥的兄弟带到他家教他女儿乌尔米拉唱歌。当拉姆以拉克希曼的面目出现,成为老板女儿乌尔米拉的音乐教师之后,两人相爱了。

但老板发现后不喜欢这个事实,又要拉姆教他女儿学习文化课,想取代他"兄弟"将女儿嫁给他。于是,拉姆不得不在老板与他女儿之间无可奈何

地来回变换着形象周旋。最后,他实在不愿再在乌尔米拉面前从拉姆变成拉克希曼来回奔波。后来,他想了一个办法,想让拉克希曼"远走高飞"。谁知乌尔米拉误会了他的苦心,她找到拉姆(她误认为是拉克希曼)家任性地让拉姆明天马上与她去神庙结婚,她已经离家出走住到女友家了。

老板以为是拉克希曼拐走了自己的女儿,非常生气。他无意中又发现拉姆的胡子是假的,以为是拉克希曼杀死了自己的哥哥化装成拉姆,于是一场追斗开始了。片子的结尾,拉姆与乌尔米拉终于走到一起,老板也了解了事实真相,并在亲朋好友的劝说下承认了这个现实,出现了大团圆的结局。

一 考 试

拉:您好,先生。

帕:进来,进来,您叫什么名字?

拉:拉姆·普拉沙德·达希勒特·普拉沙德·夏尔玛。

帕:坐,坐,请坐。

拉:谢谢,谢谢。

帕:你认为苏尼尔·高斯格尔怎么样?

拉:苏尼尔·高斯格尔?

帕:对,有名的板球运动员。

拉:请原谅,先生。我对板球知之甚少。

帕:好,好,没关系。那您对"黑珍珠"有何看法?

拉:我根本不知道珍珠会有黑色的,我一直认为珍珠都是白色的。

帕:我指的是贝利。

拉:喔,他可是个伟人,先生,是个伟大的人物。

帕:哦。

帕:请您谈谈他的伟大之处。

拉:他写的《马哈拉什特拉邦落后部落的人均收入》一书值得一读,先生。

帕:您说的是谁?

拉:莱利,先生,莱利教授,著名的经济学家。

帕:不、不,我说的是贝利,闻名世界的球星贝利。

拉:哦,前几天我倒是在报上看到过一条消息,说是加尔各答有三四万疯子为了见他,竟然在半夜就赶到机场去等候。我就知道这些,先生。

帕:好。印度、巴基斯坦曲棍球赛就要举行了,请您谈谈您的看法。

拉：先生，请允许我告辞。

帕：为什么？怎么啦？

拉：我除了自己以外，其他方面一概不知。先生，我父亲训导我，青春贡献给事业，以后有的是时间娱乐。然而今天我才恍然大悟，有关体育等方面的知识也是很有必要的。父亲的训导不足为信。

帕：绝对不是，绝对不是。令尊大人的教导完全正确。快坐下，他还说些什么？

拉：他常常说，一个有理想的人……喔，算了，先生，您会认为他神经不正常。

帕：不，请说下去。

拉：他常说：一个有理想的男人应该蓄起胡子，胡子是人心灵的镜子，胡子反映一个人的内心世界。

帕：真是金玉良言哪，孩子。按我看，一个人没有胡子就说明他没有良心。你确是受到了堪称典范的家教，请你看看这份细账。

拉：这是一九七〇年的。

帕：嗯。

拉：这账是哪个缺心眼儿做的，先生？这人准是个笨蛋。

帕：是我亲自做的。

拉：请原谅，先生。不过这账做错了。

帕：这我知道，我不过是想考考你究竟懂多少。我很喜欢你。我为你感到骄傲，年轻人，你从明天起就来上班，工资暂定为800卢比。

拉：800卢比？

帕：对，绝不能多于850卢比。你们年轻人哪，就只知道钱……

拉：不。先生，我不是这个意思。我是新手，哪能拿800卢比的工资，就是500卢比也不配拿呀。

帕：瞧，孩子，你究竟有没有才能，不必由你来告诉我，懂吗？去吧，明天就来上班。咦，你的褂子怎么这么短？

拉：先生，我父亲常说，衣服只是用来遮羞而已。全印度有三亿男人，假使其中有一亿褂子，如果每人把褂子做短六英寸，就可以省下许多布，用这些布又可以解决多少人的穿衣问题？所以我父亲常说，穿长衣服是一种极为有害的时髦。他在世时反对赶时髦……

帕：在世时？

拉：是的。先生，他四年前就去世了。

帕：嘻嘘，真是太遗憾了。我没有机会见见这位大贤人。

拉：但他永远和我在一起。我时时刻刻都在怀念他老人家,他老人家虽然已经谢世,但他的思想和主张将永存。

帕：好,说得好,你一定会有出息的。但我有个小小的请求,请你以后不要在谈话时使用这样深奥的语句,写文章另作别论。听起来很费劲。

拉：好,先生。

帕：嗯。

拉：再见,先生。

二 演　戏

乌：为了能和你结合,我得罪了天下的人,你倒说话呀！为什么不说话？我错就错在跟你秘密结了婚,没让人知道,没有迎亲队接我,那又怎么了？是的,没有吹吹打打,也没有唱歌跳舞,但是你曾对天发誓和我结为夫妻的呀！你不能丢下我不管,我已有了孩子,马上就要做母亲了。

帕：神啊,请睁开心灵的眼睛……

姑：你自己先开开窍。你哪里肯听我一句话？你要么忙自己的工作,要么折腾你的肚子。我说过多少遍,对女儿不要宠得太厉害了。

帕：今天怎么了？

姑：坏事了。哥哥,乌尔米拉偷偷地和人结婚了。

帕：谁跟你说的？

姑：是我亲耳听到的,还有,那小子要扔下她远走高飞,更糟糕的是,乌尔米拉……

帕：怎么了,快说！

姑：乌尔米拉快要生孩子做母亲了。

帕：乌尔米拉现在在哪儿？在哪儿？

姑：在自己房里。

乌：我瞒着父亲跟你结了婚,我不就是这点儿错吗？你为什么不说话？说呀！我这个样子,你要是把我甩了,我只有一条路可走,就是自杀！

帕：乌尔米拉！乌尔米拉！开门,快开门！乌尔米拉！

乌：什么事,爸爸？

帕：你问我？我还问你呢！

乌：我怎么了？姑姑,出了什么事？

姑：瞧你干的好事,孩子,你怎么搞的嘛？

乌:我怎么了?

姑:你把我们家的面子丢尽了,还在问怎么了?

帕:那个坏蛋藏在哪儿?我要枪崩了他。

姑:如果你想结婚……

乌:行了,行了,姑姑,别说了,够了!

姑:哥哥……

乌:你看,这是眼药水瓶,你再瞧瞧这是剧本,您知道不,我们学校要演戏,我正在练习台词呢……你们哪,真是的!

姑:既然是练习,那头顶上抹什么朱砂?

乌:爸爸,我演的就是一个已婚女子,不在头上抹朱砂,怎么出得来感情呢?爸爸,我开始了呀,姑姑,您就权当默亨德拉吧!

帕:默亨德拉是谁?

乌:默亨德拉,就是我悄悄跟他结婚的那个人。

帕:哎呀,不得了。

乌:爸爸这是假的,是在演戏嘛!您听着——我爱你,默亨德拉。

姑:喔,孩子,可不能直呼丈夫的名字,应该这么说:"喂,我说!"

乌:啊,我的上帝,姑姑,这是现代戏!

姑:有必要演这种不吉利的戏吗!要演也得演些好戏,比如《神明保佑我》《虔诚的信徒》之类的。你为什么演这样的戏呢?对吗,哥哥?

帕:有道理。

乌:你们想不想听?想听的话,就好好听着:"默亨德拉,我爱你。我将要成为孩子的母亲。"

帕:嘻嘘!

三 设 计

帕:你今天把这发出去。

拉:您已经在副本上签字了吧,先生?

帕:签了。现在我有事要出去,你在这里等着,五点钟康纳先生要来电话,电话非常重要,你自己跟他谈吧!

拉:电话。先生,电话。

帕:是,什么?什么?老天爷!好,我就让他回去。是你邻居打来的电话。

拉:对不起,先生,我来回绝他。

帕:不,不,你母亲突然生病了。

拉:什么?我母亲怎么了!

帕:你母亲病了,你赶紧回家吧!

拉:但是,康纳先生要打电话来哪!

帕:别管了,走,你赶紧回去。等等,我用我的小车送你回去。

拉:喔,先生,不麻烦您了,我可以自己坐出租汽车回去。再见,先生,先生,请您为我母亲向天神祈祷吧。

帕:别着急,孩子。别着急,一切都会好的,去吧!啊!这才是真正的孝子哪!

四 上 课

拉:Thank you,谢谢你。

帕:您叫什么名字?

拉:拉基·夏尔玛。

帕:拉基?

拉:我的名字是拉克希曼·普拉沙德,朋友们都管我叫拉基,您也叫我拉基好了。

帕:不,我还是称你拉克希曼·普拉沙德。

拉:那就悉听尊便,我不强求,您也可以称呼我的全名,拉克希曼·普拉沙德·达希勒特·普拉沙德·夏尔玛。噢,想起来了,我哥哥说,您这里需要一名音乐教师?

帕:有这回事,可有两个条件。

拉:条件?

帕:对!第一,您的工资定为每月二百卢比,但钱不交给您,而是给您的哥哥拉姆。

拉:这为什么?

帕:我说过了,这是第一条。

拉:OK,OK,我同意。第二条呢?

帕:第二条是,您能否胜任音乐教师一职,这得由我女儿来定。

拉:Sorry,这条件我不能完全接受。您女儿有权决定我能否胜任音乐教师一职,像我这样的艺术家也同样应该有权决定您女儿是否值得一教。

帕:这个要求公平合理。乌尔米拉,你的音乐教师来了。

拉:嗨!

帕:他是拉克希曼·普拉沙德·达希勒特·普拉沙德·夏尔玛。

乌:我可记不住。

帕:拉克希曼·普……

拉:等等,您可以叫我拉基。

乌:好好,太好了!我就叫您拉基先生。

拉:不必,不必!

帕:哼!

拉:完全没有必要加上"先生"二字,您叫我拉基就行。我呢,也不称您为乌尔米拉小姐,叫您米丽。

帕:不行!您一定得称她乌尔米拉小姐,而她得称你为先生。

拉:好吧。听凭您吩咐。

帕:乌尔米拉,你试试他有没有本事教你唱歌,您也考考她是不是有培养前途。

拉:那自然!

乌:来吧,到音乐室去。

拉:有句话要先说清楚,米丽,学歌不是容易事。

帕:您说什么?

拉:我说乌尔米拉小姐,乌尔米拉小姐。

帕:对喽!

拉:唱歌是门艺术,它不是做买卖,也不是算算术。在这门艺术里,二加二不仅等于四,还可以等于五,等于三,甚至等于零。

乌:请吧!

拉:您先请。

五 拜 访

乌:您好!

勒:您好!找谁?

乌:拉基先生在吗?

勒:我们这里没有人叫拉基先生的。

乌:拉——我是说拉克希曼先生在吗?

勒:哦,您打听的是我二哥,您是乌尔米拉小姐?

乌:您怎么认识我的?

勒:您请进来吧!我二哥一天到晚提到您,谈关于您的事,所以我听了几遍也就记熟了。

乌:他在您面前说我些什么?

勒:有一次他说,勒德娜,我的乌尔米拉不是寻常姑娘,简直是个天仙!

乌:我的乌尔米拉?

勒:对呀!《罗摩衍那》故事中拉希曼的妻子是乌尔米拉,他不说"我的乌尔米拉"说什么?

乌:您把他叫来好吗?

勒:他现在不在家。

乌:哦,什么时候回来?

勒:我说不好,他这个人没准儿。

乌:那请您给我一张纸,我给他留个条儿。

勒:行,您请坐下写条吧,我去给您做杯热茶。

乌:今天不了,我还要赶紧回去,改天再来喝茶。喏,这条儿请务必交给他本人。

勒:写给他的,我当然只交给他。

乌:能给我一个信封吗?

勒:用不着信封,您折起来交给我就是。我一定给他本人,决不会偷看的。

乌:不,不,我不是这个意思。这信里写的是些私事,所以……

勒:乌尔米拉小组,您可以完全放心。我当面交给他。

乌:Thank you!

六 为 难

拉:勒德娜!

勒:什么事,哥哥?

拉:乌尔米拉来干什么?

勒:找拉克希曼哥哥呀!

拉:她说了些什么?

勒:她给他留了一个字条儿。

拉:拿来给我。

勒:干吗给你?这信是给拉克希曼哥哥的。

拉:快别拿人开心了!

勒:我拿谁开心呀?大哥,我答应过她,这信除了二哥之外,谁也不让看。

拉:喏喏,你的二哥回来了。

勒:这就对了,我马上去拿。

拉:糟糕!

勒:怎么?

拉:她约我明天六点三刻去会面。

勒:那又怎么了,你去呗!

拉:唉,怎么个去法?五点半我得到她家,给她上课,一直上到六点半结束。她可以舒舒服服坐着小汽车去到约会地点,而我呢,要从拉姆·普拉沙德变成拉克希曼·普拉沙德。五分钟的时间怎么赶得到那儿?要去,只有一个办法。

七 见 面

布:请进来,乌尔米拉,哎,乌尔米拉,拉基先生来了!

乌:你来了。

拉:嗨,我这么快能赶到,这还是真本事呢!

乌:哼,还说快呢!坐下吧!

拉:叫我到这里来干吗?

乌:总得找个地方见见面嘛!看不见你,我总觉得活着没意思。

拉:假如以后天天到这里见面,那我就没法活了。行行,我知道你的眼睛大,我喜欢直来直去有话明说,这偷偷摸摸的算什么?倘若如此,你把我忘掉算了!

乌:你又不是历史书,我可以读过就忘了!

拉:现在不是,将来可以是嘛!你的父亲非常讨厌我。哼,他准经过反复思量才解雇我的。权衡利弊之后才让我哥哥当你的 teacher,反正是兄弟俩呗!

乌:什么?

拉:这是明摆着的事,如果你留意起我哥来,就会在他身上看到我的影子!

乌:你说这话不害臊!

拉:这有什么好害臊的。拉姆本来就是拉克希曼,拉克希曼本来就是拉姆。

乌:胡说!那个呆头呆脑的拉姆两个也抵不上你一个!

拉:嗳,根本就不是抵得上抵不上的问题!

布:请喝茶吧!

拉:太谢谢您了!

乌:今天这里没法细谈。明天上海边等我。

八 误 会

拉:谁?乌米尔拉,这么晚还来?

乌:今天我来问你个明白,你干吗写了那封信?

拉:我也是被逼的没办法。乌米尔拉,既然你的父亲喜欢我哥,那……

乌:管父亲喜欢谁!你跟我说清楚,你喜欢谁?

拉:你要我说清楚我喜欢谁,好,但是你要知道,我哥哥喜欢你的程度并不亚于我。

乌:然而我恨他,我恨他!我恨透了他那个人!

拉:轻一点儿好不?我哥会听见的。

乌:让他听去吧!我谁也不怕。我已经离开了家,再也不回去。现在我上布芭家去。明天早晨你到那儿接我,然后去神庙结婚!

拉:你要跟你父亲唱对台戏?

乌:对!

拉:乌尔米拉,这下我的饭碗要砸掉了。

乌:什么?

拉:噢,我是说我哥哥。

乌:让你的哥哥和他的饭碗见鬼去吧!你明天若是不来,那我就自杀!死给你看!凶手就是你!你记住这一点!

拉:乌尔米拉!乌……

乌:算啦!

拉:乌尔米拉,你听我说呀!乌尔米拉,你听我说呀!

九 解 误

布:是您?

拉:是的,乌尔米拉叫我来的。

布:哦,请进,请进,您请上楼。

拉:乌尔米拉,你吃什么?

乌:毒药!与你何干!

拉:乌尔米拉!

乌：请别叫我乌尔米拉！

拉：好吧，那就不叫，但你听我讲嘛！

乌：讲什么？

拉：乌尔米拉，靠耍小孩子脾气解决不了问题，现在需要的是冷静，动动脑子。

乌：啊，你敢碰我！

拉：你听着。

乌：您别往前走！

拉：你听我讲好不好？

乌：别靠近我！

拉：你生你父亲的气，可干吗把气撒在我身上呢？

乌：你给我滚！

拉：你要知道，我并没有拒绝和你结婚呀！

乌：什么？

拉：我是为了说明这点才来的。

乌：噢，原来您是要向我说这些的！

拉：对。

乌：你也不照照镜子瞧瞧自己的模样！滚出去！我对您没有什么可以说的。给我滚，快滚！

拉：哎呀，这是干吗？

乌：你这个伪君子！

拉：唷，喔唷！

乌：流氓，无赖！

拉：啊啊，哎，你这是为什么？

乌：你，你……

拉：你听我讲啊！

乌：你马上给我滚！滚出这间屋子！

拉：怎么回事？你没犯病吧！

乌：滚出去！

拉：你恨我啦，是不是？

乌：对！

拉：连看都不想看我喽？

乌：对！

拉：好吧！我走了，再也不来找你。但请你看我一眼，最后看我一眼。既然如此，我走啦，走啦。

乌：拉基！

拉：哎呀，我不是拉基，是个大傻瓜！

乌：当然是傻瓜，是我的傻瓜。

具体处理：

（1）把握男女主人公气质。在这部片子当中，男主人公的配音者要配出拉姆和拉克希曼两个性格、气质、语言迥然不同的人物形象，因而，要确定并把握男主人公（兄弟两人）的人物基调，区别人物气质和语言表达方式：要配出拉姆的老实忠厚、语言平缓；配出拉克希曼的轻佻外露、语言快浮。

（2）把握女主人公的不同感觉与表现方式。在这部片子当中，女主人公乌尔米拉是老板的独生女，因而，她得到父亲和姑姑的宠爱，她单纯、任性，却也不失少女的温柔。所以，在配音中既要抓住她富家女特有的任性，也要兼顾其沉浸在爱河之中少女特有的温柔一面，二者兼而有之。例如，她在女友家约见拉克希曼；她深夜去拉姆家向他摊牌自己已离家出走，并要与拉克希曼去神庙结婚否则自杀的任性；以及她第一次见到拉克希曼时和她到拉姆家见到其妹妹勒德娜时的害羞与温柔感觉。在配音处理时，要从心理感觉、语言色彩、表达音色、说话速度、语言力度等方面来加以把握，以求全方位地表现这一角色的全貌。

（3）把握片子风格。这部片子是喜剧风格，因而，在语言处理上可适当夸张一些，语速可稍快。

（4）把握人物关系。在这部片子的几个片段中，出现不同的身份感与对象感：老板面对拉姆与拉克希曼，乌尔米拉面对拉姆与拉克希曼，拉姆、拉克希曼面对老板等。这就要求配音者要随时把握自己的身份感与对象感，产生准确的人物感觉和语言处理。如老板对拉姆的喜爱，对拉克希曼的讨厌；乌尔米拉对拉克希曼的喜爱，对拉姆的讨厌；拉姆对老板的毕恭毕敬，拉克希曼对老板言谈举止轻浮等。

（5）配音要与形体动作和谐。这是一部印度影片，这一特定地区的民俗、语言习惯、体态语等都不同于欧美地区，又由于这部影片是喜剧风格，因而，片中人物的表情、手势、形体动作较多，表现较为夸张，配音时应使有声语言跟体态语的方式、幅度、力度等完全吻合。片中人物的动作比较夸张且动作多，配音时，就要与人物动作的节律合上。如在"解误"一段戏中，乌尔米拉用拍子打拉克希曼的一段戏,配音时要既合上语言的气口,也要与一下一下挥打的形体动作合上,使其既有拍子的节律,也有相应的分量感与力度。

个案之三

台湾电影《晨雾》片段

人物:戴亚伦——"伦"　男　三十几岁
　　　杜小梦——"梦"　女　二十几岁
　　　纪　云——"云"　女　二十几岁
　　　唐永平——"平"　男　十几岁
　　　施媚妮——"妮"　女　二十几岁

　　《晨雾》是一部台湾言情片,故事情节是这样的:杜小梦是一个餐厅的服务员,她家境贫寒,只得提前就业。一天,某公司经理、富家子弟戴亚伦去杜小梦所在餐厅吃饭,不慎将自己的钱包丢在那里了。好心的小梦发现后追出去寻找失主。由于此事,小梦回餐馆晚了被老板训斥,她一气之下辞职不干了。戴亚伦得知此事后想邀请小梦去他的公司工作,但遭到性格独立、倔强的小梦的拒绝,她表示自己不想依赖他人,要凭自己的能力再找工作。戴亚伦只得作罢。

　　小梦发现自己已经爱上了戴亚伦。以后,两人继续交往,小梦告诉戴亚伦自己找到一份工作,是家庭看护。二人在一起,有说有笑,十分融洽、开心。杜小梦的新工作是看护富家子弟唐永平。唐永平由于体弱,常年不出门,坐在轮椅上,导致性格有些变态,为人十分挑剔。唐永平比杜小梦年龄小,因而,小梦像个大姐姐一样给他讲道理,开导他,还鼓励他离开轮椅站起来,后来居然带他出游。二人和睦相处,小梦得到了唐永平的尊敬与喜爱。一天,当杜小梦与唐永平游玩后走进一家餐厅时,正撞见戴亚伦与他已订婚的未婚妻施媚妮在谈分手的事,对方骄横、恶语伤人、执意不从。小梦却不知真相,对戴亚伦发生误会,从此对他不理不睬。戴亚伦急切找到小梦想解释这一切,却遭到小梦的激烈拒绝。

　　以后,施媚妮用自杀的方式逼戴亚伦结婚,戴亚伦只得就范。几年以后,经历了一番周折,戴亚伦终于离了婚,他急忙来找杜小梦。他与小梦亲眼看到年轻的唐永平病逝,临死前,唐永平表示出对小梦的感激与挂念。戴亚伦经过对施媚妮的同情与对杜小梦的真爱的思想情感争斗后,终于如愿以偿与杜小梦走到了一起,有情人终成眷属。

一 感　　谢

梦:哇!哪来的男人哪?

伦:杜小姐!

梦:是送钱还是来道歉的?

伦:来请求你的友谊,接受吗?

梦:你倒挺有本事的,怎么找到这儿来?

伦:我走遍了全台北市大小餐厅找杜小梦,总算找到了,没想到餐厅老板说她已经辞职不干了。

云:小梦,怎么回事呀?

梦:还不是为了送皮夹子,转了好几趟车,等到回到餐厅已经到中午了,老板站在门口鸡猫子怪叫的,就这样我不干了。

云:你呀,就是这个倔脾气,迟到了,老板总要说几句,有什么关系呢!

梦:几句我还不冒火,结果噼里啪啦地说了三百多串。

伦:杜小姐,我真不知道该怎么表示我的歉意才好。

云:哎呀,糟了!

梦:你还要不要表示谢意,我们的菜完蛋了,你请我们吃饭吧。

伦:谢谢这锅完蛋的菜给了我机会。

二 邀　　请

梦:喏!

伦:怎么了,小梦?

梦:谢谢你,我自己可以找到工作。

伦:嫌薪水太低了?

梦:八千块?!我从来就没拿过那么高的薪水。

伦:那是为什么呢?

梦:我不要我的老板是你,就这么简单。这样最起码我们还可以平起平坐,地位是相等的。

伦:在我们公司上班就是上班,你怎么扯出这些不相干的事情来呢?工作归工作,我们仍然还是好朋友啊。

梦:我不想养成依赖朋友的习惯。明天我就可以去看一个工作。

伦:什么工作?

梦：看护,性情温和、有耐性。

伦：看护的工作不一定适合你。万一你没有被录取呢？

梦：我就再找别的工作啊！

伦：小梦,你要不要再考虑考虑？

梦：好了,到此为止,再说下去,我就要溜了。

伦：随便你。反正我公司的大门永远开着,随时欢迎你来。

梦：你把公司大门关起来吧,我杜小梦一无所有,就是挺有自信！我一定会被录取的。

三 交 流

梦：戴亚伦,明天我就是有工作的人了,我这个看护可是精挑细选出来的。

伦：我真没想到你会被录选。哎,怎么不进去？

梦：有没有人规定见面一定要在餐厅？

伦：没有哇。

梦：那我们不如去逛逛街,闯闯红绿灯。

伦：好啊。

梦：戴亚伦,你每次都穿得体体面面的,怎么今天穿起牛仔裤来了？

伦：这是我念大学时穿的。

梦：哇,你真厉害！念大学时的牛仔裤居然还能穿啊?!你现在可是个老男人了噢。

伦：真伤心哪,才三十出头就被叫成老男人了。

梦：哎,有没有许多女孩子喜欢你？

伦：我很忙,没有太多时间去注意女孩子。不过倒是有一个……

梦：是什么样的女孩？

伦：她很懂得穿衣服,很会修饰自己,是个相当会表观自己优点的女孩。

梦：哎,她很喜欢你吗？

伦：她的社交圈很广,我们见面的时间很少。

梦：噢,是这样的。那你喜欢不喜欢她呢？

伦：跟她在一起,我并没有特别的感觉。

梦：噢,特别的感觉？哎,你们触不触电啊？

伦：触电？

梦：嗯。

伦:你这个小脑袋怎么想那么复杂?
梦:你不要拍我的头嘛,像个老祖父一样。
伦:小梦,当老祖父太离谱了,叫声戴大哥倒是足够啊。

四 心 言

云:小梦,小梦你怎么了?
梦:我爱上一个人。
云:噢?谁呀?
梦:戴亚伦。
云:多久了?
梦:第一面。我爱他高,爱他帅,爱他文雅、温和、稳重的个性,爱他待人诚恳、热心,总而言之我爱他的一切。
云:他晓得吗?
梦:我不会让他知道的。
云:哎,为什么不告诉他嘛?
梦:因为他有女朋友,是个又漂亮,身材又好,又会打扮自己的虚荣女孩子。
云:是他告诉你的?
梦:"虚荣"是我自己加上去的,因为我讨厌那个女人!
云:小梦,你难道一点儿也看不出来?
梦:看出什么来?
云:戴亚伦他喜欢你。
梦:纪云你别安慰我,你是个大好人,跟戴亚伦一样都不忍心让人难堪。
云:小梦,像戴亚伦这么好条件的男人,当然是女孩争取的对象,朋友自然是不少啦。不过,他一定会喜欢你,因为啊,你是个讨人喜欢的女孩啊。

五 鼓 励

平:谁告诉你我要音乐的?
梦:哎,是现在国内最红的歌星唱的,你看。
平:你以为我不知道这个女歌星,一天到晚老戴着帽子唱歌的那个。
梦:你知道的很多嘛。
平:我是个不出门的秀才。
梦:哎,叫义伯带你出去,这样你就可以看见外面的世界了。
平:我不要接触外界!

梦：嗯？

平：我讨厌见人！

梦：为什么？

平：外界对我有什么意义？除了义伯，任何人跟我都没有关系！

梦：这个想法是不对的，只要你活着，这个世界就跟你息息相关。

平：那是你们正常人的说法。可是你看到了，一天到晚打针、吃药，从来就没有离开过这个轮椅！

梦：你的腿并不是不能走，是你自己把自己绑在轮椅上，时间久了，你根本就不想走路。

平：医生说过我不能过分劳累。

梦：医生说你不要劳累，并不是让你坐在轮椅上不动。你可以站起来试试。

平：我不要试，我不要！我害怕跌倒。

梦：跌倒了站起来就行哪，有什么好怕的，男孩子最可爱的地方，就是比女孩子勇敢。

平：我不要，别人会笑我。

梦：别人是谁呀？噢，那我走，让你一个人试。

平：哎——哎！你不能走！

梦：你要我留下，就得先破除心理障碍，要不然任何事都不能做。现在，至少你可以表现得很勇敢。来，把手给我，喂，来，来，你看，你可以走得很好，自己走，哎，没关系，我们再试试看。

六 谈 判

伦：媚妮，我们个性不合，勉强在一起也不会愉快的。

妮：几天不见，两个人就到了水深火热的地步了。哼！真是男盗女娼一拍即合！

伦：你这什么话？

妮：你怕谁听啊？哼，我说话就这个调调。怎么，只许你做就不许我说啊！

伦：我只是想跟你好好谈谈。

妮：解除婚约？哼！趁早把这个念头打消吧！

伦：媚妮，你有你的生活方式，你喜欢跳舞，喜欢社交，你从来没有满意过我，你选择的是我的条件，不是我的感情。

妮:哼,你不笨,我是选择你的条件!我选择你年轻,选择你帅,选择你还有两个钱,选择你带出去还算体面。你心虚了?哼,大丈夫敢作敢当,你怕什么?!

伦:我为什么要订这个婚?

妮:是我拿枪逼你订婚的吗?!

七 断 交

伦:小梦。

梦:你来干什么?!

伦:我有话跟你说。

梦:没什么好说的!

伦:小梦,你听我解释。

梦:不用解释!我很有自知之明,也知道自己的分量。一个订过婚的男人撒谎,打击不了我的!

伦:小梦!小梦你听我说!

梦:戴亚伦,请你走吧!

伦:小梦,你开门嘛!小梦,你听我解释。

梦:你已经没有任何话需要对我说了。

伦:小梦,你开门嘛!

梦:请你马上走!

伦:小梦!

梦:我求你!

伦:小梦!……你一定要听,我跟施媚妮是订过婚,但是我们一直有解除婚约的打算,我一直没跟你提,是因为我爱上了你。今天上午,我就是在解决这个事情。

梦:我对说谎的人没有丝毫兴趣!现在你可以走了!

伦:小梦,你不要躲我。开门嘛!小梦!……我是说了谎,但是,我是真爱你。

八 相 见

伦:小梦!

梦:来找我?

伦:我永远不会放弃找你。我离婚了。

梦:你回去吧。现在我情绪很乱,我不知道该怎么办才好,你走,你走吧!

伦:不要叫我走,我能这样站在你面前是多艰难的事,你知道吗?从爱上到结婚,到离婚,我心中唯一等待的女孩就是你。小梦……

梦:为什么你要在这个时候出现?

九 团 聚

伦:小梦!小梦!

梦:你还是选择了爱情吗?

伦:你怀疑吗?

梦:我没有办法逃避自己爱你,我还是没有办法。

伦:小梦,你这个属鸟的,白白让我慌张了一场。好,一切都过去了,待会儿等太阳出来,所有的雾都会散掉,也会把所有的不愉快统统忘掉。你是个快乐开朗的女孩,对不对?

梦:戴亚伦……

伦:奇怪你怎么始终连名带姓地叫我戴亚伦呢?

梦:我叫习惯了嘛。

伦:那怎么行呢,要改!你看,哪个太太连名带姓叫丈夫名字,哼——

梦:你是说……戴亚伦!

具体处理:

(1) 抓住人物基调与气质

戴亚伦:他的基调与气质是儒雅、忠厚、沉稳;他的语言真诚、平稳。

杜小梦:她的基调与气质是热情、活泼、纯真,她的语言有情、活泼。

纪云(杜小梦女友):她的语言应是成熟、温柔。

施媚妮(戴亚伦的未婚妻):她的语言应是刁蛮、尖刻。

配音者应当与片中人物的表演完美贴合。

(2) 把握人物变化。这部片子中,由于情节的进展,导致人物情感大起大伏,人物心理和语言都发生较大变化。如杜小梦前期的热情、活泼,后期的深情、内在;戴亚伦内心情感复杂多变,导致他一忽儒雅、开朗,一忽痛楚、深凝。

配音者应当与片中人物的有声语言和体态语很好结合,完美表现。

(3) 把握体态语。这部片子中女主人公杜小梦的扮演者林青霞的表演十分出色,她将一个纯真、自信、善良的女性形象表现得淋漓尽致。无论是人物心理、人物语言、体态语,她都表现得惟妙惟肖。尤其是在我们所选的几个片段中:她时而边投飞镖,边对老板发着怨言;时而围着戴亚伦蹦跳着向他询问他的情感世界;时而手托着腮沉思对戴亚伦的爱;时而痛楚涌入眼中转而惊喜又一把搂住戴亚伦的脖子……这些表现都有丰富、细腻、变化多端的体态语,配音者都要细致、生动地表现出来,动用各种表现手段,形成(心理、生理的)内在感觉、有声语言、体态语三位一体的有机结合。

(4)语言规范。由于这部片子是台湾电影,在语言表达中带有台湾地区的语言特征,有的语音不规范。如剧中杜小梦说"皮夹子"(夹:将阴平说成阳平)、"跌倒"(跌:将阴平说成阳平),与普通话发音不一致,这样的读音,我们在配音时,不应一味贴合,应当坚持用汉语普通话语音规范的原则处理台词。

(5)训练技巧。具有一定表达功力的女性配音者,还可以在片中同时为杜小梦和施媚妮两个不同的女性配音,训练自己把握不同人物的性格、气质及语言造型的能力。

个案之四

古典电视连续剧《红楼梦》片段

人物: 凤　　姐
　　　贾　　琏
　　　探　　春
　　　宝　　钗
　　　李　　纨
　　　尤二姐

这部电视连续剧是根据我国古典文学名著《红楼梦》改编的。全剧以贾宝玉、林黛玉、薛宝钗之间的恋爱和婚姻悲剧为主线,刻画了具有代表性的贾、王、史、薛四大家族的兴衰及种种腐朽和罪恶,对行将崩溃的封建制度做了有力的批判。同时,歌颂了封建社会的"叛逆者"及其朦胧的新思想。此外,还通过对大量日常生活细节的描述,生动地展现了封建贵族大家庭充满矛盾和多姿多彩的生活画卷。《红楼梦》的基本故事情节及人物,大家都比较熟悉,在此,不多介绍。

这部剧人物众多,这里所选择的几个片段,主要表现了王熙凤、贾琏、平儿的生活片段,以及荣国府里的生活场景。

一

（屋内）

平儿：哼！

贾琏：昨天晚上我可想着你呢。……

平儿：哼——二爷,你看这是什么？

贾琏：小蹄子,给我！快点儿,小蹄子……你不给我,我把你膀子撅折了！

平儿：你这没良心的,一会儿我告诉她,看你怎么办。

贾琏：好人,赏了我吧。

凤姐：平儿！

平儿：哎——

凤姐：平儿,快开匣子。把太太那副鞋样子找出来。

平儿：哎。

凤姐：平儿,前儿拿出去的东西都收进来了吗？

平儿：都收进来了。

凤姐：少了什么没有哇？

平儿：仔细点过,一件也没少。

凤姐：多了什么没有哇？

平儿：不少就罢了,怎么还会多呢？

凤姐：这半个月呀,难得干净,或者有哪个相好的丢下什么戒指啦、汗巾啦、香袋啦,还有头发什么的,都没准。

平儿：我和奶奶想到一块儿去了,就怕有这些。仔细搜了搜竟一点儿破绽也没有。

凤姐：傻丫头,他就有这些东西还能叫咱们翻着？

平儿：嗯,这回你可怎么谢我呢？

贾琏：我的心肝,我的宝贝。

平儿：这可是我一辈子的把柄,好就好,不好我就抖搂出来。

贾琏：那就好生收着吧,千万别让她看见就行了。哎,你拿着终究是祸害,不如我烧了它就完事。

平儿：哼,你这没良心的,过河就拆桥,明儿你还想让我替你撒谎呀。

贾琏：你回来。死捣鬼的小淫妇,我让你跑……

平儿：我不跑,让她看见了又不待见我。

贾琏：哼，你也不用怕她，等我性子上来把这个醋坛子砸个稀烂！她防我像防贼一样，不许我和女人讲话，她自己不论小叔子、侄儿、大的、小的说说笑笑，就不怕我吃醋了。

平儿：你动不动就起坏心。别说她，就连我也不放心呀。

凤姐：哟，要说话两个人在屋里说呀，一个屋里，一个窗外什么意思。

贾琏：你倒问她呀，好像屋里有老虎吃她似的。

平儿：屋里没别人，我在他跟前干什么？

凤姐：嗯——屋里没别人才便宜呢！

平儿：你这话是说我呢？

凤姐：不说你说谁呀？

平儿：别让我说出好听的来。

凤姐：平儿这蹄子认真要降服我？！可仔细你的皮儿！

贾琏：(笑)我不知道平儿还这么厉害，我算服她了。

凤姐：哼，都是你惯的，我只和你算账。

贾琏：好，好，好，你们两个不和拿我出气，我躲了你们。

凤姐：别说笑话了，我有正经事……

二

(屋内)

探春：平儿来得好！回去告诉你奶奶……我的话，把这一条务必免了！

平儿：早就该免了！年前奶奶原说要免的，因年下忙，就忘了！

探春：坐下说罢。

平儿：姑娘要商议什么大事儿？

探春：这几天我想了两件除弊兴利、节源开流的大事。头一件是要革除的宿弊。我一个月有二两月银之外，丫头们又另有月钱……前儿有人回，要我们一月所用的头油脂粉钱，每人又是二两。……这同刚才学里的二两一样，重重叠叠，看起来也不妥当……你奶奶怎么没想到这个？

平儿：噢，这有个原故，姑娘们所用的这些东西，是由外边买办每个月总领了钱去买的。姑娘们每月这二两零用钱，原不是为了买这些的。如今各房用现钱去买这些东西，我就疑惑，不是买办脱了空，就是买的不是正经货。

探春：……只是迟些日子，催急了，弄些使不得的东西来搪塞。各房只好用这二两月钱，另使奶妈们买了好的才使得。钱费两起，东西又丢了一半，不如把买办每月领的二两蠲了了事。这是头一件大事。

平儿:那第二件大事呢?

探春:走,咱们园子里说去。走。

(园内)

探春:年里咱们往赖大家去,你也去了,你看她那小园子比咱们这个如何?

平儿:还没咱们这一半大,花草树木也少多了。

探春:他们那个园子,除他们带的花,吃的笋菜鱼虾之外,一年还有人承包了去,年终足有二百两银子利。从那日我才知道一个破荷叶,一根枯草根子,都是值钱的。

宝钗:真真膏粱纨绔之谈,天下没有不可用的东西。既可用,便值钱。

探春:咱们这园子加一倍算,一年就有四百两银子的利息。我想在园子里的老妈妈中,选几个本分老成又知道园艺的派她收拾料理,也不用交租纳税,只在一年孝敬些什么。

平儿:这个办法好!

宝钗:善哉,三年之内无饥馑矣!

李纨:好主意,有专人承包,又许他们卖钱。使之以权,动之以利,再无不尽职的了!

宝钗:是的。

平儿:这件事须得姑娘说出来,我们奶奶早有这个心思,但姑娘们正在园里住着,这话断不好出口。

宝钗:你张开嘴,我瞧瞧你的牙齿舌头是什么做的,总是三姑娘想得到的,你奶奶也想到了,只是必有个不可办的原故。你瞧她这远愁近忧,不亢不卑的。

三

平　儿:好生养着,不要理那畜生。

尤二姐:为了我,姐姐也不知受了多少闲气。我若逃得出命来,也只好等来生罢。

平　儿:你放心吧,会好起来的。大奶奶还为你烧香,祝祷你身体大愈,早生贵子呢。

尤二姐:夜深了,快去歇息吧。明天见。

尤二姐:(心声)胎儿已经打下,没有可以悬心的了。何必受这零气,不如一死,倒还干净。常听人说,生金子可以坠死人,岂不比上吊自刎更干净。

具体处理:

(1) 注意把握人物基调

王熙凤:贾琏的老婆、荣国府里的管家奶奶,她年轻、精明能干,但对人刻薄,口蜜腹剑,招致上上下下"没个背地里不恨的"。

贾琏:王熙凤的丈夫,身为大家公子,也免不了"花心"的毛病,但他人还不坏,也能干事。

平儿:王熙凤的丫头,后成为贾琏的妾,她在主子面前是奴才,而在奴才面前是半个主子。"平者,平也",她为人"折中、公允、调和",是主子的屏风,奴才的朋友,在夹缝中求生存。

薛宝钗:贾宝玉的表姐,后成为其妻。她为人聪颖、温厚、端庄、循规蹈矩。

探春:贾家三姑娘,她虽是赵姨娘所生,但为人大气、能干。

李纨:贾宝玉的嫂子,为人平和、不露头角。

以上人物的配音,要把握准其性格、气质、色彩、音色、人物关系以及语境。

(2) 注意把握语言风格。《红楼梦》是古典题材的电视剧,因而,剧中人物的配音语言应带有少许特有的古典韵味,与所表现的内容背景相符,但需要把握分寸,不宜太过。

(3) 注意把握配音位置。在所选片段中,既有近景、人物正面清楚的配音口型,也有十分复杂的画里画外交叉变化、人物侧面的口型,还有人物口型时现时隐的半句话口型(如鸟儿在笼子里、在人物脸前蹦来蹦去)。这一切,都要运用配音技巧有机、自然地配上贴合的口型。

个案之五

《暴风法庭》片段

人物: 童　涛　　公诉人
　　　 乔杰栋　　律　师
　　　 龙利海　　犯罪嫌疑人
　　　 傅德龙　　犯罪嫌疑人
　　　 审判长
　　　 傅　博　　傅德龙之子

场景：法庭

《暴风法庭》是一部维护司法公正和法律尊严的现代情节剧，也是一部斗智斗勇、张力逼人的法庭剧。这个剧的大致情节是这样的：午夜凶案，男青年黄纲死于非命。凶犯精心策划一系列杀人灭口的谋杀，并布下重重迷雾，都被警方迅速侦破。司法部门立即组织控方诉讼小组，检察官童涛接受任务后对一系列敲诈、勒索、行贿、栽赃、杀人灭口的行为进行了全面侦察、取证、核实。童涛在侦察过程中屡遭追杀和陷害，他一次次死里逃生，巧妙、果敢地从扑朔迷离的案情中找到线索。

犯罪嫌疑人汪林道是本市工贸集团总经理、黄纲的上司，种种证据表明汪林道犯罪行径确凿，并有九个证人要上法庭当面指证汪林道。因此，检察官童涛信心十足地把汪林道推向了法庭。而对方面对诉讼方的指证，特意请来了全国大名鼎鼎的律师乔杰栋为汪林道辩护，并扬言要在法庭上击溃诉讼方的证词，证明汪林道是无辜的。童涛和乔杰栋两人师出同门，又是大学情同手足的挚友，这次法庭斗争是两人分别多年后的一次期待已久的角逐。大律师乔杰栋使出浑身解数，每一个证人的证词都被他水银泻地般地反驳和恶毒地攻击。由于证人当场翻供，使原来已经罪名成立的汪林道一下子变成了无辜的受害者。法庭内外都上演着惊心动魄的场面。

检察官童涛面临艰难选择。他先是在大量调查研究的基础上，与证人龙利海在法庭上智斗，以"顺手牵羊"之招取得了胜利；继而又在生死一线间，铤而走险使出一招"以毒攻毒"，不惜鱼死网破（指检察官手中尚无实在证据，却依据调查的信息，运用缜密的推理而"诈出"被告的作案经过。当然，作为检察官的童涛也为此付出了代价。然而，他却得到一切有良知的人的赞赏。）。童涛在法庭上与被告方展开了暴风雨般的控辩决斗。最终，童涛胜利了，不但证明了汪林道的杀人罪行，而且挖出了身居高位的元凶——幕后操纵者傅德龙。

一 审问龙利海

审判长：传证人龙利海出庭。坐下。证人龙利海你有什么话要说？

龙利海：我受点伤小意思，我只希望能通过我的遭遇，提醒全社会要关心百姓，爱护百姓，绝不能再让这种司法界的败类在社会上横行了。要想依法治国，必先依法治人。

傅博：他的记忆力不错嘛。

公诉人：审判长、各位审判员，像龙利海这种从小就没好好学习，在街头上混的地痞，竟然也在法庭上高谈法制，这说明，辩护人一方临时的普法教育已经在他的心里扎了根，可喜可贺。但是，说归说，做归做，要证明犯罪的真相，一定要拿出客观的证据。刚才验伤的大夫已经说了，他没有把握证明龙利海的伤是发生在审讯期间，他也明确指出四十八小时之内，这根折断的肋骨仍然有着移花接木的可能。那么，龙利海究竟是什么时候受的伤？四天前，我们在逮捕龙利海的时候，永明市公安局有着详细的档案记录，这上面记载着龙利海受的伤，根本不是在审讯期间发生的，而是在被逮捕前，被几个三陪女打伤的，是不是？四天前，在永明市我以汪林道兄弟的身份去见龙利海，我当时就发现他浑身是伤，鼻青脸肿，我就追问他："哥儿们，你这是怎么回事啊？"他当时就告诉我，他刚刚被几个街头的三陪女暴打了一顿。大家知道了，现在可以证明：一、龙利海肯定被三陪女揍了。二、龙利海被打得很惨。

龙利海：去你的吧！不是她们揍我，是我把她们揍了一顿。

公诉人：别恬不知耻！你把她们揍得很惨，你揍她们，为什么你的腿会瘸？你揍她们，为什么你的衣服被撕烂？为什么你的脑袋上都是包？我当时看见你，我还以为你是街上要饭的。你们是没有看见当时他那副德性，惨不忍睹！这儿贴着创可贴，胳膊上裹着纱布，一瘸一拐，浑身是土。衣服外面的伤，咱们看得见，衣服里面的伤有多少，大家可想而知。不过还好，最后他没让人扒光衣服。

审判长：公诉人，请注意自己的用词，不可以进行人身攻击。

公诉人：我为什么要把当时的情景描述得这么清楚，就是为了澄清龙利海身上的伤到底是什么时候留下的。这对本案的审理非常重要。请合议庭能够理解。当然，同时我会非常注意自己的言论。

审判长：继续说。

公诉人：好了，现在你可以大声地告诉大家，那些三陪女为什么要揍你？

龙利海：揍我？有没有搞错，那些女的谁敢揍我?!

公诉人：当然敢揍你！因为你是吃软饭的。你从三月十八日离家逃跑，我问你，你靠什么吃饭？你没有文化、没有本事，你游手好闲，你靠什么生活？据永明市公安局调查，他之所以能活到今天，完全是因为他投靠了街边那些下三流的三陪女，是吧？什么叫投靠？无外乎就是给人家跑腿、做饭、倒洗脚水、伺候人嘛。当然，还干些下三烂的事儿，我在这儿就不好意思说了。不过，我要是你，我肯定无地自容，我找个地方我钻进去，还活着干什么？就算他这么勤勤恳恳地伺候人，那些三陪女仍然不把他当人哪，张嘴就骂,抬脚就踹。最后,他实在忍受不了了,发了点儿牢骚。哪想到这几个三陪女大怒了,举起棍子来像打落水狗一样,把他暴打了一顿。

龙利海:不是这样的!

傅博:坏了,要出事了!

龙利海:我临走的时候身上带了十二万,我身上有的是钱!我打她,我打她,是因为我跟她睡了没给她钱,她要找我报仇,就找了一帮黑社会的男的,结果是我受了点儿轻伤,我把他们砍了十几刀。

公诉人:行了吧,你把他们砍了十几刀,你有胆量砍人吗?我最了解你。这些年你在本城只不过是个小马仔式的人物,拍马屁,阿谀奉承,跟着别人屁股后边跑。当然,也有些人怕你,可那些都是外地的商人啊,什么老弱病残、妇女儿童啊。可你被别人打得满地找牙、跪下叫爹,那是家常便饭吧,是不是?是不是?!你现在好好想想,你有多少次给别人跪下叫爹?

龙利海:我跟你拼了!

警察:不要打! 不要打!

律师:审判长,我反对公诉人用这种——

审判长:反对无效,请你坐下。证人龙利海保持法庭肃静。

公诉人:没关系,没关系,他不敢打,我了解他,他没那胆,放开他。现在我问你,那几个三陪女揍你没有?

龙利海:没有。

公诉人:你为什么不敢在本城待下去?

龙利海:谁说我不敢?

公诉人:我说的。因为你在本城天天挨打,所以你在这儿根本待不下去。

律师:审判长,我——

审判长:请你坐下。

龙利海:要在外边谁敢跟我说这话,我把他活劈了!

公诉人:行了吧,一个三陪女的用人,你有什么资格说这种话!

龙利海:我会让你知道,我龙头是什么人的。

公诉人:几个三陪女都能治得了你,你还有什么脸活下去?就你这副德性,还配当杀人帮凶?

龙利海:就我这副德性杀你还有富余!

公诉人:哼,我不信,打死我都不信。几个女人都能把你治了,黄纲照样能揍扁你。

龙利海：就黄纲那个熊样，我一只手就能捏死他。
公诉人：既然这样，那天晚上你为什么不敢面对他？
龙利海：我面对不了，因为我在他后面。
公诉人：那你为什么像兔子一样，在他后面打一拳就跑？
龙利海：我没有跑，我从来没有跑。
公诉人：你以为在背后拍他一板砖，那就是杀人了吗？
龙利海：放屁！我杀他明明用的铁链。
公诉人：审判长，我的话问完了。如果我没猜错的话，这小子下辈子肯定在大牢里过了！
龙利海：我杀了你！——
公诉人：哎，摁住他！摁住他！这小子现在什么都敢了。
审判长：把龙利海带出法庭。
公诉人：审判长，鉴于今天法庭上出现了证人翻供的情况，所以，我申请休庭一天，以查清这件事背后的本质，请合议庭予以考虑。
审判长：同意。

二　审问傅德龙

公诉人：你知道当庭撒谎意味着什么？
傅德龙：意味着提供伪证。
公诉人：你知道提供伪证意味着什么吗？
傅德龙：提供伪证意味着犯法。这我在四十年前就知道了，那个时候，恐怕还没有你吧。
公诉人：我还要问您，为一个故意杀人兼巨额贪污的犯罪嫌疑人提供的伪证，这意味着什么？
傅德龙：意味着提供伪证的人和罪犯是有交易的，甚至他就是罪犯的同谋。很可惜呀，我一没有提供伪证，二没有撒谎。
公诉人：很好，你至少明白提供伪证的性质。那么，我再问你一遍，你如何面对我方证人的当庭指证？
傅德龙：没做亏心事，不怕鬼敲门，不管任何人的诋毁，都是无济于事的。我只要是清清白白的，我就可以笑看天下。
公诉人：看来你是要执意否认我方证人的证词了。既然你不承认三月十七日下午你曾经跟被告人汪林道在一起，那么，现在请你告诉大家，你去哪儿了？我说的是三点到六点这段时间。

傅德龙：那天，下午三点，的确我开车出去了，我是下午六点十分回的家。至于我出去干什么去了，我可以坦诚地告诉你，我出去玩了。我在"隆嘉"这十几年里，每天要面对着大量的事物，"日理万机"这个词用在我身上是毫不夸张的。三月十七日这一天是我难得的休息日，那天也正好是星期六。

公诉人：麻烦你透露一下，你都玩什么了？

傅德龙：我一个人开着车子去了省城，在省体育场看了一场球赛，那是我们中国国家队对美国全明星联队。

公诉人：这场球赛在几点钟开始的？

傅德龙：四点。

公诉人：那你是几点到的？

傅德龙：三点五十。

公诉人：你走的是哪条路啊？

傅德龙：我走的是春峰路啊。

公诉人：这怎么可能呢，这怎么可能！你开车出城，即使不堵车也需要十分钟，从省城市郊到体育场最少也需要十分钟。那我们峰州距省城是八十二公里，你怎么可能用三十分钟的时间跑完了八十二公里的路程呢？

傅德龙：完全可能，因为我的车是"奔驰"。

公诉人：那你，你是用什么身份去看球的？

傅德龙：一个普通球迷的身份。用八十元买了一个实价六十五元的七区票看球。

公诉人：为了证明你讲的是否属实，请你出示那场球的球票。

傅德龙：难道我私人娱乐的时候买的球票还得留给政府报销啊！

公诉人：也就是说，没有什么人能证明你当时在场。

傅德龙：理论上说，七千名观众都可以证明。

公诉人：我还有一个疑问，以你傅德龙傅董事长的身份去看球，那组委会肯定会把你请上贵宾席，你怎么可能自己买票，一个人孤零零地去看球？

傅德龙：照你这么说，我自己花钱买票看球，反倒犯错误了，你这不是鼓励腐败吗？如果你需要的话，我可以给你描述这场球的比赛情况。

公诉人：不用。这场球正规的比赛应该是一百分钟，你刚才说是四点钟开球，那么结束的时候应该是五点四十，那么你怎么可能用十五分钟就回到了家？

傅德龙：我没看完，因为国家队他们的表现太令人失望了，根本不是美国队的对手,在场上毫无斗志。我作为一个中国人看了很伤心,所以,在下半场刚刚开始,我就没了看球的兴趣。

公诉人:你回城到底用了多少时间?

傅德龙:大概一个小时。

公诉人:你现在的微笑很迷人,可惜你不知道,这可能是你这一辈子最后一次发自内心的笑。证人刚才撒了一个弥天大谎。三月十七日下午,他根本不可能去省城,更谈不上去看球。我为什么这么肯定呢?因为那天下午我真正去了省城。我为什么去那儿?因为每年三月十七日是我女朋友胡娜的生日,于是那天下午两点半,我就坐上了省城的专线汽车。我本来想下午四点我就能到,可我没想到直到晚上六点半我才迈进她的家门。我为什么迟到呢?我为什么用了那么长时间才走完这段春峰路?因为我遇上了天灾,还有人祸。省城从三月十五日开始下大雨,到了十七日下午有些地方积水已达到三十五厘米。由此可见,那个时候的春峰路完全处于半瘫痪状态,所有想进省城的汽车只能以时速十五公里的速度前进。就算你的"奔驰"也一样。可惜呀,我们的傅董事长不知道下雨这件事,因为当天我们的峰州没有下雨。更麻烦的是,因为下雨路滑,三月十七日下午两点五十五分,在距省城十八公里的路段上,发生了一起三辆汽车连环相撞的事故。这三辆汽车分别为:省联动公司的五十铃货车,还有车牌号为闽 B36323 的厦门出租车,另外一辆是长沙市第二皮具厂的加长货车。事故发生之后,因为三辆汽车全部横在了马路上,从而造成了春峰路段长达两个小时的绝对性堵车,也就是三点到五点这段时间,马路上所有的汽车都在静静地休息,谁也动不了。然而与此同时,我们的傅董事长驾驶着他那辆"奔驰"以一百七十公里的时速通过了这段春峰路。我想问你,你是怎么开的?你飞,你长翅膀啦?下面,我将向法庭出示我刚才所述事实的全部证据。这个就是我女朋友胡娜的身份证,上面清楚地写着她的生日是一九七七年三月十七日,省城人,家住人民路十五号;这是省气象局关于今年三月份的全部天气报告;还有省交管中心关于三月十七日这起交通事故的全部记录,这上面清楚地写着肇事车辆的车牌、撞车的时间、地点和长达两个小时堵车的情况。请审判长过目。我问你,如果你的奔驰车没有翅膀,你是怎么样用三十分钟通过这段绝对性堵车的八十二公里?如果不能,就说明你没有去过省城,对不对?你很聪明,你知道以你的身份不管到什么地方都会有目击证人,于是你就编了一个去外地看球的谎言,来蒙骗法庭,欺骗法律。现在我问你,你到底去没去省城?去没去?我再问你一遍,你到底去没去?

审判长:请你回答你那天有没有去?

傅德龙:没有,没去。

公诉人:那这么说,三月十七日下午你始终和汪林道在一起,对不对?

傅德龙:是的。

公诉人:这就说明你刚才所说的话都是在撒谎,对不对?

傅德龙:我刚才是撒了个谎。

审判长:童涛,你是不是搞错了,这根本不是什么天气记录和交通事故的记载。

公诉人:没错,我刚才提供的那些都是假的。什么下大雨,什么撞车交通事故,什么女朋友胡娜,都是我刚才在法庭上即兴编的。是他先用谎言蒙骗法律,所以我只能用谎言去蒙他。如果在刚刚一分钟之内我蒙不了他,就意味着我这场官司输了,如果我输了,国家就会白白地流失掉一个亿的国有资产,那样,我童涛不干,所以,为了这一个亿,我可以什么都不在乎,我也要跟他鱼死网破。

审判长:你现在可以继续提问。

公诉人:傅德龙,请你回答你为什么要提供伪证?

审判长:证人傅德龙回答,你为什么要提供伪证?

具体处理:

(1) 把握人物性格、气质特点

童涛的配音:剧中检察官童涛是一个正直、敬业、幽默、充满朝气的年轻检察官。因此,在所选的两个在法庭上智斗的片段中,童涛的配音应当既有法律工作者的气质、语言表达特点,又充满机智、果敢:时而据理质疑,时而讽刺挖苦,语速多变、步步紧逼、诱敌深入。

龙利海的配音:开始时可以声平气缓,因他以为凭借自己早有的准备,对方拿他没办法。但由于剧情的变化,后半部他的语言则呈现气急败坏之势,语紧、声高、气促,充分反映出他中了"激将法"的圈套让对方牵着鼻子走的被动。同时,配音中还应表现出:此人是个没有多少文化、头脑简单却又自视"老大"的街头"混混"。

傅德龙的配音:由于他是领导,所以他前半部的配音应当趾高气扬、语硬声大、貌似有理。后半部随剧情变化,他有些捉襟见肘,所以配音可声弱气虚,表明他的心虚。

(2) 所选片段,是在法庭上控辩双方激烈交锋的场面,因而,配音节奏应随法庭气氛而紧张些,语言色彩也要随情节进展而多变。

(3)本片段的人物配音,口型时有时无,不是都呈现在画面上,配音表达要始终贯穿有整体感,不应支离破碎、前后不统一。

1. 什么是影视配音?
2. 影视配音的特征有哪些?
3. 如何把握贴合人物?
4. 如何把握贴合口型?
5. 如何把握贴合气息?
6. 影视配音的提示有哪些?
7. 影视配音的工作程序与操作是什么?
8. 影视配音与广播剧演播的创作异同是什么?

后　记

　　文艺作品演播不同于舞台演出,也不同于银屏表演。它是只用语言"表演",只在话筒前工作的艺术语言表达,但它同样具有独特的艺术魅力。学习文艺作品演播,可以训练语言的表达技巧及表现力,因此,文艺作品演播是学习表演和播音主持的必修课之一。

　　十年来,我院文艺作品演播课的开设,为培养广播电视人才发挥了重要的作用,也让一些走上演艺生涯的学生得到最初的尝试。

　　十年前,为配合文艺作品演播课的开设,我写了《文艺作品演播》一书,在全国多所播音主持艺术专业的教学中,以它作为教材。本书经过几次再版与不断修改,增加了不少新内容。现在,我将《文艺作品演播》一书又加工修改为精品教材,希望它在艺术语言教学训练中发挥更大的作用。

　　本书的写作,凝聚了我大量心血,耗费了我不少时间和精力。但我不会忘记那些给予我创作营养,给予我大量艺术实践机会的艺术前辈和同行们。

　　最后,我要对本书中所引用作品的所有作者表示真诚的谢意!由于种种原因,我不能当面向你们致谢,但你们的作品给我带来讲解的便利,而且这些优秀的作品吸引了众多文艺作品演播爱好者来学习演播技巧。

　　在此,我还要特别感谢北京大学出版社的编辑,她们精益求精的工作态度让我敬佩!

2006 年 12 月 1 日
于北京